JN086324

NPO法人神奈川歴史教育研究会＝編

# 歴史総合を
# どう考えるか

## 歴史的な見方・考え方を育てる視点

山川出版社

# はじめに

　2022年度から日本を含む18世紀以降の世界の歴史を扱う新しい科目である「歴史総合」が始まった。従来の歴史科目と比べて、歴史総合はどこが違うのだろうか。従来の歴史科目では、教員が生徒に歴史事象に関する知識を、教えることが多かったが、歴史総合では、生徒が「主体的・対話的で深い学び」をすることが求められ、歴史事象に関する事実・解釈の探究に加えて、それらに対して生徒が自らの意見をもち、他者とともに考えることが重視されている。ただし、生徒の主体性を重視するあまり、いつ・どこで・どのような歴史事象が起こったのかという歴史的事実についての知識が軽んじられてしまうのだとしたら、それは問題である。

　様々な史料に基づいた歴史的事実についての知識をもつことは歴史を学び、考える上での基礎である。しかし、現在の日本で、歴史的事実は本当に大切にされているであろうか。昨年、関東大震災における朝鮮人虐殺をめぐって日本の政府高官が、「事実関係を把握できる記録が、政府内に見当たらない」のだから朝鮮人虐殺があったとは言えないと公言する出来事があった。多くの研究者が、朝鮮人虐殺についての史料（記録や証言）の存在を指摘しているにもかかわらず、それを無視したこの発言は、史料に基づいた歴史的事実、史料に基づいた歴史研究を軽んじている典型的な例である。生徒が歴史的事実を探究するにあたっては、教員がどのような史資料があるかを調べ、その史資料に信憑性があるのかなどを吟味し、授業にどの史資料を用いるべきなのか、誠実に考えなければならない。

　また、歴史総合では、様々な歴史的事実の原因や結果、それらのつながり、それらの意義を解釈することが求められる。歴史的事実の解釈には、1つの「真実」が存在するわけではなく、多様な解釈

が可能である。しかし、どのような解釈でも正しいと認めてしまうならば、それは考えるという行為を放棄してしまうことになる。多様な解釈の中から、どの解釈が適切で、合理的なのかを考えていかなければならない。その際、教員はこれまでの歴史研究の積み重ねを謙虚に踏まえるべきであろう。そして、教員は一連の授業の中で、必要に応じて、適切で合理的と考えられる解釈を生徒に示す必要があろう。「主体的な学び」というと、生徒が自らの意見を発表するという側面が強調されるが、生徒が教員の話を真剣に聞くという行為もまた「主体的な学び」である。

　歴史的事実やその解釈に対して生徒自身が自らの意見をもち、他者とともに考える場では、1人ひとりの生徒が周囲の者の評価を気にすることなく発言でき、同時に、ほかの生徒の発言を尊重する雰囲気をつくることが、教員に課せられた大きな課題である。近年、断片的な歴史的事実や、出回っている不正確な情報やデマを「真実」とみなして適切で合理的とされている解釈を無視したり、他者を「論破」しようとしたりする傾向が見られる。しかし、ここで大切なことは、歴史的事実をもとに、適切で合理的な歴史解釈を探究した上で、1人ひとりの考え方が違うことを認識することであろう。

　本書は、以上の問題意識に基づき、これまでの歴史研究の成果や、論理的な思考のプロセスを重視した「歴史的な見方・考え方」を示すことを目指してつくられたものである。

　本書は第Ⅰ部、第Ⅱ部に分かれている。第Ⅰ部では「近代化と私たち」「国際秩序の変化や大衆化と私たち」「グローバル化と私たち」の3つのテーマのそれぞれの焦点となるいくつかの重要な歴史事象を取り上げ、その歴史事象についての新しい研究を踏まえた知識や解釈を提示した。その際、項目の立て方やQ＆Aについては、山川出版社『歴史総合　近代から現代へ』に基づいた。なお、第Ⅰ部の記述は、世界史と日本史に分かれており、このことは本来の歴

史総合の考え方にそぐわないが、歴史研究を踏まえた知識を記述するためには、現状では日本については日本史の教員が担当し、世界については世界史の教員が担当するかたちにせざるを得ず、この点に関してはご容赦願いたい。歴史総合は生まれたばかりの新しい科目である。今後、歴史総合の授業実践が積み重ねられていく中で改善が図られていくのであろう。

第Ⅱ部は、実際に教室で歴史総合の授業を行うことを前提とした様々な論稿から構成されている。歴史的事実に関する知識を獲得するための効果的な資料を紹介した論稿や、歴史的事実の解釈にあたって、歴史学研究に基づいた新しい視点を紹介した論稿が多く集められている。また、歴史総合の特色の1つである世界史と日本史の両方の内容を合わせもった論稿もあり、実際に授業を行った際の報告もある。資料やテーマなど、「歴史的な見方・考え方」を働かせるための授業を行う上で有効な材料が多く揃っているので、是非、活用していただきたい。

執筆者は、高校の現場で歴史総合の授業を行っている教員である。神奈川県では長年、毎年夏に高大連携講座を開き、最新の研究成果の吸収に努めてきた。本書はそのような活動を踏まえた上で、いかに授業を行うかということを前提として書かれたものである。そのことを理解して、興味のあるところからお読みいただければ幸いである。

2024年2月

西浜　吉晴

# 歴史総合をどう考えるか

歴史的な見方・考え方を育てる視点

## 目 次

# 第Ⅰ部

## 近代化、国際秩序の変化や大衆化、グローバル化をどう考えるか

# 近代化と私たち（1）

## ヨーロッパにおける主権国家体制の形成とヨーロッパ人の海外進出

### はじめに

　宗教改革などを経て皇帝や教皇の権威が弱体化したヨーロッパでは、スペインやオランダ、イギリス、フランスなど、それまで力をもった神聖ローマ帝国と比較すると中小規模の国家が台頭した。そうした国家が相互に競って海外進出を果たし、世界の一体化が進んだ。国家の成立時期は、国によって異なっており、それは海外進出の時期にも影響した。15世紀末から大航海時代を切り開いたポルトガルとスペインがアジアとの直接の接続を果たす。それに遅れながらも16〜18世紀にかけて、オランダやイギリス・フランスが続いた。当初は、アジアの域内交易に参入するかたちが取られたが、武器の輸出などで現地政権との結びつきを強めながら様々な利権を獲得していった。ここでは、ヨーロッパ諸国の変化と対外進出先の対応、また近代社会成立の前提となる社会のあり様を学ぶ。

**Q**　16〜17世紀のドイツ・フランス・イギリスでは、それぞれどのような変化が生じていたのだろうか。

**A**　宗教改革や三十年戦争の影響で、神聖ローマ帝国（ドイツ）が解体に向かい、ドイツには領邦という小規模の国家が分立することが決定的となった。その結果、ドイツの産業化や政治的統一は遅れた。一方、イギリスはエリザベス1世の下で、フランスはルイ

14世の下で中央集権化が進むとともに、海外進出を本格化させて王権と結びつく大商人の台頭を促した。こうして、重商主義による資本の蓄積につながった。また、イギリスではピューリタン革命と名誉革命を経ることで立憲君主制が成立した。なお、これを支えたのはジェントリと呼ばれた地主層が中心で、貧しい階層ではなかったことに注意したい。

**Q** ロシアの東方への進出に対して、当時の清や日本はどのように応じたのか、調べてみよう。

**A** 清は1689年にネルチンスク条約でロシアとの国境を一部画定して以降、その境界線を延ばしていったが、基本的に清側には従来の中華世界とその周辺としてのヨーロッパ諸国という関係性に大きな変化はなかった。一方、日本の江戸幕府は1792（寛政2）年に来航したラクスマンの通商要求に対して交渉拒否の立場をとり、19世紀に入って海防の必要性が意識されると1825（文政8）年に異国船打払令を出した。これらの幕府の政策に対する批判は、蛮社の獄などで厳しく取り締まられた。

**Q** 宗教改革や科学革命は、人々の考え方にどのような変化をもたらしたのだろうか。

**A** 宗教改革は西ヨーロッパ世界のキリスト教信仰のあり方を分裂させた。これは、フランスにおけるユグノー戦争や宗派対立による内戦を激化させ、各国の政治的統合を阻害する要因にもなった。科学革命によって神や聖書に至上性があるという認識が崩れたが、逆に自然界のあらゆる事象について人間の理解が及び得るという過信も生まれ、現在の生命倫理や環境破壊をめぐる問題にもつながっている。

## 問題の所在

　ヨーロッパと比較して「豊かなアジア」の物産を求めて、多くの
ヨーロッパ人がアジアに進出していったことを描き出す必要がある
だろう。そこでポメランツの『大分岐』やアンガス＝マディソンの
『経済統計で見る世界経済2000年史』の資料が参考になろう。ヨー
ロッパ世界が大航海時代の到来によって、海域アジアのネットワー
クに参入してもなお、ヨーロッパ人が「豊かなアジア」を目指す構
図は18世紀まで続き、インド産綿布の輸入代替を試みる産業革命を
機にその構図が逆転へとシフトしていくことになる。

　また、16世紀から17世紀のユーラシアにおける国際秩序は、アジ
アの明・清、オスマン帝国、サファヴィー朝、ムガル帝国で説明さ
れてきたが、実際はロシア帝国もヨーロッパとアジア双方に関係を
もち、内陸交易において重要な役割を果たしていたことを重視する
必要がある。

〔参考文献〕
アンガス・マディソン著、金森久雄監訳、政治経済研究所訳『経済統計
　で見る世界経済2000年史』柏書房　2004
アンガス・マディソン著、政治経済研究所監訳『世界経済史概観　紀元
　1年〜2030年』岩波書店　2015
K. ポメランツ著、川北稔監訳『大分岐——中国、ヨーロッパ、そして近
　代世界経済の形成』名古屋大学出版会　2015
長谷川貴彦『産業革命』(世界史リブレット116)山川出版社　2012


# ヨーロッパ経済の動向と産業革命

## はじめに

　ここでは産業革命を扱う。産業革命では、国家と結びついた企業
活動を中心とする社会への変化を重視する。インド産綿織物の需要

を高めた要因として、その機能性ではなくデザイン性に注目し、また、国内外の綿織物需要を満たすべく、科学革命の成果を前提とした技術が応用され、生産過程に大きな影響を与えたことについて考える。また、蒸気機関や燃料に注目させることで、生徒は資本主義社会の生産力向上と設備投資の関係性を考えることができよう。一方、低賃金労働と資本家間の競争などから経営・労働形態の推移も考察できる。また、工業化は軍事革命につながり、兵器の精度・生産能力を向上させた点も見落とせない。蒸気機関の転用も重要である。イギリス政府による機械輸出禁止令にも表れている通り、当時の世界にとって蒸気のエネルギーは人馬の力を超越した恐るべきものであり、その技術が詰まった蒸気機関は門外不出の機密兵器でもあった。このように、ここでは現代の工業社会の基礎となっている産業革命について、学ぶことが求められている。

**Q** ヨーロッパ諸国のうち、イギリスで様々な技術革新が生まれたのは、なぜだろうか。

**A** 国内外でインド製綿織物の需要が熱狂的に高まったことから、もともと毛織物産業で蓄積のあった生産技術を基盤として、輸入代替をはかった。科学革命の理論が実用化されて発明された蒸気機関は、綿織物産業の製造工程に導入され、各分野の発明が相互につながり相乗効果を生み出した。技術の流出を防ぐため、蒸気機関はイギリス国外への輸出が禁止された。

**Q** 産業革命は、人々の生活をどのように変えたのだろうか。

**A** 工場労働者は時間で給料が決まっていたために、遅刻などは罰金すなわち減給の対象となった。これによって、時間を守るという生活規範が形成されたと考えられている。また、中世以来の職住近接から職住分離の生活が広がった。そして、工場は水力や蒸

気機関に必要な水源に隣接して設けられた。人々は集住し、その
ため都市が形成された。しかし、都市部の住環境は、極めて劣悪
で環境問題・衛生問題などが深刻化した。こうした社会問題の解
決に加え、資本家と労働者の対立と、両者間の格差解消のために
社会主義の考え方が生まれた。

**Q** 産業革命によって、当時の各地域間の関係はどのように変化し
ただろうか。

**A** 産業革命によって工業製品の生産地は優位に立ち、世界規模で
見ても原料を供給する地域との関係に「支配と従属」「中核と周
辺」の関係が形成された。この考え方はウォーラーステインの
「世界システム論」で論じられ広く知られるようになった。また、
銃火器を用いた戦闘方式が一般化した軍事革命により、アジア・
アフリカに対し欧米が優位に立ったことで「支配と従属」の度合
いは、ますます強まっていった。さらに、イギリス国内では都市
部と農村部との間に経済格差を生んだ。

### 問題の所在

　産業革命によって生じた変化には様々な側面がある。授業におい
ては、産業革命以前を基準として現代までの二酸化炭素量の変化を
捉え、地球温暖化を考察したり、イングランドにおける森林面積の
減少から産業革命が進んだ地域での環境破壊を把握しようとしたり
するもの、イギリス主要都市の人口の変化から都市環境の変化を読
み取る活動まで様々な可能性がある。例えば、ロンドン、バーミン
ガム、リヴァプール、マンチェスター、グラスゴーの人口を18世紀
半ば、19世紀初、19世紀半ばの３つの時期に分けて把握し、その間
の変化によって起こる問題についての考察へとつなげることができ
よう。都市の住環境の悪化や衛生問題も言葉のみではなく、具体的

な資料から裏付けることで、生徒は自身の周辺と比較することがで
き、自分事としての理解が深まるだろう。

〔参考文献〕
エンゲルス著、一條和生／杉山忠平訳『イギリスにおける労働者階級の
　状態——19世紀のロンドンとマンチェスター　上・下』岩波文庫　1990
金澤周作監修『論点・西洋史学』ミネルヴァ書房　2020
長谷川貴彦『産業革命』(世界史リブレット116)山川出版社　2012


## アメリカ独立革命とフランス革命

### はじめに

　ここでは、アメリカ独立革命とフランス革命を扱うのだが、これ
らがイギリス革命と切り離されている点に注目する必要がある。イ
ギリス革命が根本のところで君主政から離脱したものではなかった
のに対して、民主共和政を継続的に打ち立てたアメリカ独立革命と、
断続的に君主政が入るとしても共和政に移行していくフランス革命
という違いになる。2つの革命が世界に示した民主政治の基本理念
がどのようなものかという概念的理解が求められており、授業では
その理解をいかに促すかが重要になる。そして、2つの出来事を比
較して類似点や相違点を抽出し、現代につなげて考え、新たな問い
を立てることが必要である。したがって、ここでは近代にどのよう
な概念が成立し、それがどのように現代に続いているかを学ぶ。

**Q**　17世紀から18世紀にかけての、北アメリカのイギリス植民地の
　経済発展を確認しよう。
**A**　当初、植民地の労働力となったのは、ヨーロッパで宗教的圧迫
　を受けた人もいたが、その多くは本国で生活が苦しく年季奉公人

などとして期限つきで渡った人々だった。しだいに白人の移民人口も増え、黒人奴隷なども加わって移民社会が形成されていった。すでに18世紀までに、人口が急増したイギリスの北アメリカ植民地では、北部を中心に林業・漁業・海運業が始まり、南東部と比較すると都市化も進んだ。一方、南東部ではタバコや米のプランテーションを中心とした農業が定着した。このような地域差は、のちの南北戦争や現代まで続くアメリカ政治の特色につながっている。

**Q** アメリカ独立宣言を名誉革命の権利の章典と比較すると、どのような違いが見てとれるだろうか。

**A** 権利の章典は、立憲君主政を宣言しつつ、議会の王権に対する優位を明確にし、統治の主体として王と合わせて議会が明示されていることが重要である。独立宣言は、ロックの抵抗権をはじめとして啓蒙思想の影響が強く見られ、イギリス国王の圧政を列挙し、自由や幸福追求権が神から人民に与えられているとして、革命を肯定するもので、統治の主体は人民であるとする点が画期的だった。

**Q** 人権宣言をアメリカ独立宣言と比較すると、どのような共通点と相違点が見てとれるだろうか。

**A** 両者とも、自由と平等をうたっている。一方、独立宣言が、基本的人権は神によって与えられているとするのに対し、人権宣言では、基本的人権は生まれながらのものであるとしている。つまり、アメリカは、あくまでもキリスト教国家として始まったが、フランスは革命によって神の存在を前提とせず、人間を中心とする共和国として動き出そうとしたことが見てとれる。

## 問題の所在

　アメリカ独立宣言は、イギリス革命よりも普遍的な「自由」「平等」を唱えていたことがわかる。一方で黒人奴隷に関わる当時としての限界を示すことで、私たちの社会にも通じる問題に目を向けさせることができる。また、アメリカは憲法を有した世界初の大統領制国家であり、三権分立と連邦制に拠って立つ「先例」となった。「アメリカ独立宣言」を使う場合、資料の読解に先立って問いを立てておくことで、私たちとのつながりが意識できるような工夫が必要である。例えば、「アメリカ独立宣言で示されている理念は、現代ではどの程度実現されているだろうか」などと投げかければ、まず理念とは何かを読み解く必要が生じ、その上で現在のアメリカが抱える問題にも目を向けることができるだろう。

　次にフランス革命である。ここでもアメリカの独立との連続で、自由と平等が共通する理念であったことを示す必要があり、私たちの時代の憲法などの法規範につながる概念の成立が確認できる。それらは、ナポレオンによる民法典で現実化したが、ナポレオンは革命の理念すなわち「自由・平等の理想を広める」ことを継承して、周辺国を従属させることを目指した。しかし、結局はフランス第一主義に抵抗する各地の解放戦争に敗北した。ナポレオンの支配もまた大陸における覇権を求めたことの代償として、各地の反発を招いたのである。

〔参考文献〕

安達正勝『物語フランス革命——バスチーユ陥落からナポレオン戴冠まで』中公新書　2008

五十嵐武士／福井憲彦『アメリカとフランスの革命』(世界の歴史21)中央公論社　1998

岩井淳『ピューリタン革命と複合国家』(世界史リブレット115)山川出版

社　2010

デイヴィッド・アーミテイジ著、平田雅博／岩井淳／菅原秀二／細川道
　久訳『独立宣言の世界史』ミネルヴァ書房　2012

桃木至朗編『ものがつなぐ世界史』ミネルヴァ書房　2021

和田光弘『植民地から建国へ　19世紀初頭まで』(シリーズアメリカ合衆
　国史①)岩波新書　2019

## 西アジアの変容と南アジア・東南アジアの植民地化

### はじめに

　ここでは、ヨーロッパ諸国の西アジア、南アジア、東南アジアへ
の本格的な進出を扱う。西アジアでは、オスマン帝国の弱体化が露
呈して以降、ヨーロッパ諸国はオスマン帝国の領域をねらうように
なり、列強間の対立も激化して「東方問題」と呼ばれた。特にバル
カン半島地域をはじめ、南下のルートを確保したいロシアが強い関
心を示し、市場拡大をねらっていたイギリスと対立した。また、オ
スマン帝国からの自立化を目指していたエジプト総督ムハンマド＝
アリーは、本国オスマン帝国に先んじた近代化政策によって富国強
兵と殖産興業をある程度達成したものの、本国とイギリスとの通商
条約の影響で挫折した。しかも、地中海とインド洋とをつなぐこと
になるスエズ運河の建設に際して巨額の投資をした結果、財政難に
陥ったエジプトは、スエズ運河会社の株式をイギリスに売却した。
そのため運河はイギリスが管理権を握り、第二次世界大戦後まで軍
事的要衝としても機能した。イギリスなどの進出に対し、エジプト
ではウラービーが武装蜂起したが鎮圧された。

　オスマン帝国は、もともとカピチュレーションを認めていたこと
から、列強は不平等条約を押しつけてきた。これと並行して、19世
紀前半からオスマン帝国でも改革が着手されたが、近代化において

は体制そのものに関わる部分の変革も必要だと認識され、ミドハト＝パシャが主導して憲法を制定した。

　インドは15世紀以来ヨーロッパ諸国が進出していたが、18世紀半ば、ムガル帝国がイギリスに徴税権を与えたことで大きく変化した。インドなどアジア貿易を担っていたイギリス東インド会社は、在地の支配層とも結びつき直接・間接に支配を広げた。インド人傭兵の反乱をきっかけとするインド大反乱が鎮圧されると、インドはイギリスの直接支配下に入り、最終的にはイギリスの女王を皇帝とするインド帝国となった。

　東南アジアでは、スペインがフィリピンに、オランダがインドネシアに、イギリスがマレー半島・ボルネオ島に、フランスがインドシナ半島にそれぞれ進出して、現地政権を征服していった。唯一独立を維持できたのがタイだった。

　ここでは欧米列強の進出に対するアジア各地の多様な対応の仕方と、それによる各地の社会の変化を、その中に潜む共通性や独自性にも着目して学ぶ。


**Q**　オスマン帝国憲法は、多様な人々を等しくオスマン国民と認めたが、その統合を実現することは難しかった。その理由を考えてみよう。

**A**　オスマン帝国はアナトリアを中心にバルカン半島からカフカス地方そしてパレスチナとエジプトに至る多様な地域を治めていた。そのため帝国領内には、トルコ系のイスラーム教徒だけでなく、多くの民族やキリスト教徒、ユダヤ教徒が存在しており、非ムスリムにはミッレトと呼ばれる宗教共同体ごとに自治などを認めていた。そのため、オスマン人という国民意識を醸成することが難しかったのである。

**Q** 19世紀後半のイギリスによるインド支配は、それ以前と比べ、どのように変わったのだろうか。

**A** 19世紀後半に、東インド会社による間接統治から、イギリス政府が直接統治に乗り出した。そしてインド人が共同体で共有していた土地に、近代的な土地所有権の概念が持ち込まれたことで、所有の意識が細分化された。これにより村落共同体の分断が招かれたとされる。

**Q** 東南アジアで唯一、タイが独立を維持できた理由は何だったのだろうか。

**A** タイは国王ラーマ4世の時代にイギリスの自由貿易を受け入れ、次のチュラロンコン（ラーマ5世）の下で近代化を進めたことで、イギリスやフランスとは良好な関係を築いていた。また、イギリス・フランスの植民地に挟まれた緩衝地帯として、タイが領土を縮小しつつも勢力均衡策に基づく巧みな外交を展開したことも、独立を維持することができた要因である。

### 問題の所在

もともとヨーロッパ諸国に対して、軍事・経済両面において優位に立っていたオスマン帝国は、スルタンが外国に対して認めていたカピチュレーション（恩恵的特権）の一環で、ヨーロッパ諸国との通商を行った。ヨーロッパ人はこれを逆手にとって、オスマン帝国における領事裁判権の承認や関税自主権の喪失などを含む不平等条約を締結した。この方式は、その後、アジア各地に適用されていった。日本もその1つである。

　インド各地にヨーロッパ勢力が入り込んできた背景には、在地勢力の後継者争いなどインド側の事情も関係していた。敵対する勢力に対して少しでも優位に立とうと西洋の武器が必要とされたからで

ある。自らが引き込んだヨーロッパ勢力が起点となってインドの植民地化が進んだことは、自由民権運動期に多くの日本人に読まれた『佳人之奇遇』において、ウラービーの口から語られた教訓とつながってくる。つまり、独立を失った国では人民の要望は届かず、外国の言いなりになってしまうため、独立を維持することが重要で、さらに言えば、独立を維持していても、国内がバラバラだったり、武力で情勢を変えられると思わせてしまうと、外国勢力に入り込まれてしまうということである。

　列強の植民地となった地域を見ると、そこでの農業は世界商品となる作物の栽培が中心となっている。現地住民の食料である米なども栽培されたが、これも世界商品として世界市場に流れ、食料事情は植民地化以前と比べて悪化している点を見逃してはならない。

〔参考文献〕
新井政美『憲法誕生――明治日本とオスマン帝国　二つの近代』河出書房新社　2015
粟屋利江『イギリス支配とインド社会』(世界史リブレット38)山川出版社　1998
加藤博『ムハンマド・アリー　近代エジプトを築いた開明的君主』(世界史リブレット人67)山川出版社　2013
加藤博『イスラーム世界の危機と改革』(世界史リブレット37)山川出版社　1997

## 世界分割と列強の対立

### はじめに

　ここでは欧米列強による世界各地での植民地獲得競争を扱うことになる。アフリカ大陸は「暗黒大陸」と呼ばれたことがあったが、薬品の開発や地下資源に対する欲求が高まり、列強は次々と勢力圏

を拡大し、ついにはアフリカ大陸をほぼ分割した。太平洋諸地域でも、勢力圏の確保のため、列強が主導して各地に政権を樹立した。そうした中、多くの国がすでに独立していたラテンアメリカでは、白人と癒着する地主などの支配に抵抗する民衆も出現した。メキシコでは、独裁者に対し、自由主義者や農民らがメキシコ革命を起こし、民主的な憲法を制定した。同時期の辛亥革命やロシア革命と並んで、各地の反帝国主義運動に影響を与えたとされる。ここでは、19世紀末から20世紀初めに至る世界分割上でのルール策定のプロセスや、それでも対立する列強という構図、そしてそれに従属している「周辺」の内部構造を学ぶ。

**Q** ヨーロッパ列強のアフリカ進出が、ベルリン＝コンゴ会議以降、急速に進んだのはなぜだろうか。

**A** アフリカ大陸は「暗黒大陸」と呼ばれたことがあったように、ヨーロッパ人にとってその内陸地域は未知の領域であり、足を踏み入れようものなら、マラリアなど致死率の高い感染症の危険もある土地だった。リヴィングストンやスタンリーの探検以降に内陸の事情がわかるようになると、列強間で先占権や実効支配の原則が確認された。またキナノキから採れるキニーネなどマラリアに効く薬剤を備えたヨーロッパ人は、コンゴを皮切りに進出し、ゴムの原料であるゴムノキや、銅や金、ダイヤモンドなどの地下資源を求めてアフリカでの勢力圏を拡大していったのである。

**Q** 独立以降、ラテンアメリカ諸国の経済状況は、どのように変わったのだろうか。

**A** 独立後のラテンアメリカ諸国は、欧米への農産物・畜産物の供給地とされていった。例えば、アメリカ合衆国のユナイテッド＝フルート社（農業メジャー）はバナナのプランテーションを有し、

中米諸国から様々な利権を獲得した。このように欧米諸国やその企業はラテンアメリカ各地の地主や現地の政権と結びついた。そして、イギリスやアメリカの影響力が強まったラテンアメリカの独裁政権に対し、現地の民衆は土地改革などを要求していった。

**Q** 20世紀初頭、イギリスは外交政策をどのように転換したのだろうか。

**A** 19世紀にユーラシア大陸の西から東にかけてロシアの南下を阻止してきたイギリスは、20世紀初頭には東アジアでのロシアの拡大を警戒して日本との連携を深めた。これが日英同盟であるが、それまで「光栄ある孤立」を維持してきたイギリスには同盟国を必要とする事情があった。特に南アフリカのローデシアでの鉱山資源獲得をめぐる南アフリカ戦争は予想以上に長期化したために、イギリスの国力を疲弊させたのである。その後、ドイツのヴィルヘルム2世が世界政策でモロッコ事件など具体的な対外膨張に転じると、イギリスが警戒すべき相手はドイツになっていった。そのためイギリスは、日本のみならずフランスと英仏協商(1904)、日露戦争後のロシアと英露協商(1907)を結んでドイツに対抗しようとした。このように帝国主義的拡大は、列強間の対立を助長しただけでなく、大規模な軍事同盟間の対立に発展していった。

### 問題の所在

アフリカの植民地化で忘れてはならないのは、ビスマルクが開催したベルリン゠コンゴ会議である。ここで列強間での植民地化の原則が決まったといえる。先占権と実効支配はその後の了解事項となり、それがために列強は競争(英の縦断政策と仏の横断政策、モロッコ事件)を繰り広げつつ、同時に必要以上の衝突を避けるために利害調整(ファショダ事件と英仏協商)も行った。

太平洋諸地域でも列強による領有権の確定が進み、列強主導での植民地あるいは自治領の形成が進む中で、オーストラリアのアボリジニやニュージーランドのマオリなどの先住民は抑圧された。また、ハワイ王国もアメリカから移入した白人たちにより王政が廃止となり、アメリカに併合された。

　メキシコ革命も、列強の帝国主義的侵略と結びついた富裕層に対して、固定化された格差社会で苦しむ民衆たちが立ち上がったという視点で見ると、辛亥革命やロシア革命との共通点なども見つかり、理解を深めることができよう。

〔参考文献〕
小原敬士「ユナイテッド・フルート会社と「バナナ共和国」」(『一橋論叢』　58巻1号　1967)
国本伊代『ビリャとサパタ──メキシコ革命の指導者たち』(世界史リブレット人75)山川出版社　2014
国本伊代『メキシコ革命』(世界史リブレット122)山川出版社　2008

（神田　基成）

# 近代化と私たち（2）

## アジア諸地域の繁栄と日本

### はじめに

　ここでは、アジア諸地域で繁栄した広大な領域をもつ帝国と日本について学ぶ。室町〜戦国時代の明との朝貢関係や大航海時代のヨーロッパとの関係を中心とする。江戸時代では、幕府の制度に加えて、幕府と琉球・アイヌとの関係を取り上げることで、内なる人々の違いについて着目したい。あわせて、アジア諸地域の中に日本を位置づける視点を意識して授業を考えたい。

**Q**　「倭寇図巻」を見て、16世紀頃の中国では、当時の「倭」をどのように捉えていたのか、服装などから考えてみよう。

倭寇図巻

**A**　「倭寇図巻」は、明朝末期に描かれ、後期倭寇を描いたものと説明されてきたが、近年調査がなされ、「弘治四年」(1558年)との文字が明らかにされた。右側の「倭寇」と推測される人々を見てみると、中国の伝統的な髪型ではなく、髪をそり上げていて丈の短い服を羽織っていることがわかる。左側の明の正規軍と比較すると、船も小さく、「倭」を見下していることを読み取ることができる。

**Q**　清において満洲人は、圧倒的多数派である漢人を、どのように統治したのだろうか。

**A**　満洲人は、各民族の統治と同じように、漢人に対しても従来の税制度や支配制度をおおむね引き継いで統治した。また税の減免や食糧備蓄など、儒教的見地からみて善政とされる政策も行った。一方で、反清的な言説に対しては、文字の獄や禁書を通じて厳しく弾圧し、漢人男性には満洲人の髪型である辮髪を強要した。

**Q**　幕藩体制下の日本は、周辺諸国・諸民族との間にどのような関係を築いていたのだろうか。

**A**　正式な国交のある朝鮮・琉球を通信の国、正式な国交がなく、通商関係のみであったオランダ・清を通商の国と位置づけ、「四つの口」に限り関係を築いた。長崎には、オランダ船・中国船が来航し、幕府管轄の下、それぞれ出島と唐人屋敷で交易を行った。一方、松前・対馬・薩摩では、それぞれ松前氏・宗氏・島津氏が、蝦夷地のアイヌ・朝鮮・琉球との交易を、幕府公認の下で行った。

**Q**　18世紀以降、日本で生糸や砂糖・人参の国産化が進んだのは、なぜだろうか。

**A**　17世紀後半の段階では、すでに金銀産出量が激減しており、幕

府は金銀の海外流出を抑制するため、貿易額を制限した。その制限と同時に、生糸・砂糖・人参の輸入を減らすために、国産化が進められた。なお、金銀のかわりに銅を輸出したり、それまで注目されてこなかった俵物（いりこ・干しアワビ・ふかひれ）を中国向けに輸出したりという対応もなされた。

## 問題の所在

近年のグローバル＝ヒストリー研究では、地球規模での動向を踏まえた上で、地域間の関係や出来事の連関性を考察することの重要性が提起されている。ヨーロッパ諸国のアジア来航の理由、室町幕府と明との関係、明から見た「倭寇」観などの問いは、その中で理解できる。また、清による統治については、ヨーロッパ諸国と異なる方法で多元的な支配領域をまとめた統治方法として特筆される。満洲人は、それぞれの民族の伝統を重んじた上で、それに応じた統治を行っていた。その統治姿勢の対象が、多数派の漢人だけではなかったことに着目させたい。

あわせて「東アジア世界」の歴史的特性についても把握したい。「東アジア世界論と日本史」を論じた李成市は、「冊封による文化圏の形成は、事実上の冊封関係の有無に拘わらず、その論理が貫徹していたように、…中略…冊封の規制が内面化され、「東アジア世界」の政治圏として機能していたとみるべき」と述べ、さらには、「日本、朝鮮、ベトナムには、自己を中心とする世界観が顕著に認められ、それらは「日本型華夷意識」…中略…などと言われ…中略…各国の世界像は、中華帝国のそれを複製、模倣することによって成立していた。琉球を含めて、これらの諸国は中国の華夷秩序を内面化し、各々に政治秩序を構築し、中国に起源する文化を自己の世界に押し広げていた」と述べる。ナショナル＝ヒストリーの克服を考える際に、重要な指摘である。また、江戸幕府と琉球・アイヌの関係

を取り上げることで、その後の日本の歴史の流れを意識し、異なる人々を内包し、「国民化」していく過程をじっくり考えさせたい。

〔参考文献〕
弘末雅士「展望　はしがき」(『岩波講座世界歴史12　東アジアと東南アジアの近世』岩波書店　2022)
李成市「東アジア世界論と日本史」(『岩波講座日本歴史22　歴史学の現在』岩波書店　2016)


## 中国の開港と日本の開国

### はじめに

　ここでは、「19世紀に入ると外国貿易を制限していた東アジアの諸国に対して、欧米諸国が軍事力を用いて自由貿易を求める動きが活発になったが、このような動きはなぜ生じたのだろうか」、また「中国と日本はそれぞれどのように対応したのだろうか」という大きな問いを考えたい。

　日本は、中国を中心とする国際秩序の中では周辺に位置していた。そして、朝鮮や琉球と異なり、江戸時代の日本は、中国と朝貢関係を結ぶことはなかった。この違いは、欧米諸国との関係の結び方にどのような違いをもたらしたのだろうか。

**Q**　中国の清とヨーロッパ諸国の間で、貿易に対する考え方に、どのような違いがあったのだろうか。

**A**　清は、諸外国との外交関係を皇帝への朝貢として捉え、使節を派遣しない国からの貿易船も恩恵的に認めた。ただし大きく制限を加え、来航の窓口は広州に限っていた。一方のヨーロッパ諸国は、対等な関係での自由貿易を求めていた。

**Q** 中国の「租界」と日本の「外国人居留地」には、どのような違いがあったのだろうか。

**A** 中国の租界は、その租界の設定国が租界内の自治権を握っており、中国の主権行使が制限される場所だった。一方、日本の外国人居留地は、1858（安政5）年の安政の五カ国条約締結時は、中国の租界と変わりなかったが、早い段階で日本政府の管轄下に回収されていった。

　本来ともに、英語「settlement」の翻訳語であり、その内容に違いはなかったが、「租界」と「外国人居留地」に違いが生じたのは、それぞれ異なる近代を体験したことによると考えられている。朴俊炯は、「半植民地状態に陥ったことのある中国では、租界を自国の主権行使の制限された「国家のなかの国家」として捉え、国権の回復とともに駆逐されるべき空間として描き出す場合が多い。一方、みずから近代化に成功した日本では、居留地を西洋と東洋の文物交流が自由に行われる国際的な場所として位置づけ、そこに近代文明の起源を求めようとする傾向が看取される」と記しており、興味深い。

**Q** 清の洋務運動と日本の明治時代初期の諸改革には、どのような違いがあるだろうか。

**A** 洋務運動が、政治制度など統治の本体に関わるところでは中国の方が優れているとする「中体西用」の考え方を基本に、伝統的な政治体制の維持を目指したのに対し、日本は憲法を定め、政治・経済などの各方面で近代化を目指した。

### 問題の所在

　堀田正睦が幕府中枢の役人に示した史料「安政四年三月二十六日老中達」（『幕末外国関係文書』15巻256号に所収）を通じて、開国の

準備が始められたのは、幕府側の自主的な判断であったことが明らかにされている。その史料には、西洋の人々を遠ざける従来の政策「夷狄を処する道」を否定し、「隣国に交わる道」に基づいて関係を開こうということがはっきりと記されている。なぜこのような視点を、堀田はもち得たのだろうか。東アジア世界における中国を中心とする冊封の秩序は、中国を規定し、朝鮮や琉球も規定していた。そうした東アジア諸国と日本との違いを考えてみたい。

〔参考文献〕
月脚達彦「朝鮮の開国との比較」(三谷博／並木頼寿／月脚達彦編『大人のための近現代史　19世紀編』東京大学出版会　2009)
朴俊炯「東アジアにおける雑居と居留地・租界」(『岩波講座日本歴史20 地域論』岩波書店　2014)


# 明治維新と諸改革

## はじめに

「明治維新と諸改革」を、世界史やアジア史の中で考え、位置づけるために、その内容を学ぶことを意識したい。比較史の視点から明治維新を位置づけようと試みる三谷博は、「近代に生じた諸革命の比較史の中に明治維新が取り上げられることは稀である」と述べ、比較する際の課題はあるにせよ、「「特殊」と臆断されがちな維新の中に「普遍」と見なしうる面が内在し、それを意識的に取り出すならば世界の他の革命の理解にも貢献できるはず」と、当面の見通しであると断った上で述べている。なぜ「特殊」と見なされてきたのだろうか。そして、世界史的な視点で見て、どのような点を「普遍」と考えることができるのだろうか。

**Q** 大政奉還の上表と、五箇条の誓文のかたちで示される新政府の方針を比べてみよう。

**A** 大政奉還の上表では、天皇を中心とする朝廷の下で徳川家を含む有力諸藩が合議する公議政体を目指している。一方、五箇条の誓文では、天皇を中心とする点は同じだが、広く会議を興し万機公論に決し、他の条文を含め世界的に活動する国づくりを目指している。天皇の下での国づくりは共通しているが、それを支える会議のあり方が異なっている。そして、誓文中の「上下心一ニシテ」「官武一途庶民ニ至ル迄」という表現は、公議政体よりも幅広い階層を意識して文言が練られている。


**Q** 戊辰戦争中、会津藩主松平容保の降伏時の歎願書の中にある「国民」と、維新政府による戸籍法の中の「国民」は、それぞれどのような人々を指しているだろうか。

**A** 前者は、会津藩の領民を意味し、後者は、政府が作成した戸籍に登録された人々を意味した。幕藩体制の下では、藩は大名の国として認識され、そこに住む領民は藩という国の「国民」であった。一方、「人民ノ保護」が国家の務めとなった戸籍法の下では、「国民」は戸籍によって把握され、政府の保護を受けるものであった。


**Q** 「学事奨励に関する太政官布告（被仰出書）」では、学問の目的をどのように述べているだろうか。

**A** 個人主義・立身主義という西洋の教育観が移入され、学問は、身分に関係なく、立身出世を実現するための手段であると述べられている。

## 問題の所在

　大政奉還と五箇条の誓文が、ともに「天皇の下に」という点を重視しており、君主による「上からの改革」と捉えることができる。この「特殊」な視点は、明治維新が世界の諸革命と同列に議論されない背景となる。基本的に革命は、「下からの改革」が前提となり、主体としての「市民」の確立が重視されるからである。また戸籍法による壬申戸籍の成立について、「近代日本における国籍と戸籍」を分析した遠藤正敬は、「壬申戸籍には「日本」という領域への帰属意識と「日本人」という国民の統一性を同時に創成する企図があった」と述べている。学制とあわせて、君主制の下で行われた改革、すなわち「上からの改革」であると捉えることができる。以上のように、「上からの改革」という視点を「特殊」な点として前面に紹介することができる反面、三谷によれば「普遍」な点と捉えることも可能だという。明治維新が君主権強化を目指し、実現したものの、それは君主個人の指示ではなく、また、改革の指導権も、朝廷側にあったのではなく、君主権の強化を主導したのは、武家、特に大名の家臣であった。三谷は、領主と庶民の間の「中間層」と読み替え、「下からの改革」と見ると実情に合致すると指摘する。このように捉えると「普遍」な点も見出すことができるようになるのである。1つの政策や出来事を取り上げ、「特殊」と「普遍」のどちらと考えるか、生徒たちに問うてもよいだろう。

　最後に、「明治維新と諸改革」における「特殊」と「普遍」を考える際に、ほかにどのような視点があるだろうか。「明治維新における政治的死者の数の少なさ」「大名や上級武士などが特権剥奪に抵抗しなかったこと」「ナショナリズムの高まりによる対外戦争」などは、世界史やアジア史の中で比較する題材にできそうである。また、幕藩体制という分権体制について、幕末から明治維新の過程の中で考えさせてもよい。三谷は、幕末日本を「双頭・連邦国家」

という概念を提唱することで説明する。この概念によって、ドイツの連邦制や清朝のあり方と比較しやすくなるとしている。少なくとも江戸時代の分権体制を引き継いだ明治日本は、解体と再統合それぞれに有利であったとする考え方である。諸改革の内実とあわせてじっくり考え、他国の事例と比較させたい。

〔参考文献〕
遠藤正敬「近代日本における国籍と戸籍──「日本人」の創出と支配」
　（『岩波講座日本歴史20　地域論』岩波書店　2014）
大日方純夫『はじめて学ぶ日本近代史　上』大月書店　2003
三谷博「国境を越える歴史認識──比較史の発見的効用」（『岩波講座日本
　歴史22　歴史学の現在』岩波書店　2016）


## 明治初期の対外関係

### はじめに

　『歴史総合』の教科書執筆に関わったある歴史研究者は、教科書が面白くない理由の１つに、教科書がナショナル＝ヒストリーに規定された歴史叙述であることを挙げている。「対外関係」を学ぶ際には、特にナショナル＝ヒストリーに陥らない視点を生徒たちに示すことができるとよい。また、学習指導要領には、「国民統合の過程において、国民国家に属さない人が存在したことや、国民国家以外の国家形態が存在したこと」にも触れるよう明記している。日本の立場のみならず、多様な価値観を学ぶようにしたい。

**Q**　岩倉使節団の写真について、大使の岩倉具視と副使たちそれぞれの、服装の意味を考えてみよう。

**A**　天皇の代理人の「大使」である岩倉は日本の伝統的な羽織袴姿

**岩倉使節団** 右から大久保利通・伊藤博文・岩倉具視・山口尚芳・木戸孝允。

で丁髷を結っている。一方、副使4人は断髪し洋装姿である。岩倉の姿からは、大使として日本の伝統的な正装で交渉すべきとの考えを読み取ることができる。なお、岩倉はアメリカ留学中の息子のアドバイスにより、未開の国との侮りを受けるとして、渡航中に断髪して洋服を着るようになる。

**Q** 　日清修好条規において、第1条の「両国ニ属シタル邦土」については、日清両国の解釈に相違があった。また、第2条をめぐってはアメリカ公使から抗議を受け、政府内でも議論があって批准が遅れた。なぜだろうか。

**A** 　第1条の「属シタル邦土」は、中国側では、朝鮮や琉球など朝貢国を含んでおり、それを日本側に理解させたと解釈した。そのため、日本が琉球に藩や県を設置したことを条約違反と主張した。日本側は、「属シタル邦土」にそのような意味があることを理解せずに、朝鮮や琉球はその範囲外と捉えていた。日本の認識のズレは、外交文書としての日清修好条規が漢文を正文としたことに原因があったとされる。また、第2条については、日清両国ともに一般的な友好の表現と見なしたが、列強は日清の同盟ではないかと疑っていた。この対応の検討に時間を要したため批准が遅れた。

**Q** 江華島事件において、軍艦雲揚艦長の報告書内容と日本政府による発表内容には相違があった。なぜだろうか。

**A** 戦艦雲揚艦長の報告書には、測量や官吏面会目的でボートを近づけたところ銃砲で攻撃されたことや、その後の戦闘の様子が記されている。一方、政府の発表は、水を求めてボートで接近したところ砲撃されたので、ただちに反撃したとの内容であった。日本政府は、情報操作によって自らを正当化し、その後の交渉を有利に進めようとした。

## 問題の所在

生徒たちは、グローバル社会の下、多様な価値観とどのように向き合っていくのか考えていく必要がある。歴史教育において、資史料を通じて価値観の相違を考える訓練をすることはとても意味がある営みで、歴史的思考を育むよい機会になると思われる。その違いを乗り越えることができればよいが、価値観のどのような点に違いがあるのかについて認識することがまずは必要である。最後の問いは、近年のフェイクニュースや、公文書の作成や管理の問題と大きく関わっている。江華島事件の政府発表のあり方を、ベトナム戦争の開始や現代の諸問題と比較させてもよいのではないだろうか。また、公文書を重視してきた歴史学の伝統の中で、この問題と向き合わせることは、歴史学とは何かという大きな問いと向き合うことにも発展し得る。

私たち教員は、ナショナル＝ヒストリーの特徴やその限界をも踏まえて、資史料の読み解きを行っていく必要がある。各国の思惑の相違を考えさせ、多様な歴史認識や歴史観に触れさせたい。また、政府の公式発表に事実と異なることがあるような事例を、どのように考えていくかは現代的な課題でもある。

〔参考文献〕

栗原純「日清国交の開始と台湾出兵」(三谷博／並木頼寿／月脚達彦編
　『大人のための近現代史　19世紀編』東京大学出版会　2009)

森田吉彦「日清関係の転換と日清修好条規」(岡本隆司／川島真編『中国
　近代外交の胎動』東京大学出版会　2009)

# 条約改正と日清戦争

## はじめに

　日本が条約改正交渉を進めつつ朝鮮に進出をはかると、やがて日清戦争に発展した。日清戦争は日本・清・朝鮮の３国にどのような変化をもたらしたのだろうかという大きな問いを考えたい。清を中心とする東アジア世界の中に位置する日本が、欧米諸国とどのように条約改正交渉を進め、清との差別化をはかりながら、条約改正をどのように実現していくのか。その歴史的事実を丁寧に学びたい。あわせて清や朝鮮が、日本をどのように見ていたのかという点も考えさせたい。「東アジア国際秩序の再編」について論じた川島真は、「近代東アジアにおける相互イメージ」の項目の中で、日本には、中国を憧憬し、清を大国と見る視線が依然として広く認められたが、日清戦争後に中国蔑視の傾向が強まっていったと記している。一方で、「19世紀の後半は、東アジアの国際秩序が変容しながら、そこには多様な可能性が残されていたと考えてよいであろう」と記している。川島が指摘する「多様な可能性」を日本はなぜ選択しなかったのか、という問いを念頭におきながら授業を考えたい。

**Q**　金玉均ら急進開化派は、日本に何を求めたのだろうか。

**A**　西洋と日本・清の関係が深まる中で、西洋文明を摂取しつつ朝鮮の近代化を進め、清からの完全な独立をはかるために、日本に

援助と協力を求めた。

**Q** なぜ、「脱亜論」のような主張がなされたのだろうか。
**A** 甲申事変後、金玉均ら急進開化派は、政権を追われた。金ら親日派が追われることで、日本の朝鮮に対する影響力は弱まった。一方、清は朝鮮に対する影響力を強めることになった。そのため、日本ではアジアの連帯を否定し、清や朝鮮に対する反感を抱く世論が形づくられていくことになった。

### 問題の所在

「はじめに」でも述べた通り、中国文化を憧憬し、清を大国と見る従来の視点が、日清戦争後には、なぜ蔑視する傾向に変わってしまうのだろうか。その背景として、条約改正の交渉過程をじっくり考察するとわかりやすい。日本が欧米諸国との条約改正交渉を試みる際、欧米諸国は日本との改正を認めれば中国もまた改正を要求してくるであろうことを危惧したという。そのため、日本は万国公法の理解度など、中国との差別化を意識し、ことさらに中国を批判した。では一方の中国はどうだったのだろうか。川島は「中国との差異を強調する日本とは裏腹に、中国側では日本への意識は希薄であった」と説明している。当初、中国が日本を敵対視していなかったことを認識する時、19世紀後半の東アジアの国際秩序は変容しながらも、多様な展開の可能性があり得たことを考えることができる。条約改正交渉や日清戦争を具体的な資史料を通じて学び、その後の日本「国民」のアジア観の変化を理解させたい。

〔参考文献〕
川島真「東アジア国際秩序の再編」(三谷博／並木頼寿／月脚達彦編『大人のための近現代史　19世紀編』東京大学出版会　2009)

牧原憲夫『全集日本の歴史13　文明国をめざして』小学館　2008

## 日本の産業革命と教育の普及

### はじめに

　明治時代に入り、日本では欧米の技術が本格的に導入され、資本主義の仕組みも広まっていった。日本の産業革命は、どのような特色をもち、国内や貿易にどのような影響を及ぼしたのだろうか。そのことを教育やその普及の意味とあわせて考えたい。ここでは、政府の役割や政策を確認しつつ、紡績業・製糸業という軽工業の発展を学び、当時の貿易の展開についてグラフ等を通じて学ぶ。そして、その後の重工業の発展を学ぶ一方で、産業革命の影の部分にあたる社会問題や労働問題について把握し、最後に教育の普及が産業革命の基盤を支えたことを学ぶ。各国の産業革命を踏まえた上で、日本の産業革命の特徴はどのようなところにあるのかを意識して授業を考えてみたい。

**Q**　全国的な鉄道網が形成されたことは、産業の発展や人々の暮らしにどのような影響を与えたのだろうか。

**A**　官営で敷設が進められた鉄道は、1889（明治22）年には営業キロ数で民営が官営を上回るようになった。1906（明治39）年の鉄道国有法制定を経て、全国的な鉄道網が形成されたことで、物資の大量輸送が可能となって産業革命の進展を支えた。また、人々は遠距離を短時間で移動できるようになった。

**Q**　1913年の日本の貿易のグラフから、日本とアジアとの関係、欧米との関係を考えてみよう。また、植民地の経済的な役割についても考えてみよう。

**A** 　輸入品にある綿花は、インドやアメリカから輸入し、工業製品である綿糸・綿織物は、中国を中心とするアジア諸国に輸出した。鉄・機械類といった軍需品・重工業資材の輸入先は欧米が多く、工業製品である生糸・絹織物の輸出先はアメリカが多かった。また、植

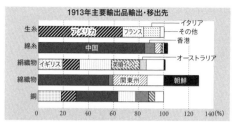

1913年主要輸出品輸出・移出先

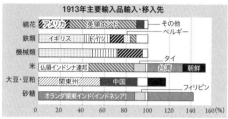

1913年主要輸入品輸入・移入先

**1913年の日本の貿易**　100％を超える分は移出・移入（対植民地）。（大蔵省編『大日本外国貿易年表』、台湾総督府『台湾外国間及内地間貿易年表』より作成）

民地や租借地が日本経済に占める割合は大きかった。具体的には、対関東州とは、綿織物輸出と大豆・豆粕輸入、対朝鮮では綿織物移出、米移入、対台湾では米・砂糖移入などが見られた。

### 問題の所在

　時間軸を頭の中に思い浮かべ、その中に日本の「産業革命」を位置づけ、他国との比較を試みてみたい。また、貿易の拡大などを説明する際には、全国的な鉄道網の形成過程を説明し、幹線の整備から地方鉄道の整備に広がっていく動きが、経済発展を支えたことを説明するとともに、具体的な事例をもとに、地域が鉄道敷設をどのように受け入れていったのかについて説明できるとよい。なお、鉄道に限らないが、地域産業の拡大を支える動きについて、資史料をもとにした対話ができるとよいだろう。例えば、長野県・埼玉県・

山梨県などの養蚕業や製糸業が発展した背景を取り上げ、現地の状況などについて、資史料をもとに紹介できると、そのイメージをよりふくらませることができる。

〔参考文献〕
今村直樹「明治期、鉄道敷設への反対は俗説？むしろ地方の活力に支えられた」(『週刊新発見！日本の歴史37』朝日新聞出版　2014)
中村尚史「日本の産業革命」(『岩波講座日本歴史16　近現代2』岩波書店　2014)


## 日露戦争とその影響

### はじめに

日露戦争では、日本がかろうじてロシアに勝利した。なぜ日露戦争は起こったのだろうか。また、日本の勝利は日本国内や周辺地域にどのような影響をもたらしたのだろうか。日露戦争に関しては、いくつもの問いが浮かぶ。まずは、日清戦争・義和団戦争(北清事変)・日露戦争と続く争いを一連の流れの中で理解することが求められる。

中国を分割しようとする列強(フランスの風刺画)

**Q**　「中国を分割しようとする列強」という風刺画の人物は、それぞれどこの国を表しているだろうか。

**A**　左から順にイギリス・ドイツ・ロシア・フランス・日本を表しており、背後で両手をあげている人物は清を表している。ケーキには、「CHINE(中国)」

と書かれており、列強が中国を分け合っていることを読み取ることができる。また、各人物の服装などから各国について説明したい。イギリスはヴィクトリア女王、ドイツはヴィルヘルム2世、ロシアはニコライ2世、フランスは共和国を象徴するマリアンヌという女性像、サムライ姿は日本である。

**Q** 「韓国併合」に関する『東京パック』の風刺画において、「国籍係」と書かれた窓口の向こうで執務しているのがヨーロッパの女神らしいのは、なぜだろうか。

**A** 風刺画の左下には、「日本と韓国とは内縁の夫婦ゆえ、合邦は一片の結婚届さえすれば、それでことが足りるのだ」と

「韓国併合」の風刺画（『東京パック』さし絵）

ある。日本の「韓国併合」に至る過程を踏まえて、「韓国併合」が植民地化の最後の儀式であることを示している。「ヨーロッパの女神」が「国籍係」と書かれた窓口で業務を行っているのは、日本が列強の仲間入りしたことを、ヨーロッパ諸国が認めたことを示す。日本は、韓国の植民地化を実現することで、ヨーロッパ諸国から一等国であることを認知してもらったのである。

**Q** 日露戦争における日本の勝利は、アジア諸地域にどのような影響を与えたのだろうか。

**A** アジア各地の民族運動の活発化や各国の立憲制を求める活動に

影響を与えた。例えば、ベトナムの民族運動・独立運動の指導者ファン＝ボイ＝チャウは、フランスからの独立と立憲君主制の樹立を目指す活動を行う中で、日本へ留学生を派遣するドンズー（東遊）運動を展開した。中国の孫文は、日本で中国同盟会を結成し、革命運動を開始した。また、オスマン帝国では青年トルコ革命が、イランではカージャール朝の専制と支配に反対する立憲革命が、それぞれ起こった。

## 問題の所在

日露戦争がアジアに与えた影響や、「国民」が抱くようになる「一等国意識」は特筆される。その意識は、多方面に影響を与えた。例えば、軍部ではこの後、白兵主義、八・八艦隊の建造計画、陸軍二個師団増設要求などにつながった。日清戦争から日露戦争を経て変質していく人々の意識に注目したい。そして、日本の勝利は、アジアの民族運動に大きな影響を与えたものの、日本に対する失望が早かったことにも言及したい。日本の中国に対する領土的野心により日本批判が決定的になった。またドンズー運動でも、日本政府はフランス政府の要請により、ファン＝ボイ＝チャウらを国外に退去させた。このような面にも留意したい。

〔参考文献〕
小松裕『全集日本の歴史14 「いのち」と帝国日本』小学館　2009

（片山　健介）

# 国際秩序の変化や大衆化と私たち（1）

## 第一次世界大戦とロシア革命

### はじめに

　第一次世界大戦はなぜ起こったのだろうか。この戦争が「総力戦」と呼ばれるのはなぜか。また、「総力戦」とはどのような戦争なのか。「総力戦」と呼ばれるこの戦争は、各国の社会や国際秩序にどのような変化をもたらしたのだろうか。

**Q**　第一次世界大戦は、従来の戦争と異なり、なぜ長期化したのだろうか。

**A**　第一次世界大戦は人々の予想に反して、4年半に及ぶ長期戦となった。その理由は2つある。1つはドイツの作戦の失敗である。ドイツは、ロシアが戦争準備に1カ月かかるという情報をもとにフランスを1カ月で倒し、その後、ロシアを倒すシュリーフェン＝プランと呼ばれる作戦を立てた。しかし、ドイツはフランスとの西部戦線では、マルヌの戦いで進軍を阻止され、ロシアとの東部戦線では、タンネンベルクの戦いで勝利したものの、決定的な勝利とはならず、東西の両戦線とも膠着し、作戦は挫折した。もう1つの理由は第2次産業革命によって工業生産が増加したことである。以前の戦争であれば、ある程度の期間で弾薬を使い切って、戦争は終わっていた。しかし、第一次世界大戦の時点では弾薬を短期間で大量に生産できる体制が各国に築かれており、戦場

に次々と弾薬を提供することができたのである。この2つの理由により、戦争は長期化した。

**Q** 第一次世界大戦によって人々の意識はどのように変わったのだろうか。

**A** まずヨーロッパに対する人々の意識が変わった。第一次世界大戦まで、「野蛮」であるアジアやアフリカに対し、ヨーロッパは自らを「文明国」であると主張してきた。しかし、ヨーロッパが残酷な戦争を行ったことで、「文明国」であることに疑問がもたれるようになった。また植民地の人々が参戦し、時にはヨーロッパ人と対等に戦った経験が、彼らに自信をもたせた。そのことが、植民地の人々を民族自決に向かわせる要因となった。

　また、参戦国では兵士以外にも多くの国民が戦争に協力したことで、国家の中でそうした人々の地位が高まった。例えば女性は兵士となった男性に代わり軍需工場などで働き、そのことが女性参政権獲得に結びついた。

　また、それまで戦争は外交の一手段として認められていたが、第一次世界大戦を経験して、自衛のための戦争を例外として戦争を違法化すべきであるという認識が広がっていった。

**Q** ロシア革命で当初少数派であったボリシェヴィキが政権を握ることができたのは、なぜだろうか。

**A** 二月革命後の自由主義者による立憲民主党中心の臨時政府が、第一次世界大戦から離脱しなかったのに対し、ボリシェヴィキは四月テーゼを発表し、労働者・兵士の評議会であるソヴィエトにすべての権力を集めることを訴えた上で、さらに「平和に関する布告」で即時停戦を訴えた。このことで、ロシアの人々の支持を集めた。しかし、ボリシェヴィキは、憲法制定会議の選挙でロシ

アの大多数を占める農民の票を得た社会革命党に敗北したので、武力クーデタを起こして政権を握った。

## 問題の所在

　「なぜ第一次世界大戦は起こったのか」という問いについて考えてみたい。2022年2月に始まったロシアのウクライナ侵攻は、2024年1月現在、まだ継続中である。多くの日本人が、この戦争の開戦に驚いたが、その背景について知る人は多くなかったであろう。戦争の開戦原因を考えることは、歴史を学ぶ上で重要である。

　第一次世界大戦がなぜ始まったのかという問いは、決して簡単なものではない。サライェヴォ事件が原因としてよく挙げられるが、当時の世界で要人の暗殺は珍しくなかった。サライェヴォ事件発生の時点では、多くの人は大戦どころか戦争が起こるとも考えていなかったと言われる。また、国際関係についても、フランス・ドイツの間のモロッコ事件をはじめ多くの問題は解決されていた。また大戦までイギリスとドイツは密接に貿易を行っていたし、その量も年とともに増加していた。

　実は大戦の原因は明確にはわかっていないのだが、1つの原因として国民のナショナリズムが挙げられる。国民の多くが、自国の領土拡大のためではなく、他国による侵略から自国を守るための防衛戦争として参戦を支持していったようだ。その結果、イギリスでは参戦熱が高まり「ベルギー侵略の後、庶民院が1時間でも開戦を躊躇したら、民衆の激怒と憤慨によって議会の存在そのものが廃止されてしまっただろう」と、自由党系のジャーナリストが記している。

　第一次世界大戦は、史上初の「総力戦」と言われる。それまでの戦争は原則、兵士が戦う戦争であった。自国が戦場であれば非戦闘員もいやおうなしに戦争に巻き込まれるが、他国が戦場であれば兵士以外の人々は戦争には参加しない。しかし、総力戦においては、

軍事・政治・経済など国力のすべてが戦争に投入され、兵士でなくても戦争への貢献が求められるようになった。第一次世界大戦では各国の大衆が開戦を後押しし、大衆が動員され、戦後、大衆が政治に参加するようになった。第一次世界大戦において、戦争の大衆化が起こったといえるだろう。

〔参考文献〕
小野塚知二編『第一次世界大戦開戦原因の再検討——国際分業と民衆心理』岩波書店　2014
金澤周作監修『論点・西洋史学』ミネルヴァ書房　2020
木村靖二『第一次世界大戦』ちくま新書　2014
後藤春美「世界大戦による国際秩序の変容と残存する帝国支配」(『岩波講座世界歴史20　二つの大戦と帝国主義Ⅰ』岩波書店　2022)

## 国際平和と安全保障

### はじめに

　第一次世界大戦後、新しい国際秩序の枠組みが定められた。それはどのような内容をもっていたのだろうか。以上の問いを踏まえて、ここではパリ講和会議と国際連盟について考えたい。

**Q**　パリ講和会議には、どのような問題点があったのだろうか。

**A**　第一次世界大戦後、再び大戦を起こさないという目的で、この会議が開かれたが、結果として第二次世界大戦を防ぐことはできなかった。まずこの会議の問題点としては、アメリカ大統領ウィルソンによる14カ条の平和原則が掲げられたにもかかわらず、イギリス・フランスがドイツへ報復主義的な外交を行い、ドイツに強い不満をもたせたことが挙げられる。また民族自決がヨーロッ

パに限られたことや、敗戦国が会議に招かれなかったことなども指摘される。

## 問題の所在

一般に第一次世界大戦後のヴェルサイユ・ワシントン体制については前述の通り問題点が注目されることが多く、一方で、その問題点を踏まえてつくられた第二次世界大戦後の国際連合を中心とした国際秩序は肯定的な面が取り上げられることが多い。しかし、そう言い切れるのか。この点について考えてみたい。

まずヴェルサイユ条約についてである。この条約はドイツに対して過酷だったと言われるが、この説には異論がある。オスマン帝国やオーストリア、ハンガリーなどの敗戦国は、ドイツ以上に過酷な処置を受けた。オーストリアはほぼ領土を4分の1に削減され、ドイツ人以外の民族の居住地域は、ほぼ奪われた。ハンガリーも、歴史的領土と呼ばれる領土のうち、ハンガリー人以外の民族が住む領土は奪われた。オスマン帝国はアナトリア以外の領土だけでなく、アナトリアの一部までも奪われた。また第二次世界大戦においてドイツや日本は無条件降伏に追い込まれ、連合国の占領下で主権が制限された状況で、戦後の国家のあり方が決められたのに対して、ヴェルサイユ条約でドイツの主権が奪われなかったことは、ある意味ドイツに対して寛容な政策だったともいえる。第二次世界大戦後のドイツが経済復興を遂げ、平和で安定していることを考えれば、連合国の占領政策は良かったといえるかも知れない。しかし、ドイツが分断されたことは忘れるべきではない。

次に国際連盟について考えたい。まず、史上初の国際平和機構がつくられたことは評価されてよい。第一次世界大戦までは、戦争は外交の最終手段として認められてきた。それに対し、国際連盟が組織されてからは、戦争をできるだけ避けて、話し合いで問題を解決

しようとする考えが登場した。また、植民地を拡大することやその
ための侵略行為も批判されるようになった。そこで委任統治制度が
生まれた。今までの植民地支配と異なり、委任統治領の統治につい
ては連盟への報告が求められた。未熟な面も多かったが、第一次世
界大戦以前の国際社会での常識を大きく変えた面があったことを忘
れてはいけない。その後の、不戦条約も含めて、明らかに国際秩序
についての意識が変わった。

　一方、軍事制裁をできなかったと指摘されることもあるが、現在
の国際連合においては安全保障理事会の5常任理事国の拒否権によ
って経済制裁すら難しい状況がある(ロシアのウクライナ侵攻に対
して、国連としてロシアに経済制裁すらかけられていない)。国際
連盟では、イタリアがエチオピア侵攻を行った際に、不十分な面は
あったものの常任理事国であるイタリアに対して経済制裁を行った
ことは、評価されてよい。同様に常任理事国である日本に対しても、
満洲事変に際しリットン調査団を派遣して、その結果、日本を国際
連盟脱退に追い込んだ。

　国際連盟では常任理事国であっても国際秩序を乱すのであれば制
裁の対象とする公平性をもっていたこと(これが大戦につながった
ことは否定できないが)、また、パリ講和会議をはじめとして戦間
期に考えられたことの多くが、第二次世界大戦後の国際平和の構築
の土台となったことも忘れるべきではないであろう。


〔参考文献〕

岡本隆司／飯田洋介／後藤春美編著『いまを知る、現代を考える山川歴
　史講座　国際平和を歴史的に考える』山川出版社　2022
後藤春美「世界大戦による国際秩序の変容と残存する帝国支配」(『岩波講
　座世界歴史20　二つの大戦と帝国主義Ⅰ』岩波書店　2022)
篠原初枝『国際連盟──世界平和への夢と挫折』中公新書　2010

## アジア・アフリカ地域の民族運動

### はじめに

ウィルソンの14カ条は、ヨーロッパにのみ適用され、アジアやアフリカには独立は認められず、民族自決は適用されなかったと言われる。しかし、アジア・アフリカの人々は、「民族自決」を獲得することを目指し民族運動を起こした。その結果、独立を達成した国もあり、独立の達成には至らないまでも宗主国に支配のかたちの変更を迫った地域もあった。アジア・アフリカの国々は、自力で民族自決を獲得したと言えよう。

**Q**　三・一独立運動は日本の植民地政策にどのような影響を与えたのだろうか。

**A**　この運動を経て、朝鮮総督府は武断政治から文化政治と呼ばれる政策に転換した。三・一独立運動は、1919年3月1日ソウルなどの都市から暴力を用いないデモ行進として始まった。そして、ソウルの運動に参加したり、運動を見たりした人々が帰郷し、故郷で運動を起こした。地方の運動は朝鮮王朝時代の民乱の伝統の影響を受け、朝鮮総督府の植民地政策に反対し、暴力を伴う運動も一部では起こった。それに対し総督府は虐殺、拷問を伴う過酷な弾圧を行った。運動自体は2～3カ月ではぼ終息したが、武断政治の限界を悟り、また国際的な非難も受けたことで、朝鮮総督府は武断政治を緩和し文化政治に政策転換した。以後も厳しい統治は続いたが、憲兵警察制度をやめ、言論の自由を朝鮮人にある程度認めるなどの政策も見られた。

**Q**　五・四運動はどのように始まったのだろうか。

**A**　中国は、アメリカの要求を受けて第一次世界大戦に参戦し、戦

勝国としてパリ講和会議に参加した。会議参加の目的は、不平等条約の解消、日本からの二十一カ条要求の問題解決であり、特に山東半島の利権の返還を求めたが、イギリス・フランスは日本の要求を優先し、中国の要求を拒否した。

　中国では、これに対し、1919年5月1日に各大学の代表が北京大学に集まり、3日の夜の学生大会の決定を経て、4日に天安門で運動が始まった。学生たちは、アメリカ公使館を訪れ、書記官に請願書を渡し、そのまま二十一カ条要求を受け入れた曹汝霖宅を襲撃した。曹汝霖は不在だったが、彼の家は燃やされた。運動は全国に広がった。一方で、パリの中国代表団はヴェルサイユ条約の調印を拒否した。その後、ワシントン条約を経て、中国の領土保全、主権尊重が認められ、山東半島も返還されるに至る。ただし多くの列強との不平等条約は、この時点では解消されず、中国に不満が残った。

## 問題の所在

　第一次世界大戦後、東ヨーロッパでは民族自決が認められたが、多くの民族が混住している地域で民族を主体にした国家の樹立は、国内に少数民族問題を生み、それを抑えるために多くの国が権威主義国家となっていった。またアジアにおいても東ヨーロッパと同様に民族問題が生まれていった。

　辛亥革命で成立した中華民国は漢族・満洲族・モンゴル族・ウイグル族・チベット族の五族共和を唱え、それらの民族が住む地域を領土に含めようとした。外モンゴルが独立を宣言し、自治が認められ、のちにモンゴル人民共和国として独立したが、内モンゴルは自治の対象外となった。チベットも独立を宣言し、英中の交渉の結果、中国の宗主権の下での自治は認められたが、第二次世界大戦後の1951年に中華人民共和国の支配下に置かれた。

トルコ共和国はギリシアに戦争で勝利することで、セーヴル条約で狭められた領土をかなり回復した。また、イランではレザー＝ハーンが主権を回復し、1932年にはイラクが独立を果たした。この3カ国にシリアを加えた4カ国によって居住地域が分断されて、世界最大の少数民族と言われるようになったのがクルド人である（もともとオスマン帝国とサファヴィー朝によって、居住地域を2つに分けられていた）。クルド人は、これらの国々の国境の山岳地帯に住んでおり、2000万から4000万人程度いるとされる。セーヴル条約においては一部の居住地域の住民に自治が認められ、将来の独立も約束されたが、ローザンヌ条約が結ばれる過程で取り消された。その後、トルコにおけるクルド人は、山岳トルコ人と呼ばれ、クルド人という民族は存在すらしないものとされた。

　「民族自決」という考えが生まれたことで、国際連盟がアジア・アフリカに民族自決を適用しなかったと言っても、もはやヨーロッパ諸国にアジア・アフリカの民族自決を止める力はなかったと言えよう。ただし、ここで強調しておきたいのは「民族自決」自体の問題点である。東ヨーロッパにしろ、アジア・アフリカにしろ、多民族混住地域であった。その中に1つの民族による国民国家を建設したことが、のちの歴史に様々な問題を生み出している。独立によって植民地支配を脱脚することは達成できたが、それはあくまでヨーロッパで生まれた国民国家という枠組みでの独立だった。その成果と課題の両面を考える必要があろう。

〔参考文献〕

松田利彦『日本の朝鮮植民地支配と警察——一九〇五年〜一九四五年』
　校倉書房　2009
山口昭彦『クルド人を知るための55章』明石書店　2019
吉澤誠一郎ほか編著『論点・東洋史学——アジア・アフリカへの問い

## 世界恐慌の発生と各国の対応

### はじめに

1929年、アメリカ合衆国から世界恐慌が発生すると、各国は長期にわたって深刻な不況に陥った。この巨大な危機に、各国はどのように対応したのだろうか。また、世界恐慌は国際秩序にどのような変化をもたらしたのだろうか。

ヨーロッパ諸国は、1920年代にアメリカの協力も得て、国際協調を進め、経済的に復興を遂げつつあったが、この世界恐慌への各国の対応から、世界は第二次世界大戦へ向かっていくことになる。その経緯について考えてみよう。

**Q**　1929年にアメリカで起こった恐慌は、なぜ世界に拡大していったのだろうか。

**A**　当時のアメリカは、世界の資本主義国全体の工業生産力のほぼ半分、金保有量では約60％を占めており、世界経済において中心的な役割を担っていた。そして、ニューヨークのウォール街が、世界金融の中心地であった。そのため、アメリカで恐慌が起きると、まずアメリカと関係の深い中南米諸国などに広がり、続いて列強の植民地や従属国など経済力の低い国、次いで東欧・南欧などの中進資本主義国、最後に先進資本主義国に広がった。世界各国がアメリカと貿易関係を結んでいたためである。共産主義国のソ連を除いて、全世界に恐慌は広がった。また恐慌以前のドイツはアメリカからの資本投入に支えられて第一次世界大戦後の経済復興へ向かっていたが、アメリカ資本が引き上げたことで先進国の中で特に甚大な影響を受けることになった。

## 問題の所在

　世界恐慌はアメリカで始まり、アメリカ経済は多大な打撃を受けたが、同時に、恐慌発生後のアメリカの姿勢が、国際経済の分断を生んだという側面を見落としてはならない。

　イギリスが1931年に金本位制から離脱すると、アメリカも1933年に金本位制から離脱し、国際的な金本位体制は崩壊した。またイギリスが1932年のオタワ会議で特恵関税制度をしき、従来の自由貿易路線を変更し、スターリング゠ブロックを形成すると、アメリカもドル゠ブロックを築いた。1933年にはイギリスがロンドンに65カ国を集め世界経済会議を開き、国際協調によって恐慌を克服することを目指したが、アメリカが消極的であり、またナチ党政権下のドイツも反対し、失敗した。

　またこの恐慌以降、自由放任主義への信頼が失墜し、国家の経済への介入が増した。アメリカのニューディール政策やドイツのファシズム（ナチズム）、イギリスなどの福祉国家政策、ソ連の一国社会主義政策がその例として挙げられる。さらに市場経済と計画経済を合わせた混合経済も見られた。これ以降、国民生活と国家の関係が密接になる一方で、国家による大衆の動員が可能な状況も生まれてくる。

　なお一般に、ソ連は世界恐慌の影響を受けなかったとされており、事実、五カ年計画の下で急激な工業化を進めたが、その一方で1932〜33年に数百万の餓死者を出す飢饉を引き起こし、また労働者の生活水準を極度に低下させたのも事実である。

〔参考文献〕

秋元英一『世界大恐慌──1929年に何がおこったか』講談社学術文庫　2009

金澤周作監修『論点・西洋史学』ミネルヴァ書房　2020

## ファシズムの台頭

### はじめに

1929年の世界恐慌によって各国に社会不安が広まる中で、ドイツやイタリアを中心にしてファシズムが勢力を伸ばした。ファシズムはどのような経緯で台頭し、またヨーロッパ各国はファシズムにどのように対応したのだろうか。ここではドイツのナチ党政権を中心に考えたい。

**Q** ファシズム体制とは、どのような体制だったのだろうか。

**A** ファシズムは、国民を一元的に「民族共同体」の下に統合し、国民生活を統制することによって国家の危機を克服することを唱えた体制で、議会主義や共産主義を国内の対立や分裂を促す原因と決めつけ、反対や異論を唱える者を暴力的に抑圧する体制であった。一方で、国民の生活や労働者の期待にも一定の配慮を示すことで国民の支持を得て勢力を強めた。

**Q** ヒトラーは、なぜ権力を掌握することができたのだろうか。

**A** 2つ理由がある。1つはナチ党が国民の人気を集めたからである。ヴェルサイユ条約をイギリス・フランスに押しつけられた条約であると見なすドイツ人は少なからず存在した。結成当時からヴェルサイユ条約への反発を強く主張したナチ党は、支持を拡大していった。世界恐慌後になるとヴァイマル政府への失望が広がる一方で反議会勢力のナチ党や共産党への人気が高まった。さらに、ナチ党は街頭における社会民主党・共産党や介入する警官隊との闘争によっても、支持を集めた。

　もう1つは、ヒンデンブルクをはじめとする保守勢力の後押しである。共産党の躍進を嫌ったヒンデンブルク大統領は様々な保

守派の政治家を首相に任命したが長続きせず、最終的にヒトラーを首相に任命した。これ以降、ヒトラーは権力を掌握していった。

**Q** なぜ、ソ連とドイツは不可侵条約を結んだのだろうか。

**A** ソ連はミュンヘン会談に招かれなかったことで、イギリス・フランスに不信感をもったことが一因である。ミュンヘン会談は、スラヴ人国家であるチェコスロヴァキアの領土をめぐる話し合いであったが、チェコスロヴァキアもチェコスロヴァキアの同盟国であったソ連も呼ばれなかったことに反発し、不信感をもった。

　また、ドイツがイギリス・フランスと戦争することを想定しており、同時にソ連とも戦争することは避けたいと考えていたことも条約締結の一因となった。ただし、この条約は一時的なもので、最終的にはドイツがソ連に侵攻した。

### 問題の所在

「ファシズム」が何かを答えるのは大変難しい。反マルクス主義、反民主主義を叫びながら、一方で社会主義や労働者のための党を名乗る。事実、ムッソリーニは第一次世界大戦前は社会主義者だった。もともと大資本を批判し中間層を基盤とした大衆運動を行っていたが、旧支配層の手から政権を受け取り首相に就任して以降は、大資本家や地主の利益を損なうことはなくなった。また、ファシズムにおいてその支配は個人の独裁体制だったと言われるが、その下の統治組織は、党・官僚・軍部といった諸勢力のかなり無統制な競争の上に成り立っており、実際ナチ党に関しては、ヒトラーが多くの省庁をつくり、多数のサブリーダーが勢力争いを行っており、ヒトラーの個人独裁とは言い切れない面があった。

　ファシズム（ナチズム）は「全体主義」と言われるが、冷戦期のアメリカでは、スターリニズムも「全体主義」の１つだと言われた。

しかし、トラヴェルソの『全体主義』には、この言葉ほど「いい加減に、つまり意味をあいまいにしたまま使われる用語は、そう多くない」とあり、両者ともに「全体主義」ではないとういう説もある。

　ここでは大衆化の側面から、全体主義的な点を指摘したい。ナチ党は選挙で国民の支持を得、ソ連ではスターリンが死んだ時に多くの国民が悲しんだ。ナチ党では健康なドイツ人以外の、ソ連においては労働者階級以外（時には労働者も）の人々が、厳しい迫害を受けたが、迫害を支持した国民も少なからずおり、多くの大衆が両政権に協力した。

　ただし、フランス革命時のジャコバン派の独裁を支持した人々や、第一次世界大戦を支持した参戦国の国民の心性にも、これら全体主義に共通する点があったことを忘れるべきでない。何より、現代の世界に広がるポピュリズムにも共通点を見つけることができる。ナチ党やスターリニズムの犠牲者の数や影響を考えれば、気安く比較できるものではないし、現代の多くの国で議会制民主主義が機能していることを忘れるべきでないが、ナチ党やソ連を全体主義として非難した冷戦期のアメリカを含めて、大衆の支持の下、様々な政権が「他者」を生みだし排除してきた歴史と、現代の状況を注意して見ていく必要があろう。

〔参考文献〕
石田勇治『ヒトラーとナチ・ドイツ』講談社現代新書　2015
エンツォ・トラヴェルソ著、柱本元彦訳『全体主義』平凡社新書　2010
小野寺拓也／田野大輔『検証　ナチスは「良いこと」もしたのか？』岩波ブックレット　2023
林志弦「ネオ・ポピュリズムの時代に大衆独裁を呼び起こす」（『思想』1174号　2022）

## 新たな国際秩序と冷戦の始まり

### はじめに

 2つの世界大戦を経て、国際社会は平和と安定を今度こそ確かな ものとするために、新しい秩序づくりにのぞんだ。しかし、現実に は冷戦という新たな対立が起こった。冷戦はどのようにして始まっ たのだろうか。

 戦後国際体制と、冷戦の開始という2つの視点から第二次世界大 戦後の世界を考えたい。

**Q** 国際連盟と比較し、国際連合にはどのような特色があるのだろ うか。

**A** 国際連盟の最大の失敗は、大国であるアメリカが参加しなかっ たことと、参加していた日本などの常任理事国が脱退したことで あると当時の連合国の指導者たちは考えた。そこで国際連合では、 5つの大国を安全保障理事会の常任理事国とし、特権的な拒否権 を与えた。また安全保障理事会での決定が、全加盟国を拘束する ことになった。アメリカのモンロー主義や、イギリスの孤立主義 などを考えれば、大国は他国からの干渉を嫌う傾向があるが、国 際連合では拒否権を行使すれば自国の意見に合わない議決を否決 できるようになったため、大国の脱退は防がれた。その結果、3 度目の大戦が起こっていないことは事実である。

### 問題の所在

 冷戦と言えば、アメリカが率いる資本主義諸国とソ連が率いる共 産主義諸国のイデオロギーの対立が原因であったと考えられるが、 一方で、ソ連とアメリカやイギリスとの勢力争いも冷戦の大きな要 因となった。例えば第二次世界大戦後、ソ連は国家の安全を確保す

るために東ヨーロッパを支配下に置くと同時にドイツの弱体化を企図していたが、一方で、アメリカは、自国の経済支援によってドイツを含むヨーロッパ全体の復興を企図しており、影響力の拡大を目指した。ソ連の資料からは、トルコやギリシアに関わるトルーマン゠ドクトリンより、むしろ、マーシャル゠プランこそが、ソ連に脅威を与えたことがわかっている。1947年初め、寒波に襲われ経済的危機に陥ったヨーロッパに共産主義が拡大することを恐れたアメリカは、ドイツに加え、ソ連や東ヨーロッパを含む全ヨーロッパの経済支援を行うマーシャル゠プランを提案した。ソ連は東ヨーロッパがアメリカの影響下に置かれる危険性を感じた。戦後すぐのソ連は自国の安全のためにも米英と協調することを求めたが、これを機に対決姿勢を強め、東ヨーロッパの共産主義化を進めた。

　もう1点、国際連盟から継続する国際連合の問題点を挙げたい。この2つの組織の結成に共通して関わった唯一の人物が南アフリカのヤン゠スマッツである。彼は、イギリス政府で大臣を務めるとともに、南アフリカ首相として、アパルトヘイトを推進した人物でもあった。そのためイギリス本国が植民地を支配する大英帝国の構造が、国際連盟や国際連合で、大国が常任理事国として強い権力をもつ体制のモデルになったと言われる。とは言え、国際連盟は、常任理事国に対して必要に応じて制裁などを課す姿勢をもっていた。しかし、拒否権などに見られるように、国際連合では常任理事国（大国）の権限がかなり強化されたのである。

　国際連合発足時は加盟国は51カ国しかなく、アジア・アフリカの加盟国は少なかったが、その後多くの国が独立して加盟し、現在の加盟国は193国に増加した。その状況を踏まえて、常任理事国を増やすべきだとか、拒否権に制限をかけるべきだなど、様々な意見が出されている。しかし、常任理事国側は同意の姿勢を見せない。その結果、欧米中心の国連のあり方に反発をもつ国が増加し、それら

の国々に積極的に経済支援を行っている中国の発言力が強まっている。中国は常任理事国としての地位を守りつつ、自称「開発途上国」の100カ国以上のグループであるG77にも影響力をもつようになっている。今回のロシアのウクライナ侵攻に対するロシアへの制裁決議に対し多くのアジアやアフリカの国が棄権したように、今までの欧米主導の考え方が通用しなくなっている。

〔参考文献〕

青野利彦『冷戦史　上・下』中公新書　2023

植木安弘『国際連合——その役割と機能』日本評論社　2018

小林義久『国連安保理とウクライナ侵攻』ちくま新書　2022

中山拓憲「資料読み解き！拒否権の行使回数」(『山川歴史PRESS』　3号　2021)

峯陽一「自律と連帯——冷戦時代の熱い戦争を超えて」(『岩波講座世界歴史22　冷戦と脱植民地化』岩波書店　2023)

## アジア諸地域の独立

### はじめに

　第二次世界大戦後、アジアの諸地域は次々と独立したが、民族の分断や冷戦下の局地的な戦争で、社会の安定はなかなかもたらされなかった。困難を引き起こした国際的背景と国内的状況は、どのようなものだったのだろうか。こうした視点から、中国・東南アジア・南アジア・西アジアを取り上げて、具体的に考えていきたい。

**Q**　第二次世界大戦後の冷戦状況の中で、朝鮮のほかにどのような分断国家が生まれたのだろうか。

**A**　アジアでは、中国は内戦の結果、共産党を中心に建国された中華人民共和国と、国民党が台湾に建国した中華民国に分断された。

またベトナムも、フランスとのインドシナ戦争を経て、ジュネーヴ休戦協定で北緯17度線を境に南北に分断された。これらは冷戦を背景に分断された例だが、南アジアではインドが宗教的理由で、ヒンドゥー教徒中心のインドと、イスラーム教徒中心のパキスタンに分断された。ヨーロッパではドイツが、米・英・仏の占領地の資本主義国（西ドイツ）、ソ連の占領地の社会主義国（東ドイツ）に分断された。日本も最初、ソ連とアメリカで分割占領される計画があったが、アメリカが単独占領を望み、その代わりに千島と南樺太がソ連の施政権下に置かれた。

**Q**　インドとパキスタンの分離独立に際し、なぜ多数の難民が発生し、両教徒の対立が激化したのだろうか。

**A**　ガンディーや国民会議派が統一インドの独立を掲げていたのに対し、第二次世界大戦以前からジンナー率いる全インド＝ムスリム連盟は分離独立を目標に掲げ、イギリスの戦争にも協力した。

　イギリスのアトリー政権は3年以内のインドの独立を目指し、最終的に1947年6月に人口でイスラーム教徒が多い地域を機械的にパキスタンとするというかたちで国境線を定め、インドとパキスタンの分離独立を決定し、8月に独立した。結果として、インド内のイスラーム教徒600万人以上がパキスタンへ、パキスタン領内のヒンドゥー教徒とシク教徒合わせて900万人以上がインドへ移動し、多くの難民を生んだ。独立以前にカルカッタ州のイスラーム教徒が多数を占める地域ではヒンドゥー教徒が大量に殺され、ヒンドゥー教徒が多数を占める地域ではイスラーム教徒が大量に殺されるという事件が起きていた。それに対して、植民地政府は何も手を打たなかったため、対立感情はより激化していた。その中で、分離独立が行われたため、移動の過程でも約20〜80万の人が虐殺されたりして亡くなったとされている。

またカシミール藩王国は藩王がヒンドゥー教徒、住民の多くがイスラーム教徒であったため、現在も帰属問題が続いている。

## 問題の所在

第二次世界大戦後にアジア・アフリカで多くの独立国が誕生したが、ヨーロッパ人の侵略以前にそれらのもととなる国家が存在していたわけではない。例として東南アジアを取り上げる。

なぜボルネオ島北部はマレーシアに属し、南部はインドネシアに属するのだろうか。これは、北部をイギリスが植民地とし、南部をオランダが植民地とし、独立の際もそれぞれマレーシア、インドネシアに属することになったからである。東南アジア全体としては、ベトナムやラオス、ビルマのように、現在の国家のもととなる王国が植民地化以前に存在した地域もあるが、それが全てではない。

また、新しい独立国家の多くで、政権を担ったのは、宗主国の官僚学校や、大学でヨーロッパ式の教育を受けた知識人たちであった。彼らが、宗主国と交渉を行い独立を獲得したが、宗主国から国家の統治の仕方を学んだため、独立後も、宗主国の影響を受けることになり、それは現在でも続いている。

〔参考文献〕
岩崎育夫『入門　東南アジア近現代史』講談社現代新書　2017
粕谷祐子『アジアの脱植民地化と体制変動——民主制と独裁の歴史的起源』白水社　2022
竹中千春『ガンディー——平和を紡ぐ人』岩波新書　2018
難波ちづる「脱植民地化のアポリア」(『岩波講座世界歴史22　冷戦と脱植民地化』岩波書店　2023)
古田元夫『東南アジア史10講』岩波新書　2021

（中山　拓憲）

# 国際秩序の変化や大衆化と私たち（２）

## 大衆消費社会と市民社会の変容

### はじめに

　1920年代のアメリカでは、豊かな工業力を背景に自動車産業を皮切りに諸産業において大量生産と価格低下が実現した。それに伴い、社会内部に人種や移民に対する差別の問題を抱えつつ、都市の「新中間層」（公務員・教員・専門職業者など）を主な担い手とする大衆消費社会が形成された。この動きはやがてヨーロッパや日本にも広がっていった。ここでは、主に日本における大衆文化と消費文化を理解するため、近代に発展した都市について考察したい。

東京・大阪の人口推移　単位：万人

| | 東京 | 大阪 | 小計（a） | 全国（b） | a/b（%） |
|---|---|---|---|---|---|
| 1903年末 | 182 | 100 | 282 | 4,673 | 6.0 |
| 1908年末 | 219 | 123 | 341 | 4,959 | 6.9 |
| 1913年末 | 205 | 140 | 345 | 5,336 | 6.5 |
| 1918年末 | 235 | 164 | 399 | 5,667 | 7.0 |
| 1920年10月 | 217 | 125 | 343 | 5,596 | 6.1 |
| 1925年10月 | 200 | 212 | 411 | 5,974 | 6.9 |
| 1930年10月 | 207 | 245 | 453 | 6,445 | 7.0 |
| 1935年10月 | 588 | 299 | 887 | 6,925 | 12.8 |
| 1940年10月 | 678 | 325 | 1,003 | 7,311 | 13.7 |

（中西聡『日本経済の歴史』より）

**Q**　1925（大正14）年に大阪で、1935（昭和10）年に東京で人口が激増しているのは市域拡張の影響である。大都市の人口の増減の要因について考えてみよう。

**A**　近代産業の発展に伴い、官庁・会社・工場などが都市に集中す

ることで、都市とその周辺で生活する公務員・サラリーマン・工場労働者が増加した。また、人口増加にしたがって都市の中心部には商店や飲食店、遊興施設などが集中する繁華街が形成されたことで、こうした店舗や施設の経営や勤務に関わる人々も増加した。1920年代の東京で一時的な人口減少が見られたのは、1923（大正12)年に起きた関東大震災の影響であるが、震災の復興過程で東京ではさらなる人口集中が進んだ。

　なお、掲載の表では、1920（大正９）年に東京・大阪の人口がともに減少しているように見えるが、これは1918（大正７）年までと1920（大正９）年以降の調査方法が異なるためである（1918年までが日本帝国人口静態統計、1920年以降は国勢調査報告）。

## 問題の所在

　明治時代初期、政治体制の転換や混乱によって三都（東京〈江戸〉・大阪〈大坂〉・京都)や各地の城下町の多くでは、経済の衰退、人口の減少が起こった。そこで、こうした都市では政府や府県を中心に諸官庁の建設、道路・橋梁・上下水道・港湾の整備、都市間を結ぶ幹線鉄道の敷設などが進められることで都市の機能が整えられ、人口の回復がはかられた。さらに、近代産業の発展とともに、特に太平洋側の都市部には多くの企業や工場が設立・建設された。こうして六大都市（東京・大阪・京都・名古屋・神戸・横浜)を中心に人口集中が進んだ。これらの都市では新中間層を中心に、都心から郊外に移住する人口も増えた。そのため、大正後期から昭和初期にかけて、都心と郊外を結ぶ鉄道が相次いで開通した。こうした中で、大阪では1925（大正14)年４月１日に大阪市に隣接する２郡44町村が編入された。東京でも1932（昭和７）年10月１日に東京市に隣接する５郡82町村が編入され、市域そのものが拡大した。

　一方、大都市の発展は様々な社会問題を顕在化させた。各種の工

場が集中して立地することによる煤煙や水質汚濁、特に大正時代には火力発電所の建設による大気汚染が起こった。

また、農村からの流入人口の大半は都市労働者となっても日雇労働者や家内労働者として低所得者層を形成し、大都市内部には「スラム」と呼ばれる貧困層が集住する地域が形成され、衛生や治安の問題が深刻化した。しかし、こうした一連の「都市問題」に対する行政による対応は極めて不十分なものにとどまった。

〔参考文献〕
有山輝雄「「民衆」の時代から「大衆」の時代へ」(有山輝雄／竹山昭子『メディア史を学ぶ人のために』世界思想社　2004)
高寄昇三『近代日本都市経営史　上』公人の友社　2019
源川真希『東京市政　首都の近現代史』日本経済評論社　2007


# 社会労働運動の進展と大衆の政治参加

## はじめに

総力戦となった第一次世界大戦の結果、ヨーロッパでは戦争に動員された女性や労働者の権利意識が高まり、各国で選挙権の拡大や労働者の権利の拡大を求める運動が広がった。こうした動きは日本にも波及し、「大正デモクラシー」と呼ばれる状況となった。

ここでは1910年代後半以降における日本国内の状況を確認した上で、「大正デモクラシー」の中心となる選挙権拡大を求める動きを見る。そしてその結果、1925(大正14)年に制定された普通選挙法と、同時に制定された治安維持法について中心に考察したい。

なお「大正デモクラシー」について、松尾尊兊は「日露戦争の終わった1905年から、護憲三派内閣による諸改革の行なわれた1925年まで、ほぼ20年にわたり、日本の政治をはじめ、ひろく社会・文化

の各方面に顕著にあらわれた民主主義的傾向」と定義している。本稿もこの記述に従うものとするが、実際には「大正デモクラシー」の時期や内容、対象、そして歴史的評価は論者によって必ずしも一定ではないことを付言しておく。

**Q** なぜ、第一次世界大戦の時期に貿易額が急増し、輸出超過となったのだろうか。また、そのことは社会にどのような影響を与えたのだろうか。

**A** 日本は、戦争によってヨーロッパ諸国が後退したアジア市場、特に中国への綿織物の輸出が増加した。また同じく好景気となったアメリカへの生糸輸出が増加した。さらに、イギリスやロシアなど連合国への軍需品の輸出が増加した。その結果、貿易収支は1915（大正4）年から1918（大正7）年までの間、大幅な黒字となった。一方、輸出拡大に伴って発生した、国内の物不足による物価上昇が賃金上昇を上回ったために、労働者の生活は困窮した。

**Q** 1918（大正7）年に米価が急上昇したのはなぜだろうか。

**A** 1915（大正4）年以降、国内物価は全般的に上昇していたが、1918年にシベリア出兵が発表されると、米の需要増大を見越した問屋による買い占めによって特に米価が急上昇した。こうした中、同年8月に富山県中新川郡（現、魚津市）で起こった漁村女性たちの蜂起をきっかけに米価の引き下げ、安売りを求めた暴動が1道3府35県に広がった（米騒動）。参加者は70万人以上、検挙者は2万5000人以上にのぼり、政府は一部で軍隊も動員して騒動を鎮圧した。検挙者の多くを占めたのが都市の職工・職人・日雇い労働者などの「雑業層」とされる人々であった。また、各地の炭鉱労働者や被差別部落民も騒動に参加した。日比谷焼打ち事件、大正政変に続いて「民衆」の力を見せられた政府が受けた衝撃は大き

かった。

　そこで、政府は対策の1つとして、特に増加する都市労働者に対して米を安定的に低価格で供給するため、朝鮮・台湾での米の増産、及び本国への移入を進めた。その結果、日本は1930年代に米の「自給」を達成した。しかし、それは一方で植民地が本国にとって不可欠な存在として結びつけられていくことを意味していた。


## 問題の所在

　日本では第一次世界大戦後、普通選挙を求める動きが労働組合や学生団体、市民による政治結社などによって全国的規模の運動に広がり、1920年には東京で大規模な集会やデモ行進が行われた。増加する労働争議や小作争議を放置、弾圧することはかえって社会主義思想を広め国家秩序を乱すと考え、普通選挙を認めることで大衆の意向を汲み取ることが、むしろ社会秩序の維持につながるという考え方も広がった。こうした状況の中、野党の憲政会と立憲国民党は普通選挙に賛成の立場を取るようになった。

　1925（大正14）年、第二次護憲運動ののちに成立した加藤高明内閣の下で普通選挙法が成立した。これによって植民地出身の内地居住者も含めた満25歳以上の男性が有権者（全国民の20.8%、約1241万人）となった。しかし、女性は選挙権を与えられなかった。

　一方、政府は普通選挙法制定の10日前に治安維持法を制定して、第1条で国体（天皇を中心とする秩序）の変革や私有財産の否認を目的とする結社を禁止して、国内の共産主義運動を抑圧した。制定の対外的な背景として1925（大正14）年の日ソ基本条約による国交樹立に伴い、社会主義思想が国内に広がることへの政府の警戒心が高まったことも重要であった。治安維持法については、制定前から言論・集会・結社の自由を制限すること、合法的な手段による改革ま

で処罰されかねないこと、穏健な社会主義や社会民主主義にまで拡大適用されかねないことに対する批判が言論界を中心におこっていた。

　こうして、政府は従来よりも幅広い人々に選挙権を与えることで「国民」としての自覚を促しつつ国民国家の形成を進める一方、それに従わない者を排除、弾圧する体制をつくり上げていった。

〔参考文献〕

季武嘉也「原敬政党内閣から普選運動へ」(筒井清忠編『大正史講義』ちくま新書　2021)

中澤俊輔『治安維持法──なぜ政党政治は「悪法」を生んだか』中公新書　2012

成田龍一『大正デモクラシー』岩波新書　2007

# 日本の恐慌と満洲事変

## はじめに

　1928(昭和3)年、中国では蔣介石が率いる国民政府による北伐が完了した。国民政府は上海の浙江財閥と結びつきながら、アメリカ・イギリスの支援を受けつつ国内の統一を目指した。また、国内の民族運動の高まりを背景に、治外法権の撤廃や外国軍隊の撤退、鉄道権益の回収などを求める国権回復運動を進めた。こうした動きに対して、1920年代後半から30年代初頭にかけて、金融恐慌・昭和恐慌という2つの恐慌に襲われて慢性的な不況に陥っていた日本では、満洲権益の維持・拡大をはかろうとする陸軍、特に旅順に司令部を置く関東軍によって「満蒙の危機」が喧伝されていた。こうした中で、1931(昭和6)年に関東軍が満洲事変を引き起こした。

　ここでは特に満洲事変と、その後成立した「満洲国」に注目しつ

満洲国建国のポスター

つ、満洲事変後の日本と国際社会との関係、及び日本国内の世論状況について考察したい。

**Q** 「満洲国」建国のポスターの5人はそれぞれどこの人を表しているのだろうか。5人が腕を組んでいるのは、どのような意味なのだろうか。

**A** ポスターは1933〜34（昭和8〜9）年に作成されたものである。地図は山海関で区切られた東側に「大満洲国」と書かれており、奉天・吉林・黒竜江・興安・熱河という「満洲国」を構成する省名が記されている。さらに、朝鮮と遼東半島が赤く塗られており、そこが日本の植民地や租借地となっていることも示されている。

地図の上に新五色旗と呼ばれる国旗を持って肩を組んでいる5人の男性は、左からこの地に住む漢人・朝鮮人・満洲人・モンゴル人・日本人を表している（中央をモンゴル人、その右側を白系ロシア人とする説もある）。これは「満洲国」の建国理念である「五族協和」（上にあげた5民族が協調して暮らせる国を目指す）を示したものである。

**Q** 国際連盟の対日勧告案可決を報じる新聞記事の見出しの文言から、当時の日本の世論の状況を読み取ってみよう。

**A** 1933（昭和8）年2月、ジュネーヴでの国際連盟総会で対日勧告案が可決された。この勧告はリットン調査団の報告に基づいて行われたもので、内容は満洲での中国主権を認め、「満洲国」の存

国際連盟の対日
勧告案可決を報
じる新聞記事
（『東京朝日新聞』
1933年2月25日）

在を承認せず、日本に対して南満洲鉄道付属地内への撤退を求め
るものであった。しかし、すでに前年に「満洲国」を承認した日
本にとって、この勧告は受け入れられるものではなかった。

　記事の見出しは「連盟よさらば！遂に協力の方途尽く」とあり、
日本の国際連盟脱退の方針を伝えている。さらにその様子を「我
が代表堂々退場す」と記し、採決後に宣言書を読み上げて総会会
場から退場した松岡洋右を全権とする日本代表団を肯定的に報じ
ており、国内世論がこうした動きを後押ししていたことをうかが
うことができる。

　なお、記事に掲載されている写真の3人は、上から日本全権代
表の松岡洋右、中国代表の顔恵慶、ベルギー代表兼議長のポール
＝イーマンスである。


### 問題の所在

「満洲国」はその「建国宣言」において、先のポスターで触れた
「五族協和」や、王の仁徳によって治められる安楽な土地を示す
「王道楽土」を建国理念として掲げた。これは西洋の武による政治
（覇道）の行き詰まりを、東洋の徳による政治（王道）によって打破す

るという考えに基づいていた。

　しかし、この理念は実態とかけ離れていた。「満洲国」には石炭・鉄鉱石などの豊富な資源と広大な土地が存在し、主に日本の資本による開発が進められたが、こうした日本人経営の工場や鉱山では、日本人と朝鮮人、そして朝鮮人と中国人との給与格差は歴然としていた。さらに、日本では昭和恐慌で打撃を受け、加えて人口過剰によって疲弊した農村の立て直しや食糧増産などをはかる目的で、満洲への移民が国策として進められたが、その土地を確保するために、現地の中国人や朝鮮人の土地が強制的に買収された。こうして土地を失った人々の中から抗日運動に関わる勢力も現れた。「満洲国」ではこうした運動に関わる人々を「匪賊」として徹底的な弾圧をはかったため、民族間の対立は先鋭化した。「満洲国」は実態としては明らかに関東軍の傀儡であった。

　満洲事変勃発以降の日本国内の状況に目を転じると、すでに「満蒙の危機」が喧伝されていた中、恐慌に苦しむ国民の多くは満洲の日本権益は正当であり、事変は中国側の襲撃に対する軍事行動であると考えており、日本軍の軍事行動とその後の「満洲国」建国の動きを支持した。それまで軍縮を唱えていたものを含め、多くの新聞も事変を機に軍事行動支持の論陣を張った。この背景には、事変に対する国民の関心の高まりを利用して販売部数の拡大をはかる新聞社の意図もあった。各社は記者を現地に派遣して競って状況を伝えようとした。また、国内では事変に批判的な新聞に対する不買運動や脅迫も起こっていた。こうした「圧力」の背後には、軍部や国家主義団体が絡んでいることも多かった。

　1932（昭和7）年10月2日、リットン報告書が発表されると新聞各紙は一斉にその内容を報じた。例えば『東京朝日新聞』は「錯覚、曲弁、認識不足——発表された調査団報告書」（1932年10月3日朝刊）と記すとともに、社説でも「始めより調査委員の頭脳を支配し

ていたものは事態の如何を問わず、撤兵論に終始する連盟理論であって、自ら称する所の「現実を無視するもの」の誤りに陥ったものである」と報告書の内容を痛烈に批判した。そして、同年12月19日には「満洲国」を支持する新聞・通信社132社による「共同宣言」が出された。

1933（昭和8）年2月、国際連盟総会で可決された対日勧告案を拒否して退場したのは松岡洋右であった。もっとも松岡自身は連盟脱退を本意としていたわけではなく、交渉による妥結を目指していた。所与の目的を果たすことができなかった松岡は国内での批判を覚悟したが、帰国すると国民から大歓迎で迎えられた。

〔参考文献〕
加藤陽子『満洲事変から日中戦争へ』岩波新書　2007
小林英夫『〈満洲〉の歴史』講談社現代新書　2008
山室信一『キメラ―満洲国の肖像　増補版』中公新書　2004


# 日中戦争と国内外の動き

## はじめに

1937（昭和12）年の盧溝橋事件をきっかけに始まった日中戦争は、その後長期化した。背景には国民政府が前年の西安事件をきっかけに中国共産党撲滅から共産党と妥協しての抗日に方針転換したこと（日中開戦後に第2次国共合作が成立）、国民政府が開戦前よりドイツ人軍事顧問を招くなどして軍隊の近代化を進めていたことなどが挙げられる。こうして中国は首都の南京陥落後も武漢、重慶と拠点を移しながら抗戦を続けた。

ここでは、特に日中戦争前の日本国内の状況と、戦争が長期化・全面化していく中で国内の政治・経済体制がどのように変化してい

ったのか、及びそうした状況が国際社会にどのような影響をもたら
したのかについて考察したい。

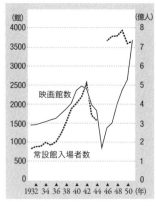

**映画館数と観客者数**(古川隆久『戦時下の日本映画』より)

**Q** なぜ、戦争中に映画館数が増え
て、観覧客数が増えているのだろ
うか。
**A** 1930年代半ばに映像と音が同時
に出る技術が進み(トーキー化)、
様々な娯楽映画が制作された。ま
た、ミュージカル調の作品が増え
たアメリカ映画も人気となった。
一方で、日中戦争が始まると「ニ
ュース映画」として、日本軍の進
撃の様子が国民に伝えられ、国策
映画も制作されるようになった。

映画館数は1937(昭和12)年には1600を、年間延べ入場者数は2億
4000万人を超え、入場者数で見ると10年間で1.5倍以上となった。
日中戦争の初期は国内が好景気であったこともあり、都市を中心
に映画は娯楽の中心となった。

### 問題の所在

1937(昭和12)年7月に起こった盧溝橋事件をきっかけに始まった
日中戦争は同月末には華北一帯、8月には上海に広がり全面戦争と
なった。12月に首都の南京が陥落したあとも蔣介石を中心とする国
民政府は武漢、重慶と拠点を移しながら抗戦を続けた。

日中戦争はアメリカ・イギリスとの関係悪化をもたらした。アメ
リカでは日中戦争開始直後の1937(昭和12)年10月、フランクリン=
ローズヴェルト大統領により日本やドイツの行動が無法状態を生み

出すことを批判する演説（「隔離演説」）が行われていたが、戦争の広がりと長期化はアメリカやイギリスの中国における経済活動との利害対立を大きくしていった。その後、アメリカからの通告により1940（昭和15）年に日米通商航海条約が廃棄された。

　日本国内では、日中戦争が始まってしばらくの間、軍需産業を中心とする労働需要の高まりに伴う賃金の増加と消費の拡大が起こったが、戦争の長期化とともに物資そのものの不足が目立つようになった。特に1939（昭和14）年後半には干ばつによる不作をきっかけに、都市を中心に米や木炭といった生活物資の欠乏が深刻化した。そのため、政府は米の強制買い入れを行った。1940（昭和15）年になると大都市では木炭のほかに砂糖・マッチ・味噌・醤油などが切符制になった。

　戦争の長期化は、国内体制の総動員化を要求した。1938（昭和13）年4月に制定された国家総動員法は、事変を含む戦時に際して必要と認められる「人的資源（労働力）」「物的資源（軍用物資・食糧・医薬品・船舶・航空機・燃料・電力など）」について、政府が広範な統制を行うことができるように定めたものであった。また、労働力・兵力としての国民の体力向上、結核をはじめとする伝染病への罹患防止などを目的として、1938（昭和13）年に厚生省が設置された。さらに、自作農の創設・維持と小作争議の鎮静化を目的に1938（昭和13）年に農地調整法、翌年に小作料統制令が出された。

　これらはいずれも戦時体制への対応ではあったが、結果として国民に対する社会福祉の増進や、地主に対する小作農の相対的な地位向上をもたらした。換言すれば、こうした社会の平準化を進める政策は、戦時体制の構築とともに農地改革や社会保障制度の整備という戦後の諸政策との連続性の面で注目することができる。

〔参考文献〕

井上寿一『日中戦争　前線と銃後』講談社学術文庫　2018

戸部良一「日中戦争の泥沼化と東亜新秩序声明」(筒井清忠編『昭和史講
　義──最新研究で見る戦争への道』ちくま新書　2015)

源川真希『総力戦のなかの日本政治』吉川弘文館　2017

# 太平洋戦争

## はじめに

　1939(昭和14)年、ドイツによるポーランド侵攻に始まった第二次
世界大戦は、ヨーロッパだけでなく独ソ戦の開始と日米開戦によっ
てアジア・太平洋地域にも主戦場を広げ、1945(昭和20)年のポツダ
ム宣言受諾による日本の敗戦に至るまでに、数千万人もの犠牲者を
出す惨事となった。この中でナチス゠ドイツによるユダヤ人やスラ
ヴ系の人々に対する大量殺害や、日本の東アジア・東南アジア地域
への侵略による現地住民の被害、アメリカの原子爆弾の使用による
大量の犠牲者や被爆者の発生など、戦後世界にも大きな影響や禍根
を残す出来事が発生した。ここでは、特に太平洋戦争の開戦に至る、
日本とアメリカの動きに着目しながら考察したい。


**Q**　日米の国力差は、日本側も認識していた。それにもかかわらず
　開戦したのはなぜだろうか。

**A**　日本は中国や東南アジア権益の維持・拡大と、そのための軍需
　物資の確保を求めた。また、満洲・中国や仏領インドシナに展開
　する日本軍をアメリカの要求に従って全面撤退させてしまっては、
　国民の批判や陸海軍内の強硬派の動きを抑えることができないと
　いう考えもあった。さらに、東南アジアに進出する日本の動きに
　対するアメリカの経済制裁よって「ジリ貧」になり、戦わずして

屈服する状況になることを防ぐため、早期の開戦を求める動きが
起こった。

## 問題の所在

日中戦争開始以降、日本では主に臨時軍事費を用いた軍備の拡張
が続けられていた。臨時軍事費とは、戦争(事変を含む)開始から終
了までを1つの会計年度とする特別会計で、議会や政府のコントロー
ルが実質的に及ばない費目であった。その結果、日本は太平洋戦
争の開戦直前には、少なくとも太平洋地域においてはアメリカを上
回る戦力を有していた。こうしたことを根拠に、軍部からは短期決
戦であれば対米戦の勝利も可能であるという主張が行われた。

首相の近衛文麿はアメリカとの交渉を行いつつ、開戦の回避を目
指した。しかし、大日本帝国憲法下では軍隊に対する指揮・命令権
である統帥権が独立し、内閣や議会の関与を許さないものと認識さ
れていた。そのため、特に戦時体制下で政府が軍部の動きを抑える
ことは困難であった。また、同じく大日本帝国憲法においては、首
相の権限が弱く、各国務大臣に対する命令権がなかったため、首相
の指導の下、一元的な戦時指導体制をとることもできなかった。

結局、1941(昭和16)年4月から行われていた日米交渉は、同年11
月にアメリカ側から日本に対して、中国・仏領インドシナからの撤
兵や汪兆銘政権の否定、三国同盟の無効化などを求めた最終提案
(「ハル=ノート」)が示されると決裂し、日本は開戦を決断した。

〔参考文献〕
NHK取材班『日本人はなぜ戦争へと向かったのか』全3巻　NHK出版
　2011
木畑洋一『国際体制の展開』(世界史リブレット54)山川出版社　1997
吉田裕『アジア・太平洋戦争』岩波新書　2007

# 占領下の日本と民主化

## はじめに

日本は敗戦後、ポツダム宣言に基づいて連合国による占領統治を受けた。占領政策は実質的にはアメリカ主導で行われ、マッカーサー元帥を最高司令官とする連合国軍最高司令官総司令部（GHQ/SCAP）の指令（「ポツダム勅令」）に基づいて、日本政府が実行する間接統治のかたちがとられた。GHQは女性参政権の付与、労働組合の結成奨励、教育制度の自由主義的改革、秘密警察などの廃止、経済機構の民主化を内容とする五大改革指令を示して、一連の民主化政策を進めつつ、戦争指導者の訴追を柱とする戦後処理を行っていった。

ここでは新憲法が制定されて戦後復興が始まる中で、国民生活がどのような状況にあったのかについて考察したい。

**Q** 大日本帝国憲法と日本国憲法とでは、天皇のあり方はどのように変わっただろうか。そして、それはなぜだろうか。

**A** 大日本帝国憲法で天皇は「神聖ニシテ侵スヘカラス」（3条）とされ、「国ノ元首ニシテ統治権ヲ総攬」する（4条）と位置づけられた。天皇には法律の裁可・公布・執行（6条）、帝国議会の召集・開閉会、衆議院の解散（7条）、一般官吏の俸給の決定や任免（10条）、陸海軍の統帥（11条）、宣戦・講和・条約の締結（13条）、戒厳令の布告（14条）、栄典の授与（15条）、大赦・特赦命令（16条）など、様々な大権事項が規定されていた。

一方、1947（昭和22）年5月3日に施行された日本国憲法で天皇は「日本国の象徴」とされ、「この地位は、主権の存する日本国民の総意に基く」（1条）と位置づけられた。そしてその役割は「国事に関する行為のみを行ひ、国政に関する権能を有しない」

（4条）と規定された。ここで示されている「国事に関する行為」には、法律・政令・条約の公布、国会の召集と衆議院の解散、大赦・特赦の認証、栄典授与（7条）などがあったが、これらはいずれも内閣による助言と承認が必要で、内閣がその責任を負う（3条・4条）とされた。

　こうして、新憲法に定められた国民主権の下で象徴天皇制が成立した。この背景には、占領政策の円滑化のために昭和天皇の訴追を避け、天皇制の維持をはかろうとするGHQの意向が強く働いていた。

### 問題の所在

　敗戦直後、国内の食糧・物資不足は都市を中心にいっそう深刻化した。空襲により交通・流通網が機能せず、さらに行政機能の混乱から配給の遅れや欠配が相次いだ。植民地や戦地からの復員・引揚げ者が都市に流入して人口が増加したことも、状況の悪化に拍車をかけた。

　そこで、都市に生活する多くの人々は公定価格の何倍もの価格で販売される闇物資を入手しようとした。こうした商品が集まる場は焼け跡となった駅前広場などに形成され、「闇市」と呼ばれた。さらに、食糧を求める人々は近郊の農村に買出しに向かった。買出し客を乗せた列車は超満員となり、1947（昭和22）年2月には埼玉県の国鉄八高線で、定員の4倍以上を乗せた列車が脱線・転覆し、死者184人・負傷者約500人という戦後最大の死者を出した鉄道事故も起きた。また、この頃はインフレーションが激しかったために農家は現金での取引を拒むことが多く、都市住民は衣類などとの交換で食糧を手に入れた。生活に困窮して衣類やその他の持物を少しずつ売りながら食いつなぐ暮らしを、タケノコの皮を1枚ずつ剝ぐ様子に例えた「タケノコ生活」という言葉も生まれた。このように、戦後

の食糧難や物資不足の時期における都市の人々の生活を支える役割を果たしたのが、闇市の存在と農村への買出しであった。

〔参考文献〕
中村政則『戦後史』岩波新書　2005
古川隆久『昭和天皇——「理性の君主」の孤独』中公新書　2011
松平誠『東京のヤミ市』講談社学術文庫　2019

## 占領政策の転換と日本の独立

### はじめに

「冷戦」が進行する中で1940年代末になると、GHQによる日本に対する占領政策は、当初の徹底した非軍事化・民主化から、経済復興を重視し、西側陣営の一員として早期に国際社会へ復帰させることを目指す方針に転換した。ここでは、日本がこうした政策転換にどのように対応したのかを理解するとともに、そのことが日本の独立回復にどのような影響を与えたのかについて考察したい。

**Q**　1950(昭和25)年頃に対日講和の検討が進んだのは、なぜだろうか。

**A**　1946年に中国で始まった第2次国共内戦が1949年10月に共産党軍の勝利に終わり、中華人民共和国が成立、翌年にはソ連との間に中ソ友好同盟相互援助条約が結ばれた。さらに、日本の植民地統治が終わり米ソで分割占領されていた朝鮮半島でも、1948年にアメリカ統治下の地域に大韓民国、ソ連統治下の地域に朝鮮民主主義人民共和国が成立し、分断が明確になった。こうした中でアメリカは日本と早期に講和して、日本を独立させた上でアメリカを中心とする西側諸国の一員に加えることを考えた。

**Q** サンフランシスコ平和条約と日米安全保障条約が同じ日に調印されたのはなぜだろうか。

**A** 朝鮮戦争が続く中、日本の戦略的位置づけを再認識したアメリカは、日本の独立後もアメリカ軍の駐留権を確保することをはかった。一方、吉田茂首相も日本の早期独立を実現する代わりにアメリカ軍に基地（施設・区域）を提供し、日本の安全保障をアメリカとの2国間条約に基づく軍事的協力に委ね、再軍備の負担を軽くして経済復興を優先させる政策を進めようとしていた。

　1950年代、日本の独立後の方向性としては、(1)軽武装・通商国家路線、(2)非武装中立路線、(3)自主憲法制定の国家主義的路線の3つがあったとされるが、サンフランシスコ平和条約と日米安全保障条約の締結は、西側諸国の一員として日本が(1)の路線に向けて進んでいく大きな契機となった。

### 問題の所在

　日本の独立に向けた課題としては、政治の安定・強化、経済復興、「再軍備」の3点にまとめることができる。

　政治の安定・強化については、1949（昭和24）年から公職追放の解除が開始され、戦後に追放されていた戦前・戦中の指導者たちが復帰した。一方、1950（昭和25）年にはGHQの指示により日本共産党中央委員24人全員が公職追放され、次いで吉田茂内閣によって政府機関や報道機関・教育界・産業界などで広範な共産主義者の追放が行われた（レッド＝パージ）。

　経済復興については、1947（昭和22）年に独占禁止法と過度経済力集中排除法が制定されて財閥の解体や巨大独占企業の分割が進められていたが、翌年になると企業分割の要件が大幅に緩和された。さらに、GHQが指示した経済安定九原則に基づいて、超均衡予算や単一為替レートが設定され（ドッジ＝ライン）、インフレーションの

収束がはかられた。

　「再軍備」については、朝鮮戦争が始まると、日本から朝鮮半島に派兵されたアメリカ軍の補充を目的として1950(昭和25)年に警察予備隊が新設された(定員7万5000人)。

〔参考文献〕
五百旗頭真『日本の近代6　戦争・占領・講和』中央公論新社　2001
竹前栄治『GHQ』岩波新書　1983
福永文夫『日本占領史1945-1952──東京・ワシントン・沖縄』中公新書
　　2014

（川越　順）

# グローバル化と私たち（１）

## 集団防衛体制と核開発

### はじめに

　冷戦が始まると、アメリカ合衆国とソ連は、それぞれ自由主義陣営（資本主義陣営）と社会主義陣営の盟主として、集団防衛機構（軍事同盟と言い換えてもよい）を世界中に網の目のように張りめぐらしながら対峙するようになった。また、第二次世界大戦末期に登場した核兵器は、各国の力関係を決定的に左右する兵器として熱心な開発競争の対象になり、その存在自体が人類を存亡の危機に追いやるとともに、たび重なる核実験が環境破壊や健康被害を引き起こした。ここでは東西の具体的な集団防衛機構としてどのようなものがあるのか、核兵器の開発競争はどのような展開をたどったか、また冷戦の展開と連動したアメリカ合衆国内部の社会の動向などを学んでいく。

**Q**　冷戦時代には、どの地域にどのような集団防衛機構が形成されたのだろうか。

**A**　まず西側ではヨーロッパに北大西洋条約機構（NATO）、アジア各方面にバグダード条約機構（中東条約機構〈METO〉ともいう、イラク革命の結果1959年にイラクが脱退し、中央条約機構〈CENTO〉に改組された）や東南アジア条約機構（SEATO）、日本とアメリカの間に日米安全保障条約、韓国とアメリカによる米

韓相互防衛条約、オセアニアに太平洋条約機構（ANZUS）、アメリカ大陸では米州機構（OAS）と、ソ連・中国を取り囲むように同盟網が形成された。

　東側ではソ連と東ヨーロッパ諸国がワルシャワ条約機構、中ソ間に中ソ友好同盟相互援助条約が結ばれ、米ソ両陣営が対峙した。

**Q**　過熱する核開発競争は、世界にどのような影響を与えたのだろうか。

**A**　1945年のアメリカによる原子爆弾（原爆）開発で人類は核兵器を手にした。アメリカを追いかけていたソ連は、1949年についに核実験に成功した。1952〜53年には米ソが相次いで威力がより大きい水素爆弾（水爆）の開発にも成功した。原爆では4年のリードを保ったアメリカだが、水爆ではほぼソ連に追いつかれたかたちである。この後、米ソは競い合って大量の核兵器を製造・配備したので、人類は滅亡の危機にさらされることになった。

　また、21世紀を生きる私たちの感覚からすると驚くほどの鈍感さだが、アメリカは太平洋、ソ連は領土内の草原地帯（ソ連最初の核実験は、現在のカザフスタン共和国の東部にある都市セミパラチンスク近郊で行われた）などで核実験を頻繁に行った。だから、当該地域の環境や住民への被害も大きかった。南太平洋で起きた第五福竜丸の被爆は、その端的な例である。

　アメリカ人の多くは、当初の予想よりもソ連が手ごわい相手だという印象を抱きつつあったが、これはソ連の諜報活動や、アメリカ体制内のソ連のスパイ・親ソ分子（あるいはそう思われた人々）への異様な警戒心や敵意というかたちで表出し、「赤狩り」を生んだ。核兵器開発競争に危機感をもったアメリカ大統領アイゼンハワーは、国連総会で原子力の平和利用を説き、これは各国の原子力発電所開発のきっかけになった。西側陣営初の原子力発

電所であるイギリスのコールダーホール原発は、1956年に操業を
開始した。

## 問題の所在

冷戦は、1947年に, アメリカ大統領トルーマンがトルーマン＝ド
クトリンを宣言し、ソ連がこれに対抗するようにコミンフォルムを
結成した時に本格化したと言われる。以後、米ソ二大超大国は集団
防衛機構の網を張りめぐらしつつ対峙する方向に動いた。両陣営の
不信感の増幅過程を見てみよう。

ソ連による東ヨーロッパ諸国の衛星国化はアメリカや西ヨーロッ
パ諸国を不安にさせたが、1948〜49年のベルリン封鎖はそれを決定
的にした。ベルリンは東西に分けられ、西ベルリンは米・英・仏に
よって管理されていたが、ソ連は、西側諸国がドイツ西部で一方的
に通貨改革を行ったことに反発し、1948年に西ベルリンへの電気や
ガスの供給、また交通網を遮断したのである。しかし、アメリカは
西ベルリンに大規模な空輸作戦を行いソ連の封鎖を無効化したので、
ソ連もあきらめて1949年に封鎖を解いた。この1949年には西部ドイ
ツにドイツ連邦共和国(西ドイツ)、ソ連占領地域にドイツ民主共和
国(東ドイツ)がそれぞれ建国され、ドイツの分断国家化が決定的に
なった。また1948年は、東ヨーロッパ諸国の中では最も民主主義の
伝統が強く、共産党の権力掌握を許していなかったチェコスロヴァ
キアで共産党クーデタが起き、共産党政権が成立した年でもある。
これらの出来事は西ヨーロッパ諸国に衝撃を与えた。

そうした状況の中、英・仏とベネルクス３国は1948年に西ヨーロ
ッパ連合条約を結び、さらにアメリカと西ヨーロッパ諸国との連携
が強まって北大西洋条約機構(NATO)が1949年に誕生した。ナチス
のもたらした惨禍のあとでは、ドイツ人に再武装を許すかどうかは
大きな問題だったが、結局、西ドイツは再武装しNATOにも加盟

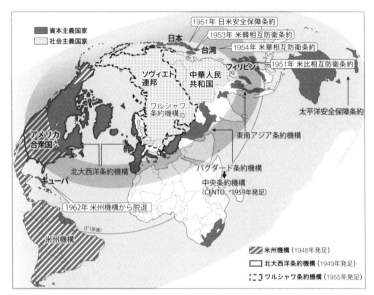

冷戦の地域的集団安全保障体制

図中ラベル:
- 資本主義国家
- 社会主義国家
- 1951年 日米安全保障条約
- 1953年 米韓相互防衛条約
- 1954年 米華相互防衛条約
- 1951年 米比相互防衛条約
- 日本
- 台湾
- フィリピン
- ソヴィエト連邦
- 中華人民共和国
- ワルシャワ条約機構
- 太平洋安全保障条約
- 東南アジア条約機構
- バグダード条約機構
- 中央条約機構（CENTO、1959年発足）
- アメリカ合衆国
- 北大西洋条約機構
- キューバ
- 1962年 米州機構から脱退
- 0°(赤道)
- 米州機構
- 米州機構（1948年発足）
- 北大西洋条約機構（1949年発足）
- ワルシャワ条約機構（1955年発足）

した。

　一方、ソ連は1949年に中華人民共和国が建国されると早速歩み寄り、中ソ友好同盟相互援助条約を結んだ。西ドイツの再武装はソ連の警戒心を掻き立て、ソ連は東ヨーロッパ諸国とワルシャワ条約機構も結成した。

　冷戦は、米ソの勢力が拮抗しているようでも、総じてアメリカが優位を保ったと考えられる。集団防衛機構を見ても、アメリカの方が多くの同盟国をもち、ソ連を囲い込むように同盟網を構築していることがわかる。複数の地図などを駆使して（北極点の辺りから俯瞰する地図などあるとアメリカの優位性は実感しやすい、一方でメルカトル図法などはソ連の脅威が強調される）生徒にこうした冷戦の情勢を分析させるのも面白いかと思う。

〔参考文献〕
大下尚一ほか編『西洋の歴史　近現代編』ミネルヴァ書房　1987
松岡完ほか『冷戦史——その起源・展開・終焉と日本』同文舘出版
　　2003

## 米ソ両大国と平和共存

### はじめに

　1950年代に入ると、冷戦は、相変わらずの厳しさで継続した面も
あるが、米ソ両国に歩み寄りを模索する動きが出てきたのも事実で
ある。フルシチョフの言葉にちなんで「平和共存」とか、ソ連の作
家エレンブルクの作品にちなんで「雪どけ」などと表現される現象
である。わかりやすい具体例としては朝鮮戦争やインドシナ戦争の
停戦、ジュネーヴ4巨頭会談が挙げられる。

　しかしながら、1956年のハンガリー事件でナジが殺され、1961年
にはベルリンの壁が構築された。和解と対立が並走したこの時期の
国際関係の複雑な展開を、生徒たちに理解させたい。また1950年代
は、アメリカの黒人差別をめぐる問題、中ソ関係の冷却化など、の
ちの歴史において大きな問題となる出来事が胎動し始めた時期であ
る点も、注意を促したい。

**Q**　1950年代のアメリカ合衆国の繁栄は、どのようにしてもたらさ
　　れたのだろうか。

**A**　戦争中に生まれ発展した航空機・コンピュータなどの産業が伸
　　び続け、好景気を引っ張った。増えていく都市のホワイトカラー
　　層に支えられ、1920年代に形成された消費文化が完成の域に達し
　　た。また軍需を背景に急成長した経済を、民需へと切り替えるこ
　　とに成功し、さらに戦時中に発行された国債が償還されて消費を

刺激した。アメリカ経済は世界恐慌前の繁栄を取り戻したと言える。また戦争で西ヨーロッパ諸国もソ連も日本も非常に疲弊しており、アメリカ経済の国際的な立場は極めて強かった。

**Q** スターリン死後のソ連の政策の変化は、国際情勢にどのような影響を及ぼしたのだろうか。

**A** スターリンの急死後、彼のような独裁者は現れず、ソ連ではマレンコフ、ブルガーニン、フルシチョフらによる集団指導体制がしかれ、独裁体制の緩和が進んだ。これが外交面にも反映されて、朝鮮戦争やインドシナ戦争の休戦成立、ジュネーヴ4巨頭会談へのフルシチョフ、ブルガーニンの出席につながった。フルシチョフはライバルを抑えてしだいに単独の指導者としての地位を築くが、穏健な路線は維持され、スターリン批判や平和共存路線の表明、コミンフォルムの解散、フルシチョフ自身の訪米（1959年）などの出来事を生んだ。

### 問題の所在

「雪どけ」期の東西冷戦は、相対的には落ち着いていたものの、やはり緊張は続いたと見るべきである。特にソ連圏にそれがはっきりと見て取れる。「雪どけ」は1960年代に一気に暗転し終息する。きっかけは1960年、アメリカの高性能偵察機U2型機がソ連上空を飛行中にソ連軍によって撃墜された事件である。また、ソ連の核戦力のアメリカに対する劣勢を解決したかったフルシチョフは、ベルリン問題の利用を考えた。折しも東ドイツでは1950年代に社会主義化、特に農業の集団化が進むと西ドイツに亡命する者が増え、ベルリンはその重要なルートとなっていた（1949〜61年の亡命者累計は約270万人）。この数値を示して、もし自分が東ドイツの政権担当者だったら、この事態をどう考えただろうか、と発問するのもよいだ

ろう。現実には東ドイツとソ連は1961年8月、突如として東西ベルリンの交通を遮断する壁の建設に乗り出した。アメリカや西ドイツは反発したが、東ドイツが主権をもつ領土内に建てられた壁は（壁の構築は、西側の領土にはみ出さないように慎重に行われた）、それ自体は侵略でも領土の侵犯でもないので、やがて事態は沈静化した。

〔参考文献〕

河合信晴『物語東ドイツの歴史——分断国家の挑戦と挫折』中公新書　2020

『朝日クロニクル週刊20世紀　16号』朝日新聞社　1999

『日録20世紀　1959年』講談社　1997

## 西ヨーロッパの経済復興

### はじめに

　戦後の国際政治史の大きなトピックとして、地域統合が徐々に、しかし着実に進んだという点が挙げられる。東南アジア諸国連合（ASEAN）や北米自由貿易協定（NAFTA）などももちろん重要だが、その先進性から規模に至るまで、やはりヨーロッパ連合（EU）は群を抜いた存在であろう。ヨーロッパの統合は、当初アメリカの支援の受け皿として成立したヨーロッパ経済協力機構（OEEC）や、ドイツとフランスの和解のためのシューマン゠プラン等を起源とし、また冷戦の中での埋没を防ぎたいという共通認識など様々な要素が結合して形成されていったが、今ではアメリカの思惑をも超える勢いを見せることがある。また、ド゠ゴール政権時代のフランスは、フランス単独でもアメリカに挑戦的な姿勢を見せることもあった。第二次世界大戦の戦災で傷つき、国際的な地位の低下に悩んだヨーロ

ッパ諸国は、どのように復興し、復興の中でどのように連帯してい
ったのか学びたい。

**Q**　戦後ヨーロッパに統合の動きが生じたのは、なぜだろうか。

**A**　大きな背景としては、冷戦に埋没することへの危機感があった。
また、そのほかにも第一次世界大戦後も対立が解消されず、イギ
リスとフランスが冷淡な態度でドイツを孤立させたことがナチス
政権を生んでしまったことへの反省があり、今度こそ西ドイツを
西ヨーロッパ社会に包摂し、確実に和解することが目指された。
フランス外相シューマンの提案によるシューマン゠プラン、そし
てその直接の成果であるヨーロッパ石炭鉄鋼共同体(ECSC)は、
この流れから生まれた。また、マーシャル゠プラン受け入れ時の
協力組織であるヨーロッパ経済協力機構(OEEC)の結成、ベネル
クス3国の関税同盟などを、EUの源流として重視する見解もあ
る。

**Q**　フランスは、どのようにしてアメリカから自立しようとしたの
だろうか。

**A**　ド゠ゴール大統領は独自の核兵器開発(1960年、サハラ砂漠で
原爆実験)、西側諸国で初めての中華人民共和国の承認(1964年)、
NATO軍事機構からの脱退(1966年に脱退。のち2009年に復帰)
を矢継ぎ早に実行し、西側諸国における自立性を高めてフランス
の国威を発揚した。

### 問題の所在

　第二次世界大戦の終結は、ヨーロッパ統合構想の再始動の時期で
もあった。1947年6月、アメリカ国務長官マーシャルは、ハーバー
ド大学で講演し、ヨーロッパへの援助の必要性を強調した。これが

実現したのがマーシャル＝プランである。この計画の背後には、たんなる人道主義だけでなく、戦災に苦しむヨーロッパを放置すれば社会主義が広まる土壌となるのではないかという、アメリカの国際戦略上の憂慮も存在した。今日のヨーロッパ連合の母体はいくつも挙げることができる。マーシャル＝プランの受け皿であり、援助を配分するための組織であるヨーロッパ経済協力機構（OEEC）がある。これはのちにアメリカ・カナダを加えて先進国間の経済協力開発機構（OECD）になっている。

　また、マーシャル＝プランの援助金を受け取り、経済を動かしていくとなると、各国の関税や取引慣行の差異などが障害になることが実感されていった。そこでまずベネルクス３国が1948年にベネルクス関税同盟を結成した。ドイツを西ヨーロッパに包摂し、今度こそ本当の和解を成し遂げることは戦後ヨーロッパの大きなテーマだったのだが、一方で独仏国境は地下資源の豊富な地域であり、対立も生じやすい。

　そんな中、ヨーロッパ統合論者だったフランスの実業家・政治家のジャン＝モネが石炭資源と鉄鋼業を西ヨーロッパ諸国の共同管理にする構想を思いつき、フランス外務大臣シューマンの賛同を経て発表した。シューマン＝プランである。なおシューマンは同名のドイツ人作曲家がいることでもわかるようにドイツ系フランス人である。このことの意味を生徒に発問するのはどうだろうか。ドイツとフランス、２つのアイデンティティをもつ彼の思いが、ヨーロッパ統合の推進の一助になったのは興味深い。

　こうして1952年、フランス・西ドイツ・イタリアと、ベネルクス３国の６カ国により、ヨーロッパ石炭鉄鋼共同体（ECSC）が発足した。６年後の1958年にはより広い範囲の経済協力を進めるためのヨーロッパ経済共同体（EEC）と、米ソに対抗して原子力技術を開発するためのヨーロッパ原子力共同体（EUATOM）も発足した。そし

て1967年、上記3団体が合体してヨーロッパ共同体(EC)が発足した。

こうした経済統合の成功やアメリカの援助もあって、戦後西ヨーロッパは、西ドイツを筆頭に順調な経済の回復を成し遂げた。なお、イギリスはこうした動きにはなかなか加わろうとしなかった。チャーチルは戦後まもなく、チューリヒ大学で講演してヨーロッパ統合の有用性を説いたが、イギリスは参加せず、アメリカと並んで保護者として見守る立場だと述べている。ようやく1960年になって、保護者というよりは対抗する必要性を感じたイギリスは、北欧諸国などを誘ってヨーロッパ自由貿易連合(EFTA)を結成するが、共通の対外関税・対外政策のようなものはもたず、あくまで貿易に限って域内の自由化に努めるものであった。そしてEEC・ECの成功を目にしたEFTA諸国は、しだいにECに引き寄せられていった。

〔参考文献〕
佐瀬昌盛『NATO――21世紀からの世界戦略』文春新書　1999
藤井良広『EUの知識』日本経済新聞出版社　2013


# 第三世界の連帯と試練

## はじめに

第二次世界大戦後の国際情勢で、米ソ冷戦の展開、ヨーロッパなどでの地域統合の進展と並ぶ3つ目の大きなトピックが、長らく植民地とされて苦しんできたアジア・アフリカ諸国の相次ぐ独立である。これらの諸国の中には、大国に蹂躙された植民地時代の経験や反省を活かし、あえて米ソとは距離を置いて冷戦に深入りしない方向を目指して協力し合う国々もあった。だから第三勢力(第三世界や非同盟諸国という言葉もよく使われる)と呼ばれるグループには、

アジア・アフリカの新興国が多く参加している。第三勢力が国際社会に新しく颯爽と登場したという歴史叙述が一般にはされているが、しかし戦後のアジア・アフリカ諸国が歩んだ道は、そうした文脈だけでは読み解けない部分もあり、植民地時代の爪痕、アメリカやソ連との関係性など様々な点に目配りする必要がある。より具体的には、米ソ双方から援助を引き出そうとする態度もまた、アジア・アフリカ諸国には時として見られるのだ。

　戦後世界で最も経済的に苦しんでいるアフリカ諸国、多くの戦争に関与した西アジア諸国、そしてラテンアメリカ諸国を例にして、考えてみたい。


**Q**　なぜ、アフリカには直線的な国境をもつ国が多いのだろうか。

**A**　アフリカ分割の過程で列強が植民地拡大のための戦略を優先して人為的に引いた境界線が、現在の国境になっているからである。このため1つの民族が分断される、不仲の諸民族が1つの国にまとめられるなど、紛争の下地となる状況が生まれた。


**Q**　第3次中東戦争以後、アラブ地域ではどのような変化が生じたのだろうか。

**A**　イスラエルの圧勝で、アラブ＝ナショナリズムの象徴であり英雄だったナセルが、その権威を大きく低下させた。逆にナセル体制下で不遇だったイスラーム同胞団などのイスラーム主義が台頭した。パレスチナ難民たちの組織であるパレスチナ解放機構（PLO）も、この頃からアラファト議長の下で武闘的な性格を強めた。一方でエジプトは、1973年の第4次中東戦争でもう一度イスラエルと戦ったが、その後は和解に転じ、アメリカのカーター大統領の仲介でキャンプ＝デーヴィッドの合意に至り、シナイ半島の返還などを条件にイスラエルを承認した（1978〜79年）。しか

し一方でパレスチナ問題は今も続いており、どんな大勝利も、必ずしもそれだけで国際紛争を解決に導かないという好例でもある。

**Q** アメリカ合衆国は、ラテンアメリカ諸国のどのような政策に対して、干渉を加えたのだろうか。

**A** グアテマラに見られるように、社会主義的な政権が大土地所有の解消など社会主義的政策を推進し、またアメリカ企業もその標的にされると、アメリカ合衆国は現地の反社会主義勢力に援助を与え、反政府運動を引き起こした。

## 問題の所在

アフリカでは、帝国主義時代にヨーロッパの列強により植民地獲得競争が繰り広げられた結果、現地住民の事情や利害をまったく無視した境界線が引かれ、それがそのまま独立後の国境になった。このため民族紛争が起きやすくなったというのは、まぎれもない事実であり、大いに注目すべき点である。しかし、アフリカの様々な紛争は、よく見れば、たんなる部族紛争ではなく、複雑な利害の対立があり、何でも「部族の対立」に結びつけて解釈しようとする先進国のマスコミなどの理解は、皮相であり差別的でもある。そしてこういった言説では、しばしば「部族」「○○族」などの言葉が使われがちだが、このボキャブラリーからして、すでに差別的である。カナダやスペインの分離運動は、決して「ケベック族」「バスク族」とは言われないのである。

また、アフリカにおける独裁政権や人権侵害が、西側先進国のマスコミによって大きく取りざたされる場合、そこではしばしば現地の独裁政権が先進国の利害に反する行動をとり、先進国のメディアが批判キャンペーンを行うという傾向があり、これをどう考えるか、難しいところである。

〔参考文献〕

白戸圭一『日本人のためのアフリカ入門』ちくま新書　2011

高橋正男『物語イスラエルの歴史――アブラハムから中東戦争まで』中
　公新書　2008

宮本正興／松田素二編『新書アフリカ史　改訂新版』講談社現代新書
　2018

## 核戦争の恐怖から軍縮へ

### はじめに

　1960年代になると、米ソを中心とした大国の保有する核兵器は、すでに人類を滅ぼすことも十分に可能な量に達した。これは国際世論から多くの批判を受けた。加えて核兵器保有国の増加は、核兵器に対する歯止めの必要性を各国に実感させた。特に人類が全面核戦争に最も近づいた瞬間と評されるキューバ危機は、終わってみれば米ソの指導者に強い反省をもたらし、その後の和解ムードや核軍縮につながった。

**Q**　革命後のキューバは、どのような経緯でソ連に接近し、アメリカと対立するようになったのだろうか。

**A**　キューバの社会主義的な土地国有化政策などが、キューバにあるアメリカ企業を標的にすると、これを問題視したアメリカがキューバの革命政権転覆を企てるようになり（一部は実際に実行された。1961年のピッグス湾事件では、亡命キューバ人がアメリカの援助の下で武装してキューバに上陸作戦を展開したが失敗した）、キューバは対抗上、ソ連に庇護を求めた。

**Q**　核兵器を保有する国々が、核開発に歯止めをかけようとしたの

はなぜだろうか。また、核軍縮が進む一方で、核保有国が増えてしまったのはなぜだろうか。

**A** すでに核保有を実現している国は、自分たちの特別な立場を守るために核保有国の増加を防ごうと核拡散防止条約（NPT、1968年）を結んだ。一方でパグウォッシュ会議のような国際世論による真摯な平和運動もあった。また、1963年には部分的核実験禁止条約なども調印されていた。

　さらに、配備される核兵器の数が増えたのはもちろんのこと、移動しながら核兵器を発射する車輌や潜水艦も多くつくられたので、どちらかの国が先制攻撃をかけたとしても、生き残った相手国の核兵器が報復として発射され、結果的にどちらの国も壊滅的打撃を被って、誰も勝利者ではない状態が生まれる、いわゆる「相互確証破壊」といったことも言われるようになった。こうして様々な意味で、核軍縮が意識されるようになった。しかし、核保有国が他国の核保有を取り締まる体制は、難しさもあり、公然と核兵器を開発する国、核保有疑惑がささやかれている国もある。

### 問題の所在

　キューバにおけるソ連ミサイル基地の建設は、世界情勢にどのようなインパクトを与えたのかという生徒への発問に際しては、地図を活用するとよいだろう。キューバにソ連の核ミサイル基地ができれば、ソ連の中距離・準中距離核ミサイルの射程内にアメリカ本国の大部分が入り、冷戦の力関係を一気にソ連有利に変えてしまう可能性があった。このためアメリカのケネディ大統領は強く反発し、キューバ近海を海上封鎖する一方でソ連に強く基地撤去を求めた。2週間ほどの緊迫したやりとりの末、ソ連はアメリカがキューバに侵攻しないことを条件に基地の撤去に応じた。人類が全面核戦争に最も近づいたと言われるキューバ危機である。授業では、キューバ

危機を語り終えたあと、生徒にこうした危機を回避するにはどうしたらよいか、話し合わせたり、意見を発表させたりしてもよいかもしれない。

〔参考文献〕

岡本隆司／飯田洋介／後藤春美編著『いまを知る、現代を考える山川歴史講座　国際平和を歴史的に考える』山川出版社　2022

グレゴーア＝ショレゲン著、岡田浩平訳『ヴィリー・ブラントの生涯』三元社　2015

坂本義和『新版　軍縮の政治学』岩波新書　1988

高榎堯『現代の核兵器』岩波新書　1982

## 冷戦の終結・ソ連の崩壊と経済のグローバル化

### はじめに

　ゴルバチョフのソ連における大改革は、冷戦を終わらせるなど国際社会からは歓迎され、高く評価された反面、ソ連を蘇生・延命させることには完全に失敗し、ソ連は社会の混乱や、連邦構成国のナショナリズムの高揚の中で、1991年にその歴史を終えた。こうして東側陣営の自滅のようなかたちで冷戦は終わった。同じ頃に進行していたインターネットの急速な拡大は、世界諸地域の経済交流を激的に増大させた。また中国の改革開放路線や NIES 諸国の成功、社会主義陣営の崩壊などで、世界経済の一体化は劇的に進み、グローバル化は21世紀社会のキーワードとなった。

**Q**　1980年代前半のソ連は、どのような状態にあったのだろうか。

**A**　アフガニスタンでの戦争が泥沼化し、国際世論からも激しい批判を浴びて苦しんだ。経済も不振にあえいだ。また、アメリカが

人工衛星を使ったミサイル迎撃構想を打ち出すと、これに対抗できる技術をもたなかったソ連は衝撃を受けた。総じてこの時期のソ連は経済の停滞にもかかわらず軍備への莫大な支出を続け、自滅の道を歩んだ。

**Q** 1990年のイラクのクウェート侵攻に対して、国際社会はどのように対応しただろうか。

**A** 冷戦終了という時代の空気も相まって、米・英・仏・ソ(露)・中の連携はかろうじて保たれた。正式な国連軍は結成されなかったが、国連安全保障理事会の武力行使容認決議を得たアメリカが、有志の国々(イギリスなど)をまとめた多国籍軍を結成した。この多国籍軍が、1991年1月、国連がイラクに求めたクウェートからの撤退期限切れをもってイラク軍を攻撃して、2月末にはクウェートからイラク軍を追い出した。このパターンは冷戦後の紛争解決の、1つのひな型となった。なお、2003年のイラク戦争でアメリカは、国連でこの手続きを踏むことに失敗しており、イラク戦争は湾岸戦争に比べ批判する人が多い。

**Q** ゴルバチョフが始めたソ連の改革は、なぜ成果を上げることができなかったのだろうか。

**A** 自由主義経済を目指して導入された企業の独立採算制は、むしろ流通経路を破壊した。政治的には監視が弱められると、ソ連を構成する各国の民族主義運動が表面化し、ソ連という単位の主権よりも、連邦構成各国の主権を強調する動きが強まって、ソ連は解体へ向かった。総じてソ連の社会主義体制はあまりにも堅牢につくられており、一部だけを修正するということは難しかった。

**Q** ユーゴスラヴィアで、ソ連崩壊後に紛争が起きたのはなぜだろ

うか。

**A** ユーゴスラヴィアはもともと、極めて複雑な民族構成をもつ連邦国家であった。第二次世界大戦後の数十年間は、ナチスの占領に対して勇敢に戦い、国土の大半を解放した稀代の英雄ティトーのカリスマ的なリーダーシップの下、諸民族のバランスに配慮しつつ統治は成功していた。しかし、1980年にティトーが死去し、また建国の理念だった社会主義も色あせてしまうと、連邦を構成する各共和国の指導者はナショナリズムを煽ることで自分への支持を集めようとした。これらの事情が重なり、連邦の盟主的な立場のセルビアに対する、他の共和国の反発と独立の動きが表面化すると、争いは一気に激化した。

**Q** 経済のグローバル化は、私たちの生活をどのように変えているだろうか。

**A** 国際交流の活発化で、企業は製品をつくる際に、部品ごとに、より良い条件を求めて世界各地から最適な工場を選んで発注することができるようになった。インターネットの登場は、世界各地に存在する複数の企業が、完成品のイメージを共有して指示・連絡や打ち合わせを繰り返すような作業を容易にした。そのため先進国の製造業では、人件費が安い発展途上国の工場に製品を発注することが一般的になり、安価で良質な製品が世界にあふれることになったが、先進国は、工場の海外移転など「産業の空洞化」に苦しんだ。

また、人の移動も大規模に行われるようになり、単純労働について言えば、先進国の労働者は、国外からやってくる新たな競争相手に仕事を奪われるのではないかと神経をとがらせた。一方、IT技術者なども、世界的に活躍する環境が整い、同じ職場で様々な国の人が働くことは、以前より一般的になった。

## 問題の所在

　ここではソ連の崩壊について、もう少し詳細に見てみよう。ソ連は、まだロシア帝国だった頃からずっと多民族国家であった。ソ連の公式見解では、ソ連においては社会主義の理想に基づく国家建設の中で、民族間の対立感情は乗り越えられたということになっていたが、もちろんそれは建て前であって、諸民族の間には対立が存在した。ソ連は、建国時には4カ国、ゴルバチョフ時代には15カ国より構成される連邦国家だったが、権力を握るロシア共和国に対し、第二次世界大戦の混乱に紛れて併合された屈辱の歴史をもつバルト3国や、イスラーム教徒でありアジア人でもある中央アジア諸国などが強い不満や恨みをもっていた。しかしまた一方で、ロシアでさえもある種の被害者意識をもっていた。ソ連政府は中央アジア地域を厳しく抑え込む一方で、アメとムチ政策として、時には中央アジア地域の生活水準を向上させようと予算配分などで手厚い処置をすることもあった。それに対してロシア人は「自分たちの払った税金が後進地域のために使われている」、つまり自分たちこそ損をしているという思いをもっていたのである。

　ゴルバチョフがグラスノスチや一連の改革で民衆の意志表示を認めると、民族運動が一斉に噴き出した。バルト3国でも反ロシアの急先鋒だったエストニアなどは、早くも1988年に自分たち共和国の法律がソ連の法律に優先するという「主権宣言」を出している。この動きはソ連を構成する各共和国に急速に広がり、1990年にはソ連の中心であるロシア共和国でさえも主権宣言を出した。ゴルバチョフはこうした動きに対し、時に誠実な対話で、時には経済制裁による脅しで抑え込みつつ、ソ連の中央政府の権限を弱め、緩やかな国家連合の性格をもつ「新連邦条約」を結ぶことで、何とかソ連の維持を目指し、各国の承諾を得た。

　しかし、この新連邦条約の調印が目前に迫った1991年の8月、ゴ

ルバチョフの信頼するヤナーエフ副大統領らを含むソ連共産党の最高幹部数名がゴルバチョフを監禁して、改革を妨げるクーデタを試みる事件が起きた。これに対し、ロシア共和国の大統領だったエリツィンがモスクワ市民の支持を得ながらクーデタ断固反対を叫び、軍の中にもクーデタ支持が広がらず、わずか3日で失敗に終わった。共産党は責任をとって解散し、ソ連をつなぐ紐帯の1つであった共産党組織は消滅した。

　ゴルバチョフはこの事件のあともなお、新連邦条約の成立に意欲を見せたが、ウクライナなどが、いよいよ独立に向けて動き出したことですべては終わった。1991年12月、ロシア・ウクライナ・ベラルーシの3カ国が1922年のソ連建国時に結ばれた連邦条約の無効と、新しく独立国家共同体(CIS:Commonwealth of Independent States)という国家連合の創設を宣言し、多くのソ連構成国が合流した。これを見たゴルバチョフはクリスマスにソ連大統領の職務停止を表明し、1922年以来続いたソ連はついに消滅したのである。

〔参考文献〕
柴宜弘『ユーゴスラヴィア現代史　新版』岩波新書　2021
下斗米伸夫『図説ソ連の歴史』(ふくろうの本) 河出書房新社　2011
野口悠紀雄『変わった世界　変わらない日本』講談社現代新書　2014
町田幸彦『コソボ紛争──冷戦後の国際秩序の危機』岩波ブックレット
　1999
松戸清裕『ソ連史』ちくま新書　2011

（福本　淳）

# グローバル化と私たち（２）

## 55年体制の成立

### はじめに

　第二次世界大戦後、日本は、アメリカを中心とする連合国の占領下に置かれた。その後、日本は、朝鮮戦争などを経てアメリカを中心とする西側諸国の一員に組み込まれた。その結果、米ソによる冷戦は、日本国内の政治や外交にも大きな影響を及ぼし、やがて自由民主党（自民党）と日本社会党（社会党）を中心とする55年体制の成立を促すこととなった。55年体制が成立した日本では、1993（平成５）年まで政権交代が起こらず、自民党による長期保守政権が続いた。55年体制の成立の背景、「冷戦」と55年体制における日本の政治・外交はどのように展開したかに着目し、学びたい。

**Q**　55年体制における自民党と社会党の主張は、それぞれどのようなものだったのだろうか。

**A**　55年体制とは、1955（昭和30）年10月に左右両派に分裂していた社会党が統一して、11月に日本民主党と自由党が合同し、自民党が誕生したことに由来する。自民党（保守勢力）は憲法改正（改憲）と再軍備あるいは対米依存の下での安全保障を追求、社会党（革新勢力）は憲法擁護（護憲）と非武装中立を主張した。

**Q**　1960（昭和35）年の新安保条約は、1951（昭和26）年９月に調印さ

れた旧安保条約と、どのような違いがあるのだろうか。

**A** 新安保条約では、アメリカの日本防衛義務が明文化され、「極東」の平和と安全への「脅威」に対し日米が協力するため、アメリカ軍の日本駐留の継続、日米の共同作戦、日本の軍備増強、在日アメリカ軍の行動に関する事前協議制などが定められた。

**Q** 安保反対運動は、何を訴えようとしたのだろうか。

**A** 社会・共産の両党や日本労働組合総評議会(総評)などの革新勢力は、「日本が戦争に巻き込まれる危険性が増大する」ことと「民主主義の擁護」を主張し反対運動を展開した。反対運動には、革新勢力が組織した国民運動だけではなく、全日本学生自治会総連合(全学連)の学生や多数の一般市民も参加した。そのため、空前の規模の抗議行動が、1カ月間続いたのである。

**Q** 戦前期からの日韓関係を整理し、1965(昭和40)年の日韓基本条約の意味を考えよう。

**A** 1952(昭和27)年以来、交渉が進められ、この条約第2条により、1910(明治43)年の韓国併合条約の無効が確認された。しかし、「無効」の時点を、日本側が主張する1948(昭和23)年の韓国独立とするか、韓国側が主張する日本が植民地支配を進めた時期の条約とするかで対立した。そのため、条文では「いつ」と明記せず、1910年以前に日本が植民地化を進めた韓国併合条約などの諸条約を日韓基本条約において「もはや無効」と確認し、国交を正常化した。

### 問題の所在

55年体制の成立について検討する視点を2点紹介したい。

第1に外交政策である。米ソの対立による冷戦構造の世界におい

て、日本はアメリカを中心とした西側陣営に組み込まれた。サンフランシスコ平和条約を経て独立を果たしたあと、「冷戦」構造の対立が国内に持ち込まれるのである。このことについて小宮京は、「自社両党を中心とした保革対立の構図は、資本主義のアメリカ陣営と共産主義のソ連陣営とが対峙した東西冷戦が、日本国内にも反映していた……」と55年体制の成立理由を指摘している。「冷戦」構造の対立が、55年体制の成立を促し、日本の政治だけでなく外交や経済にも多大な影響を与えたのである。新安保条約、沖縄返還後のアメリカ軍専用施設の使用、日韓基本条約の締結は、日本の政権を担った自民党が進めた対米依存の下での安全保障の追求の一端である。これらは、日本の外交政策が冷戦構造に組み入れられたことを明確に示している。

　第2に、政権交代が起こらなかった理由についてである。「55年体制」の提唱者である升味準之輔は、1964(昭和39)年に発表した論文で自由民主党と日本社会党の2つの政党が結成された1955(昭和30)年を画期とし、自民党支配を一時的なものと論じた。牧原出は、升味がこの論文を1969年に著作にまとめる際、「文字通り「体制」が長期化するという展望をもつよう」になったと指摘している。これらを踏まえ、小宮は「……提唱者ですら、当初は自民党対社会党の枠組みを確固たるものと見なしていなかったことは、55年体制を検討する際に重要な視点」としている。政権交代が起こらなかった理由や背景、自社両党の政策・組織などを比較し考察させ、現代の政治における政権のあり方などについて学ばせたい。

〔参考文献〕
小宮京「第17講　五五年体制の成立と展開」(筒井清忠編『昭和史講義
　戦後篇　上』ちくま新書　2020)
牧原出『権力移行――何が政治を安定させるのか』NHKブックス　2013

## 日本の高度経済成長

### はじめに

日本は、1955（昭和30）年から1970年代初頭まで高い経済成長率を記録し、欧米諸国をはるかに上まわる経済成長を実現した。

古川隆久は『昭和史』で「1954年から20年間の平均の実質経済成長率は約9.4％。単年度で10％を超えた年が8年あり、特に66年から70年までは5年連続して2ケタ台で、68年には国民総生産がアメリカにつぐ第2位となり、その順位を40年以上続けることになる。この時期、西側主要国で2ケタ成長率を記録した国はない。驚異的な高度成長だった」と記している。古川が指摘しているように日本の経済成長は、「西側主要国で2ケタ成長率を記録した国はない。驚異的な高度成長」であったのだ。では、日本の高度経済成長はどのような背景の下で成し遂げられたのだろうか。また、それによって人々の生活や社会はどのように変わったのだろうか。

**Q** 朝鮮戦争は、日本の戦後復興にどのような影響を及ぼしたのだろうか。

**A** ドッジ＝ラインによって深刻な不況に陥っていた日本経済は、朝鮮戦争が勃発すると武器や弾薬の製造、自動車や機械の修理など、アメリカ軍による膨大な特需が発生して活気を取り戻し、国民総生産は戦前の水準にまで回復した。

**Q** 池田勇人内閣の国民所得倍増計画は、何を実現しようとしたのだろうか。

**A** 工業地帯の形成と農村からの労働力供給による産業構造の高度化を果たして、10年間で国民総生産を倍増させて完全雇用を実現し、国民の生活水準を大幅に引き上げようとした。

**Q** 1955～73（昭和30～48）年の高度経済成長を支えた要因は、何だろうか。

**A** 4つ大きな理由が考えられる。第1に、大企業による膨大な設備投資で、当時それは「投資が投資を呼ぶ」と言われた。第2に、アメリカの技術革新の成果を取り入れた設備の更新である。第3に、終身雇用・年功賃金・労使協調を特徴とする、いわゆる「日本的経営」の確立である。第4に、安価な原油の輸入による石炭から石油へのエネルギー転換である。これらが複合して高度経済成長を支えた。

**Q** 公害は、なぜ発生したのだろうか。また、政府の公害対策は、なぜ遅れたのだろうか。

**A** 企業が汚染物質をたれ流して環境を破壊していても、経済成長を優先したため政府の対策は進まなかった。四大公害の被害が確認されると、政府の公害対策もようやく進展し、公害対策基本法が制定され、環境庁が発足した。その後の四大公害訴訟では、いずれも被害者が勝訴した。

### 問題の所在

このテーマのキーワードは、「高度経済成長」とそこにおける「人々の生活や社会」である。「高度経済成長」「人々の生活や社会」が私たちの祖父母や父母などの歩んだ歴史にどのように関わりをもったのかを生徒に認識させることが大切である。

池田勇人内閣について、「所得倍増」に代表されるように「経済成長こそが第一に取り組むべき政策課題」と考えていたとの指摘がある。池田内閣が経済を優先しようとした理由について、安全保障を優先させた岸信介内閣からの政策転換をはかることからなのか、池田が大蔵省出身のため経済優先を目指したのか。池田内閣が経済

を優先した理由について、複合的な視点から分析してみる必要もあろう。また池田内閣の政策によって、農村や地方都市から大都市圏への人口の移動が起こり、工場などが労働者を受け入れたこと、いわゆる「金の卵」が生み出されたことなどの要因を理解させたい。

　高度経済成長を支えた要因を理解することは容易ではない。だからこそ、生徒に公民や地理、数学など、今までの学習成果を活用し「要因」について資料を収集し分析させ、生徒なりの「要因」をレポートなどにまとめさせたい。

　公害の発生は、「高度経済成長のひずみ」の側面として取り上げられている。政府の政策と人々の暮らしの両面から高度経済成長の負の側面を焦点化する必要があろう。また、政府の公害対策と革新自治体の誕生にはどのような関わりがあるかなど、公害の原因とその後の対応などについて、因果関係を含め理解する必要がある。

　「日本の高度経済成長はどのような背景の下で成し遂げられたのだろうか」「また、それによって人々の生活や社会はどのように変わったのだろうか」の2つが、ここでの大きな問いである。「高度経済成長の背景」では政府や企業が牽引役となり、これらを契機に「人々の生活や社会」は、消費が拡大し、レジャー産業やマスメディアが発達するなど大きく変化した。一方、都市へ大量の労働力を供給したことを背景に、農村では過疎化が発生した。「高度経済成長」は、社会に「ひずみ」を与えた。その理由が「高度」にあるのか、政府の政策にあるのか、企業の対策にあるのか、人々に原因があるのかを分析することは、SDGs の視点を意識し学習していく上でも必要ではないだろうか。

〔参考文献〕
古川隆久『昭和史』ちくま新書　2016

## 世界経済の転換

### はじめに

　第二次世界大戦後、アメリカ合衆国が西側諸国の経済を牽引してきた。西側諸国は、アメリカの経済力に支えられて復興・成長をしてきたのである。しかし、ベトナム戦争での戦費負担などによる財政赤字や、工業力の衰退が顕著となるとアメリカの経済力に陰りが見え始め、1970年代に入ると世界経済のあり方に大きな転換をもたらす出来事が起こった。

　關谷和也が「第二次世界大戦後、グローバル化の傾向が顕著になったのは1970年代からだ」と指摘するように、70年代を境に世界経済は大きく変化していったのである。

　以上を踏まえ、なぜアメリカの経済力はもはや圧倒的ではなくなったのかと、石油危機は世界経済にどのような影響をもたらしたのか、経済成長を最優先する価値観の見直しは、社会にどのような変化をもたらしたのかの３つを焦点化し問うていきたい。

『毎日新聞』1971年8月16日の紙面

**Q**　新聞の見出しにある、「米、金・ドル交換を停止」が「IMF体制に最大の危機」をもたらすと考えられるのはなぜだろうか。

**A**　「IMF（国際通貨基金）体制」（ブレトン＝

ウッズ体制)とは金ドル本位制により、各国通貨をドルを通じて金と結びつける体制であったが、その根幹となる金とドルの交換をアメリカが停止したことで IMF 体制は終わりを告げた。

**Q** 大気汚染などの公害は、経済成長期の価値観に、どのような影響を与えたのだろうか。

**A** 公害、及び公害病が環境破壊とともに、深刻な社会問題として浮上した。経済成長と人口の増加がこのまま進んでいけば、いずれは資源が枯渇することが訴えられ、経済成長を無条件に追い求める価値観に見直しを迫った。

**Q** 石油危機は西側諸国や東側諸国に、それぞれどのような影響を与えたのだろうか。

**A** 石油危機ののち、西側諸国では経済の効率化が強く求められるようになり、その結果、政治面でも変化がもたらされた。先進国首脳会議が開催され、福祉国家の非効率性が問題とされて自由放任経済への転換、つまりは新自由主義が新しい潮流となった。一方、ソ連は、原油価格の高騰で利益を得た。また、東側諸国はソ連の原油に依存した。その結果、ソ連・東側諸国の産業構造は旧式の設備を維持し、重工業に過度の比重をおいたままとなり、西側諸国に比べて効率化が遅れた。

### 問題の所在

戦後の世界経済について、關谷和也は上記のような指摘をし、「1971年の金・ドル交換停止(いわゆる「ニクソン・ショック」)をきっかけに、ブレトン・ウッズ体制が解体され、国際為替レートが固定為替相場制から移行し、76年…中略…変動相場制が正式に承認された。これ以降、日本を含む主要国の為替レートは、外国為替市場

で決定されることとなった」と記し、「戦後の世界経済の中心軸であったアメリカの経済的地位の相対的な低下」が「グローバル化」に大きく関与していると述べている。アメリカ経済の変化の中、「世界経済」はどのように結びつき、一体化していったのかを考えることが必要である。

　また「金ドル本位制」の理解が大切である。金ドル本位制は、金とドルとの交換が保証され、各国通貨はドルを通じて金と結びつく、ドルを基軸通貨とする仕組みであった。つまりドルと各国通貨との関係は固定相場制が採用されていた。この仕組みは、アメリカが大量に金を保有することが前提であった。しかし、アメリカがベトナム戦争で多額の戦費をつぎ込み、金の保有量が減少すると、その前提が崩れた。さらに金ドル本位制の仕組みを基礎として、IMF体制もつくられていた。そのため、「IMF体制に最大の危機」と述べられているのである。また、金ドル本位制を停止することによりドルを基軸通貨とする仕組みから、ドルと各国通貨は需要と供給に応じた変動相場制へと移行することとなった。金ドル本位制が採用された背景、停止の原因、そして、その後の世界経済への影響を戦後世界経済史の中で確認する必要があろう。

　1970年代は、「現在」を生きる私たちの生活に直接関係する「変動相場制」「省エネルギー化」「ハイテク化」「小さな政府」「新自由主義」などの源流が登場した時代といえる。これらの考え方がどのような背景で誕生し、その後の世界にどのような影響を及ぼしたのかを「アメリカの経済力がもはや圧倒的ではなくなったこと」「石油危機」「経済成長を最優先する価値観の見直し」の3つを意識しながら考え、経済が各国の政策の中心になり始めたことに気づくことが大切であろう。

〔参考文献〕

關谷和也「グローバル化する経済が世界にあたえた影響とは？」(歴史学会編『「歴史総合」世界と日本——激変する地球人類の未来を読み解く』戎光祥出版　2022)

## アジア諸地域の経済発展と市場開放

### はじめに

　1970年代以降、東アジア・東南アジアでは急速に工業化が進んだ。その背景には、どのような国内的な要因、国際的な要因があったのだろうか。また、1980年代、日本は欧米先進諸国と比べて相対的に高い経済成長率を維持していた。その理由は何だろうか。ここでは、これらの問いを踏まえ、第1に、東アジア・東南アジアの急速な工業化の背景、第2に、1980年代、日本が欧米先進諸国と比べて相対的に高い経済成長率を遂げられた理由と、そのことから生じる対外的な関係について学んでいきたい。

**Q**　なぜ、開発途上国では開発独裁が一定の成果を上げることができたのだろうか。

**A**　東アジア・東南アジアの急速な工業化では、軍部も含めた独裁的な政治体制が構築され、政治的自由や表現の自由などの基本的人権を犠牲にして、経済発展を優先させた「開発独裁」と呼ばれる政治体制が築かれた。指導者は冷戦下の世界で反共の姿勢を明確にすることで、アメリカ合衆国や日本などの西側諸国から、技術の提供や優遇された金利での融資、さらには無償の資金援助を受けることができた。東アジア・東南アジアの急速な工業化には、「開発独裁」と「親米反共」が深く関わっている。一方、日本も「親米反共」の立場に位置しながら、省エネルギー化を目指して

ジャパン＝バッシング　日本製の自動車をたたき壊している全米自動車労働組合員。

技術革新を進め、「減量経営」に努めて安定成長を維持した。

**Q**　全米自動車労働組合員は、なぜジャパン＝バッシングを起こしたのだろうか。

**A**　写真のジャパン＝バッシングは日本車への不満が背景にある。石油危機を受けて開発された省エネ型の日本車がアメリカへ輸出されると、アメリカの自動車産業従業員の解雇などが相次いだ。このことが、彼らを不満にさせた。

**Q**　1985（昭和60）年以降、主要通貨の対ドル相場が上昇した。特に日本円と西ドイツのマルクの上昇が著しいのはなぜだろうか。また、この操作によって、日本の産業はどのような影響を受けたのだろうか。

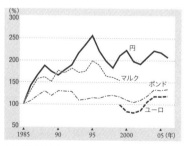

主要通貨対米ドル変動率（三和良一・原朗編『近現代日本経済史要覧　補訂版』より）

**A**　財政赤字・貿易赤字の「双子の赤字」に苦しむアメリカ経済の回復に向け、プラザ合意でドル高の是正が決まり、一挙にドル安・円高・マルク高となった。円高の加速により日本製品は割高となり、輸出産業は打撃を受けた。

## 問題の所在

　ここでのテーマは「開発独裁」における経済発展と世界経済の市場開放である。開発独裁について末廣昭は、1950年代以降の開発独裁の起源を「社会主義システムに対抗するアメリカがアジアをはじめとする発展途上国に、政治的自由と市場メカニズムを制限する権威主義的体制を容認」したことにあるとした。

　一方、市場開放について富田武は、中小型乗用車でアメリカ市場を制圧する日本に対して「アメリカは、農産物輸入で制限を残している日本に全面的開放を迫」るだけでなく「日本市場が外国企業の参入にも閉鎖的であると批判し、政府による規制の撤廃を求め」てきたと指摘している。

　これらの指摘を踏まえ、アジア諸地域と日本の経済発展について確認することは、現在を生きる私たちの生活の一端を理解することにもつながる。末廣は「1980年代以降、アジアNIES（韓国・香港・台湾・シンガポール）のみが、経済成長を続けた。そうした中で…中略…経済成長には独裁的な政治指導者の存在も必要であるという議論、そして経済成長が実現すれば、自ずと政治体制の独裁的要素は「熔解する」という議論が生まれた」と東アジアや東南アジアの急速な発展とそれらの国々の政治体制について言及している。

　また、石油危機を転機とした日本経済について、富田は「石油ショックを転機に産業構造の転換と技術革新を進めてきた成果を示すようになった」と1980年代の日本の経済成長率について記している。一方、伊勢弘志は1985（昭和60）年のプラザ合意について「輸出に依存する日本経済にとって、意図的に円高にすることには多大なリスクがあり、実際に経済成長の自然なリズムは崩れた。現在の日本の長期的不況の起点がこのプラザ合意であるとの見方もある」と指摘している。これらの指摘を踏まえ、開発独裁における経済発展や世界経済の市場開放を考える必要があろう。

最後に、新自由主義的な潮流が世界的に強まる中での中曽根内閣の行政改革の断行に触れたい。この改革は、富田が「行政改革で実行されたのは、イメージされるような省庁の統廃合や国と自治体の分担見直しではなく、国有企業や公的企業体の英米にならった新自由主義的な民営化であった」と記しているように、日本では国鉄とともに、電信電話公社・専売公社も民営化の対象とされたのである。

〔参考文献〕

伊勢弘志『明日のための現代史　下』芙蓉書房出版　2022

末廣昭「開発独裁」(吉澤誠一郎監修『論点・東洋史学──アジア・アフリカへの問い158』ミネルヴァ書房　2022)

富田武『ものがたり戦後史──「歴史総合」入門講義』ちくま新書　2022

# 国際社会の中の日本

## はじめに

　冷戦終結後、経済的相互依存・環境保全・安全保障など様々な分野でグローバル化が加速した。日本も例外なくグローバル化の波に組み込まれていったのである。これらを踏まえ「めまぐるしく変化する」国際社会の中で、日本は世界の国々とどのような関係を築いているだろうかをテーマに、「国際貢献」、新自由主義を前提にした「民営化」と「規制緩和」、「安全保障」を切り口に、国際社会の中での日本の動向や現代日本の諸課題についても意識していきたい。

　また、ここでのテーマとなる1990年代頃から2010年代までのおよそ30年間の出来事は、生徒たちの保護者や祖父母にとっては、同時代史である。同時代史の利点を活かし、保護者や祖父母の証言などを授業に取り入れ学んでいきたい。

**Q** PKO協力法は、なぜ制定されたのだろうか。また、同法に基づいて、自衛隊はどのような活動を行ったのだろうか。

**A** 1991（平成3）年の湾岸戦争の時、アメリカなどから日本の貢献は資金援助中心との批判を受けたため、その後、自衛隊の海外派遣を可能とするPKO協力法が制定された。その結果、カンボジアやイラクなどに自衛隊が派遣された。

**Q** 2000年代の民営化と規制緩和は、社会にどのような影響を及ぼしたのだろうか。

**A** 新自由主義の目指す「小さな政府」実現や、財政赤字解消と平成不況からの景気浮揚を求めて、民営化や規制緩和を進めた結果、一時的に不況を脱したが、福祉の後退、地方経済の疲弊により、所得格差・地域格差が広がった。

**Q** 2015（平成27）年に安全保障関連法案を成立させた政府側の主張と、それに反対する側の主張とは、どのようなものだろうか。

**A** 戦争放棄を規定した憲法第9条を「戦後レジーム」として捉え、集団的自衛権の行使を可能にしたい政府側と、安全保障関連法は、日本が戦争に巻き込まれる危険があると考える反対側が対立した。

### 問題の所在

1992（平成4）年にPKO協力法が成立したことは、1991（平成3）年に湾岸戦争が起こり、アメリカが日本に戦争協力を求めたことが背景にある。当時、アメリカと日本は、「日米構造協議」を行っており、アメリカは湾岸戦争への協力も構造協議の1つとして考えていた。

日本は、憲法違反の恐れや、政府内でも海部俊樹首相をはじめ反対論が根強かったことから自衛隊派遣を見送った。そのため日本は、

戦争への直接的な協力の代わりに、当初10億ドル、最終的には130億ドルの財政支援を行った。しかし、この対応はアメリカを満足させることができなかった。そればかりではなく、日本国内でも「金は出すが、血は流さない」との言葉とともに、国際貢献についての議論が交わされるようになった。

宮澤喜一内閣においてPKO協力法が成立すると、政府はカンボジアへの自衛隊と警察などの派遣を決定した。派遣先では、交戦権を否定する憲法の制約により隊員の装備は自衛のための拳銃や小銃に限定され、安全確保が不安視された。このような状況の中、1993（平成5）年5月、カンボジアに派遣された警察官が現地ゲリラに殺害される事件が起こり、PKO法案の問題点が浮き彫りになった。「国際貢献」「海外派遣」などについて、国際社会の中で日本はどうあるべきか議論を重ねる必要がある。

民営化と規制緩和に関しては、世界的な産業構造の変化が大きく関係している。日本のバブル経済崩壊以降、2000（平成12）年前後までの間に、世界の産業構造が「ものづくり」からIT産業へ移行していった。日本はこれらの変化に十分に対応することができなかった。また、橋本龍太郎内閣が成立し、6大改革を推進する中で財政引き締めを行い、銀行の貸し渋りが発生して景気が悪化したことや、企業の設備投資が消極化したことも挙げられる。さらに、それ以外の要因も存在する。その1つが、政権による「構造改革」政策の下での国内需要の伸び悩みである。そのようになった理由は、55年体制崩壊に起因する政権争いや、自民党が内紛に終始し、長期的視野に立った経済政策を明確に打ち出すことができなかったことにある。筆者は、これらのことが複合して就職氷河期世代など就職難民を生み出したのではないかと考える。

経済や社会の閉塞感の中、1つの経済政策を打ち出し登場したのが小泉純一郎であり、彼が目指した改革とはグローバルスタンダー

ドと称した新自由主義の推進であった。小泉内閣の改革の主眼は、郵政事業・道路公団など国営事業の民営化であった。それらの改革は、選挙などでは景気対策の一環であると主張された。しかし目的は、郵政事業をはじめとした国営事業と密接に結びついていた自民党田中派、及び竹下派に代表される55年体制崩壊までの自民党主流派の基盤を破壊することにあったとの見方もある。この議論は、自民党結成以来、党内に存在した社会民主主義的政策と新自由主義的政策を考える上でも重要な論点である。

　また、規制緩和も進められた。地方行財政改革の一環で地方交付税交付金が削減されたことなどから地方の衰退に拍車がかかった。さらに伊勢は「小泉行政の規制緩和によって「労働・土地・貨幣」が商品化され、所有権拡大の名の下に「土地ころがし」や、労働力の商品化・貨幣売買（空売り）が拡大…中略…社会では、非正規雇用者が増大し、深刻な格差問題が起きたが、それだけでなく失業などに対する社会的保障が不整備」であったと指摘している。これらの結果、リストラ・非正規雇用の増大が加速化され、「ワーキングプア」や「弱者切り捨て」が社会問題ともなっていった。

　人々が「小泉劇場」に熱狂し改革を支持して民営化が進められてから、20年以上が経過しようとしている。小泉改革は、私たちの社会に密接に関わる事業の民営化を実行した。そのことから、「小泉が進めた民営化や規制緩和とは、どのようなもので、私たちの日本社会や地域社会、足元の生活をどのように変えたのか」、改革による成果と問題点を検証する時期にきているのではないだろうか。

　最後に、安全保障関連法案の政府側と反対する側の主張を確認する前提として、次のことに留意すべきである。安全保障関連法案は強行採決により成立していることである。国の根幹に関わる問題について議論は出尽くしたのだろうか。政府側は、「戦後レジームからの脱却」をスローガンに憲法第９条の解釈を大きく変更し集団的

自衛権の行使を可能にすることを主張、反対する側は集団的自衛権の行使を含む安全保障関連法案は日本が戦争に巻き込まれる危険があると主張した。これら2つは、政府側と反対側の主張を簡単にまとめた相違点である。国会前の道路を埋め尽くす人々が反対集会を行ったように、国内でも法案に対する意見は様々であった。そのため国会の議事録をはじめ新聞や雑誌、インターネット上にも多くの議論内容が掲載されている。これらを活用し、改めて法案について調べ考えることが必要だろう。

〔参考文献〕
伊勢弘志『明日のための現代史　下』芙蓉書房出版　2022
富田武『ものがたり戦後史——「歴史総合」入門講義』ちくま新書
　2022

（加藤　将）

# 第Ⅱ部

テーマ編

# 1　産業革命

イギリスの子どもと女性の労働はどのようなものだったのか

## はじめに

　産業革命と言えば、みなさんはどんな情景を思い浮かべるだろうか。鉱山で水を汲み上げる揚水ポンプの動き、ジョン＝ケイによる飛び杼の発明、あるいは黒い煙をあげながら疾走するスティーヴンソンの「ロコモーション号」。数多くの発明品が促した急激な工業化は、労働者の生活を大きく変化させた。

　産業革命は、歴史総合の教科書の中で必ず扱われる。ただし、「労働者の生活」や「子どもと女性の労働」という内容では、教科書によって扱いに大きく幅がある。1833年の「一般工場法」では、18歳未満の夜業禁止、9歳未満の労働禁止、13歳未満の児童労働は週48時間、1日最高9時間労働などが定められたが、子どもと女性の労働の実態はどうだったのかに興味がわき、授業のテーマとして取り上げてみることにした。

## 1　教科書2種の比較

　まず、山川出版社の歴史総合教科書『わたしたちの歴史　日本から世界へ』と、同社の『歴史総合　近代から現代へ』を比較することにした。前者は、現在勤務している高校で次年度から使用する教科書であったため、比較の土台として選んだ。また、後者は、より詳細な記述が行われているものとして、比較の対象とした。

資料1　手紡ぎの紡績(左)と
機械による紡績(右)

資料2　織物工場で働く少年
1853年に出版された本の扉絵。

資料3　「児童労働のきびしさ」

① 活況の時期には、少女たちは朝の何時に工場に行ったか。

——活況の時期には、……少女たちは朝の3時には工場に行き、仕事を終えるのは夜の10時から10時半近くでした。

② 19時間の労働のあいだに休息あるいは休養のためにどれだけの休憩時間が与えられたか。

——朝食に15分間、午餐に30分間、そして飲料をとる時間に15分間です。

③ その休憩時間のうちのいくらかが機械の掃除にとられたか。

——ときにはこの仕事が朝食の時間、あるいは飲料をとる時間をまるまるとってしまいました。

（平凡社編集部編『西洋史料集成』〈平凡社1956〉p.535より）

　「資本家は利潤を追求し、工場や鉱山で女性や子どもに長時間、低賃金の条件で働くことも強制した」——これは、『わたしたちの歴史　日本から世界へ』(p.31)の本文中に記されている当時の女性や子どもの労働の実態に関する文章である。また、資料1・2の3

資料4　1840年の紡績工場　繊維産業では工場内で働く労働者の多くは、低賃金で雇われた女性や子どもであった。

資料5　産業革命以前の紡績工程（上）と産業革命の時期の紡績工程（下）

枚の図版は同じ教科書に掲載されているものである。

『わたしたちの歴史　日本から世界へ』では、さらに子どもの労働に関する資料（資料3）で当時の様子が示されている。

「工場主は女性や子どもを低賃金で雇った」——こちらは、山川出版社の『歴史総合　近代から現代へ』（p.37）の本文で記されている当時の女性や子どもの労働の実態に関する文章である。また、この文章に関連して資料4の図版が掲載されている。

産業革命以前と、産業革命の時期のそれぞれで労働と家族の関係が変化したことを示す資料として、『歴史総合　近代から現代へ』（p.22）の資料5の図版も参考になった。

## 2　2つの国民

産業革命は、都市への人口集中を生み出し、生活環境を大きく変化させた。

都市での労働者階級の生活は、不衛生で惨めなものであり、中流以上の人々との大きな格差がはっきりとあり、まったく違うものとして認識されていた。

　労働者階級に革命の期待を込めたエンゲルスと、政治家であり小説家でもあったディズレイリは同時代の人である。小説『シビル』の中でディズレイリは、「二つの国民。その間には何の往来も共感もない。……この富める者と貧しき者」と記した❶。


## 3　子どもと女性の労働

　産業革命期に下層の労働者階級に属していた子どもと女性の労働について、以下、いくつかの資料からその実態に近づいてみたいと思う。


### バーミンガムとレスターシャー、ノッティンガムシャーの例

　資料6❷は、子どもが成長し、作業に十分な能力や体格（身長）であると判断されると、すぐに働き手として厳しい労働に従事するようになるという実態を表す資料である。

---

**資料6**

　バーミンガムにも、そのほとんどが家庭内や小規模な作業場ではたらいている多くの子どもの労働者がいた。同市の針製造工場における若年労働者の平均年齢は8歳ないし9歳であったが、1840年代の針製造業では一般に、釘の頭作りは「自分の腕と足を使うこと〔を覚える〕とすぐに」子どもにもできるようになった……「利口な子どもであれば5歳でも、8歳ないし9歳と同じくらい素早くかつ上手にその作業をこなせたが、それほど長くは続けられなかった」といわれた。

　レスターシャーとノッティンガムシャーでは、多くの少女がメリヤス業とレース製造業で働いていた。10歳から14歳の少女についてみれば、そのうちの17%がそれらの産業に従事していたが、いずれの産業

---

もいまだその多くが家内生産の形をとっており、家族ないし拡大家族が労働の単位であった。大きな倉庫の中で手動機械が使われる場合ですら、労働者の間では親族の絆が保持されていた。19世紀の中葉に賃金が低落して親たちが長時間労働を強いられるようになると、子どもたちも同様の事態に追い込まれていった。レスターシャーのメリヤス業の労働者の子どもたちについては、「針を持てる、あるいは糸車の脇に立つのに十分な身長になると……すぐに、かれらは縫物をするか糸車を回さねばならない」といわれた。

## 子どもの労働は、「必要悪」

　児童労働についての一定の考え方が20世紀前半に現れた「必要悪」論であるが、資料7❸はそれに関連するものである。

資料7

　ポール・マントウは、産業革命初期における児童の雇用について、この必要悪論を提唱した研究者のひとりである。マントウによれば、自分の家や作業場で時間に縛られることなく働いていた成人男性には、工場の規律は堪え難いものであった。労働者たちが織物工場を嫌ったために、初期の産業資本家にとっては労働力の獲得が深刻な問題となった。この問題を解決するために、彼らは女性や子どもを雇用した。初期の織物工場にいた子どもたちの多く、おそらくその大部分は救貧税を軽減するために教区から送り込まれた貧民の徒弟であった。子どもたちは成人男性の手ごろな代替物であっただけでなく、多くの点においてむしろより好都合であったとマントウは考えている。

　　ある種の工程においては、子どもたちの身体の小ささや手先の器用さが機械にとって最良の補助となった。彼らはまたその他の、そしてより決定的な理由からも好んで用いられた。力を持たぬがゆえに扱いやすく、大人よりも容易になすがままの服従状態におくことができたのである。彼らはまた非常に安上がりだった。成人の3分の1から6分の1という微々たる賃金の場合もあったし、食事と寝ぐらだけですまされることもあった。そして最後の点と

> して、彼らはたいてい21歳になるまでは最低でも7年間にわたり、徒弟契約によって工場に縛りつけられていたのである。

## 働き始めるには、歳が足りない

働くことができる年齢に達していなかったが、証明書を偽造して子どもを働かせた例が資料8❹である。

---

**資料8**

11歳になる直前に、母は私の出生証明の公式の写しをとってきた。まだ10歳で1873年生だったので、あと1年は炭坑に入ることは許されなかったが、母はペンを取って不器用に証明書の1873年を1872年に書き換えた。この偽造した証明書で、私は仕事を得ることができ、コーンウォール出身の坑夫に付いて小さな鉱山で働き始めた。炭坑では、彼はコーニッシュパスティを食べ、ウェルシュビールを大量に飲んでいた。私の賃金は、週6シリングだった。しかし、このわずかな額でも、家の貧困のプレッシャーを和らげることができた。私は4週間ほど働いたが、炭坑のマネージャーが私のところにきて、とても優しく同情的な調子で、二度と炭坑に来ないようにと告げた。私たちのバブルははじけた。秘密はばれ、母も私も途方に暮れた。

---

## 母親の役目と子どもの労働

母親は、子どもが雇われるために「時間を厳守させる」よう、保護者としての責任を自覚し、戦った。資料9❺はその1例である。

---

**資料9**

母親は、仕方なしにであったとしても、子どもたちに最初の仕事を見つけただけでなく、彼らが雇われるよう戦った。一つの責任は、時間を厳守させることだった。トマス・ウィッテイカーは7歳になる前に糸継ぎ工として綿紡績工場で働き、週に2シリング6ペンス稼いだ。彼は朝5時までに起きて工場まで1マイル歩かねばならず、もし遅れれば2ペンスの罰金だった。大家族であり、夫がしばしば失業すると

---

いう状況下で、彼の勤勉な(賃金稼得者ではないが)母親には、息子のお金がどうしても必要だった。

　そう、遅刻するたびに2ペンス払っていたら給料はすぐになくなってしまう。それで、母は私が朝、時間通りに起きるのを監視するのを仕事にしていた……母は夜寝ていないように思えた。寝ていたとしても、時々、片眼だけで眠っていたのだろう。片眼だけはいつも開いていたのだ。母は夜中にしばしば「トマス、あんた寝てる？」と呼びかけたので、私は「母ちゃん、寝ているよ」と答えるのだった。

## 4　授業案

　この授業案は、現在の勤務校の実情と実践(総合的探究の時間)を踏まえ、一例として考えてみた。使用教科書は『歴史総合　近代から現代へ』(山川出版社)とする。各校の実情に合わせた工夫がさらに必要になるだろう。

導入：5分　p.36〜37の「産業革命の前提とイギリスの特殊性」について、復習を行う。適宜、生徒に発問を行う。また、このあとの授業の流れを確認する。資料をまとめ、3〜4人の班をつくり、班内で発表を行う流れを確認する。

展開1：10分　p.37の「産業革命と社会の変化」を生徒に音読させ、解説を行う。さらに、p.22の「労働と家族」の内容に触れ、講義形式で解説を行う。

展開2：10分　資料6〜9を生徒に読ませ、発表に使う資料を選ばせる。また、発表に備え、資料から読み取れること(要約的な文章)を書かせておく。次の展開でこの資料のまとめを用い、発表で使用する。

展開3：15分　ここで席の近い3〜4人で班をつくり、班の中で発

表を行う。自分以外のメンバーの評価をワークシートで行う。発表時間は、1人1分30秒とする。席を適宜移動させ、班を組み替えて2回行う。2回とも、自分以外のメンバーの評価を行う。自分以外で一番活躍した生徒(MVS：Most Valuable Student)を選び、その理由も書かせるようにする。

まとめ：10分　各班から評価のワークシートを回収する。そのあとで、優れた発表について、全体で共有を行う。


〔参考文献・注〕

❶　角山栄『生活の世界歴史10　産業革命と民衆』河出書房新社　1980、p.286-287

❷　パメラ・ホーン著、藤井透／廣重準四郎訳『はたらく子どもの世界——産業革命期イギリスを生きる』晃洋書房　2021、p.52

❸　C.ナーディネリ著、森本真美訳『子どもたちと産業革命』平凡社　1998、p.50-51

❹　ジェーン・ハンフリーズ著、原伸子／山本千映／赤木誠／齊藤健太郎／永島剛訳『イギリス産業革命期の子どもと労働——労働者の自伝から』法政大学出版局　2022、p.197

❺　ジェーン・ハンフリーズ　前掲書、p.309-310

（大賀　佐和子）

# 2 南部プランテーションから見る奴隷問題

### 黒人奴隷を取り巻く環境

## はじめに

　アメリカ合衆国の黒人の奴隷制度をめぐる問題は、今でもアメリカ社会に根深く残り、政治家は過去の歴史への解釈と対応に迫られている。例えば、南北戦争時の南部の将軍にちなんで名付けられた軍事基地は、バイデン政権下で改名され始めている（2023年6月）。

　多くの歴史総合の教科書では、大西洋三角貿易から始まり、1960年代まで続いた人種隔離政策から公民権運動へと、各時代の黒人を取り巻く状況を幅広く記述している❶。ここでは、独立革命後から南北戦争前の奴隷制に対して、様々な人物の視点、黒人奴隷を取り巻く環境を資料とともに紹介したい。

## 1　独立宣言と合衆国憲法の記述——フレデリック゠ダグラスの批判

　資料1は、ジョセフ゠フーヴァー作「有色人種の英雄たち」（1881年、アメリカ議会図書館蔵）である。

**問1**　(1)絵画の四方は、それぞれどのような場面だろうか？

　　　　(2)11人の肖像画の中で、見覚えがある人はいるか？

　問1(1)について、右上の戦争は、独立革命、米英戦争、米墨戦争などが挙げられるが、絵のタイトルから南北戦争と推測できる。左上の農作業の風景は、綿を摘んでいる様子（綿花栽培）、左下には奴隷解放宣言を喜ぶ人々、右下には学校の授業の様子が描かれている。

資料1

アフリカ系アメリカ人が労働、教育、市民生活への参加を通じてアメリカの繁栄に貢献し、戦争において米国有色部隊での奉仕を通じて連邦を維持したことを全体で示している。南北戦争中の1863年に奴隷解放宣言が出され、戦争後の1865年に成立した合衆国憲法修正第13条により、憲法上では黒人奴隷が解放された。なお、この絵が描かれた1881年には、新たな人種隔離政策が横行していたことには注意すべきである。

　問1（2）について、生徒になじみのある人物は、上部中央左の国旗の中に描かれた顎髭をもつ人物、第14代大統領エイブラハム＝リンカンだけではないだろうか。中央の白髪の人物は、奴隷制廃止運動家として有名なフレデリック＝ダグラス（1818〜95）である。彼の自伝『フレデリック＝ダグラス自叙伝──アメリカの奴隷』（1845年）は、北部アメリカ及びヨーロッパで広く読まれた。彼の母親は黒人奴隷、父親はダグラスの母親を所有していた白人であったという❷。当時、白人男性と黒人奴隷女性の子どもは珍しい例ではなかった。ダグラスは1852年7月5日、前日のアメリカ独立記念日について触

れた演説（資料2）を行った。同じ時期に「アンクル＝トムの小屋」が『ナショナル＝イアラ』という奴隷制度反対の立場の週刊誌に連載されていた。まさに、1850年代は奴隷制廃止へと北部の世論が大きく動いていた時期である。

---

**資料2**

　私は躊躇うことなく、魂の底から、次のことを宣言します。私にとって、この国の品性と行状が、今日この日の独立記念日において以上に邪悪に見える時はない、と。私たちが過去に宣言したことに目を向けようと、現在公言していることに目を向けようと、この国で行なわれていることは、等しく醜悪で、おぞましいものです。アメリカは過去に対して不実であり、現在に対して不実であり、さらには自己をしかめつらく束縛して、未来に対しても不実であろうとしています。

（上岡伸雄『名演説で学ぶアメリカの歴史』〈研究社　2006〉より）

---

**問2　ダグラスは、聴衆に何を訴えたのか？**

　1776年7月4日、第2回大陸会議で、「人々はみな平等に造られ、その創造主によって譲渡できない権利を与えられている。その権利の中には、生命、自由そして幸福の追求の権利がある」という独立宣言を採択した。しかし、「みな平等」に黒人（ほかにも女性や先住民）は入っていない。演説の内容は、白人の祝福ムードを逆手にとり、アメリカの偽善を激しく糾弾している。1787年に採択された合衆国憲法第1条第2節第3項「5分の3条項」でも、黒人は不利な立場に置かれている。下院議員と直接税は、連邦に加わる各州の人口に比例して各州間に配分される。各州の人口は、年期を定めて労務に服する者を含み、かつ、納税義務のないインディアンを除いた自由人の総数に、自由人以外のすべての者の数の5分の3を加えたものとした❸。「自由人以外のすべての者」が奴隷を意味する。なお、5分の3だとしても、それまで含めていなかった奴隷も人口に加えたことで、自由州よりも奴隷州の下院議会の議員定数が増え、

資料3

必然的に連邦議会における奴隷州の発言力が増した。そして、合衆国憲法は、1807年まで第1条第9節第1項において奴隷貿易を保障してしまっていた。では、アメリカ合衆国の建国者たちと奴隷制の関係は、どのようなものであったのだろうか。


## 2　合衆国初期の大統領とプランテーション——建国者たちの功罪

　資料3❹は2020年のBLM（Black Lives Matter）運動の際に話題となった。独立宣言が採択された第2回大陸会議を描いたジョン゠トランブル作「独立宣言」（1818年）の参加者の顔に丸が塗られている。

問3　顔が丸で塗られている参加者の共通点は何か？

　共通点は奴隷を所有していたこと（資料3に描かれている48人中、34人が奴隷を所有）である。「自由と平等の国」を建国したメンバーの功績の影には、それを支えた奴隷たちの労苦があった。

　第2回大陸会議に参加はしていないが、初代大統領ジョージ゠ワシントンも奴隷を所有していた。彼の邸宅であるヴァージニア州「マウントヴァーノン」は、アメリカの国定史跡になっている。ジョージア王朝様式の美しい屋敷や、手入れされた庭園のほかに、奴

隷たちの住居も復元され「奴隷墓地」の標識もある。1759年から1799年までの40年間で、このプランテーションでは約50人から約300人に奴隷数が増加した。年代に注目すれば、独立宣言後も奴隷が増えていたことがわかる。そして、第3代大統領トマス＝ジェファソンの邸宅である世界遺産「モンティチェロ」も広大な領地であったため、ここで働いた奴隷数は延べ600人を超える。2人の邸宅をGoogle mapで確認すれば、イメージがわきやすい。ヴァージニア王朝と呼ばれるほど、初期のアメリカ大統領は大規模なプランテーション（と奴隷）を所有する特権階級出身であった❺。合衆国初期の36年間のうち、32年間の大統領は奴隷所有者である❻。

　独立宣言の起草したジェファソンは、奴隷制度に賛成していたのか。資料4を読み、問題の複雑性を考えたい。結果的には削除されたが、ジェファソンは独立宣言の文章の最後に、黒人奴隷貿易を激しく非難した一条項を書いていた❼。

---

資料4

　国王（ジョージ3世）は、人間性そのものに反する残忍なたたかいをおこない、いまだかつて、かれに逆ったことのない僻遠の地のひとびと（アフリカ黒人）の、生命と自由という最も神聖な権利を侵犯し、かれらを捕えては西半球の奴隷制度のなかに連れこんでしまうか、あるいは運搬の途上にて悲惨な死にいたらしめた。

(本田創造『アメリカ黒人の歴史　新版』〈岩波新書　1991〉より)

---

問4　僻遠の地の人々とは、誰のことか？

　アフリカ大陸の人々、すなわち黒人奴隷を指す。この条項について、ジェファソン自身が『自伝』の中で次のように述べている。

　「奴隷の輸入をこれまでも決して抑制しようとせず、そればかりか今後ともそれを続けようとしたサウスカロライナとジョージアの機嫌をそこねないために……」第2回大陸会議で書き加えた部分は削除されてしまった。注意すべき点は、この2州で大きな力を持つ

プランテーション所有者を、北部のニューイングランドの奴隷貿易商人が強く支持した点である。奴隷解放運動において、北部は奴隷解放の立役者というイメージがあるが、奴隷貿易を行っていたのは主に北部の商人である❽。

## 3　綿花王国の誕生——最盛期を迎えたプランテーション

ヴァージニア王朝を支えたプランテーションには転機がある。

問5　(1)南部プランテーションでは、何が栽培されたか？

(2)資料5から読み取れることは？

プランテーションと言えば、資料1の左上ような綿花栽培を想起することが多い。多くの教科書でも綿花栽培の風景画が掲載されている。しかし、当初はタバコ・コメ・砂糖・麻などであった。三角貿易の図には、アメリカからヨーロッパへの輸出品目に砂糖やタバコの記述が多い。では、

資料5　綿花生産高（500ポンドの梱）

| 年 | 生産高（梱） | 年 | 生産高（梱） | 年 | 生産高（梱） |
|---|---|---|---|---|---|
| 1790 | 3,135 | 1814 | 146,290 | 1838 | 1,091,838 |
| 1791 | 4,180 | 1815 | 208,986 | 1839 | 1,651,995 |
| 1792 | 6,270 | 1816 | 259,143 | 1840 | 1,346,232 |
| 1793 | 10,449 | 1817 | 271,682 | 1841 | 1,396,821 |
| 1794 | 16,719 | 1818 | 261,233 | 1842 | 2,033,354 |
| 1795 | 16,719 | 1819 | 349,007 | 1843 | 1,748,231 |
| 1796 | 20,899 | 1820 | 337,378 | 1844 | 2,076,737 |
| 1797 | 22,989 | 1821 | 376,176 | 1845 | 1,804,223 |
| 1798 | 31,348 | 1822 | 438,871 | 1846 | 1,602,087 |
| 1799 | 41,797 | 1823 | 386,625 | 1847 | 2,126,208 |
| 1800 | 73,145 | 1824 | 449,321 | 1848 | 2,612,299 |
| 1801 | 100,313 | 1825 | 532,915 | 1849 | 2,064,028 |
| 1802 | 114,943 | 1826 | 731,452 | 1850 | 2,133,851 |
| 1803 | 125,392 | 1827 | 564,263 | 1851 | 2,796,365 |
| 1804 | 135,841 | 1828 | 679,206 | 1852 | 3,127,067 |
| 1805 | 146,290 | 1829 | 762,800 | 1853 | 2,763,304 |
| 1806 | 167,189 | 1830 | 731,452 | 1854 | 2,705,252 |
| 1807 | 167,189 | 1831 | 804,598 | 1855 | 3,217,417 |
| 1808 | 156,740 | 1832 | 815,047 | 1856 | 2,870,678 |
| 1809 | 171,369 | 1833 | 929,990 | 1857 | 3,008,869 |
| 1810 | 177,638 | 1834 | 961,338 | 1858 | 3,754,346 |
| 1811 | 167,186 | 1835 | 1,060,711 | 1859 | 4,541,285 |
| 1812 | 156,740 | 1836 | 1,127,836 | 1860 | 3,837,402 |
| 1813 | 156,740 | 1837 | 1,426,891 | 1861 | 4,485,893 |

Lewis Cecil Gray, *History of Agriculture in the Southern United States to 1860, Vol.II* より

綿花はいつから主な栽培作物になったのか。資料５は綿花の生産高を年代順にまとめた表である。なぜ、1800年代から綿花生産高が飛躍的に伸びているのか。産業革命の授業で扱っていれば、1793年ジョージア州でイーライ＝ホイットニーが綿繰り機を発明したことが、要因だとわかる。綿花の種子が粘着性だったことにより、この種子を取り出すことが大変で、１人の奴隷が１日作業しても１ポンドの綿しか処理できなかった。しかし、この綿繰り機の登場により、１日50ポンド、すぐに150ポンドの処理が可能となった。

　1850年には、黒人奴隷の全体の４分の３が農業労働者で、内55％が綿花を生産にたずさわるまでとなった。残りの10％はコメや麻、砂糖をつくり、同じく10％がタバコを栽培し、農業労働以外の奴隷の多くは、油の製造や材木の伐採など、工場や鉱山で働いた❾。

　南部のプランテーションは活性化し、奴隷制は19世紀の西漸運動に伴って南と西に急速に広がった。「明白な天命」（マニフェスト＝ディスティニー）は、19世紀アメリカ合衆国の西部への領土拡大とそれに伴う西漸運動を、神から与えられた使命であるとして正当化する考えである。この考えを象徴する資料６のジョン＝ガスト作「アメリカの進歩」（1872年、アメリカ西部オートリー博物館蔵）は、様々な読み解きができる絵画である。何が描かれているかを確認したあと、さらに問６について考えたい。

問６　「アメリカの進歩」では描かれていないが、本来この絵の中
　　　に描かれるべきものは何だろうか？

　資料６から西漸運動の犠牲となったものを考えた時、描かれているバッファローやインディアンに焦点が当てられるが、開拓された土地は広大なプランテーションになっている。西漸運動の拡大の影に、黒人の苦役があったことを忘れてはならない。

　こうして、ノースカロライナ州南部からテキサス州東部にかけての肥沃な黒土地帯は「綿花王国」になった。アメリカ合衆国の輸出

資料6

品（ほとんどイギリス向け）は大半が綿花となった。南部の綿花生産
高は世界の6割に達し、主にニューヨークの海運業者を介してイギ
リスに送られ、ランカシャーなどの工場で織物に加工された。綿花
の価格はリヴァプールなどで決定された❿。

　サウスカロライナ州のジェームズ＝ハモンドが1858年3月に上院
議会で述べたことが、当時の様子を物語っている。

資料7

　「もしも、3年間、少しの綿花も供給されないとしたら、どのよう
な事態が起るだろうか。……イギリスは完全に倒壊し、他の文明世界
もすべてそのまきぞえにしてしまうであろう。だが、南部だけは別で
ある。綿花にむかって戦争をしかけられるものが、はたしているだろ
うか。いや、だれも、いないのだ。およそ、いかなる権力も、綿花と
戦争することなど、できないのだ。綿花は王者である！」

（本田創造『アメリカ南部奴隷制社会の経済構造』〈岩波書店　1964〉より）

問7　資料7から、アメリカとイギリスはどのような関係だったと
　　考えられるだろうか？

イギリスは奴隷貿易や奴隷制度の廃止を他国より先駆けて成立させた。しかし、19世紀の大英帝国の出現には、アメリカ南部プランテーションの奴隷制度が大いに寄与したことは否めない。

前述のダグラスもプランテーションで働く奴隷の1人であったが、「地下鉄道」と呼ばれた逃亡路を利用して、北部へと逃げた。逃亡後に執筆した自伝で、いかに南部のプランテーションが恐ろしい場所かを記し、反奴隷制の嘆願書や新聞を印刷し、講演に走りまわって他の逃亡者のために資金を集めた。

**問8　資料8のポスターは、どのような内容か？**

資料8は逃亡奴隷に賞金（150ドル）を懸けた1838年のポスターである。奴隷の特徴や捕まえた場所で賞金が変わっていることなどが読み取れる。ダグラスと同じく、南北戦争前に多くの奴隷が所有者から自力で、または支援者のネットワークを駆使して逃げ、現状を変えるべく奴隷解放運動に参加していった。

資料8

### おわりに──黒人奴隷問題を扱う難しさ

本稿が扱った時代は、「白人」が展開した政治史を中心とする授業になる場合が多い。生徒は黒人奴隷問題もまた白人の歴史の一部と理解してしまうことがある。それを回避するためにも、資料を利用して、この時代を多角的に捉えることが必要でないだろうか。

黒人奴隷問題についてはアメリカ合衆国を筆頭に、様々な国の教

育系サイトや博物館、図書館のウェブサイトで資料の閲覧が可能である。また、授業における「問い」を掲載し、授業づくりに助言しているサイトもある**⓫**。是非、参考にしていただきたい。

〔参考文献・注〕

**❶** 山川出版社の教科書『歴史総合 近代から現代へ』では、p.40に独立革命時の南部の社会構造、p.53-54に西部開拓から南北戦争に至るまでの流れに合わせて、奴隷問題についても記述している。

**❷** フレデリック・ダグラス著、樋口映美監修、専修大学文学部歴史学科南北アメリカ史研究会訳『アメリカの奴隷制を生きる──フレデリック・ダグラス自伝』彩流社 2016

**❸** 米国大使館（アメリカンセンター Japan）<https://americancenterjapan.com/aboutusa/laws/2566/>（2024年2月1日閲覧）

**❹** ジョン゠トランブル作「独立宣言」(1818年) に赤丸をコラージュして奴隷所有者を示した画像作品を、アーレン゠パーサ @arlenparsa がX（旧 Twitter）に投稿（2019年）したもの。

**❺** 奥田暁代『アメリカ大統領と南部──合衆国史の光と影』慶應義塾大学出版会 2010

**❻** 野村達朗『大陸国家アメリカの展開』(世界史リフレット32)山川出版社 1996

**❼** 本田創造『アメリカ黒人の歴史 新版』岩波新書 1991

**❽** 本田創造 前掲書

**❾** ジョナサン・アール著、古川哲史／朴珣英訳『地図でみるアフリカ系アメリカ人の歴史──大西洋奴隷貿易から20世紀まで』明石書店 2011

**❿** 貴堂嘉之『南北戦争の時代 19世紀』(シリーズアメリカ合衆国史②) 岩波新書 2019

**⓫** 全米人文科学基金 <https://edsitement.neh.gov/teachers-guides/african-american-history-and-culture-united-states>（2024年2月1日閲覧）

（小松 晃典）

# 3 開国による貿易の始まりと日本経済への影響

## はじめに

　日本の近代化のターニングポイントと言えば、「ペリー来航」であろう。教科書では、ペリー来航から始まる欧米諸国との通商、それに伴う不平等条約の締結（片務的な最恵国待遇、関税自主権の欠如、領事裁判権の承認）について言及し、アジアの秩序からヨーロッパの秩序に移行する過程が述べられている。以降、欧米諸国との間で結ばれた不平等条約を撤廃することは、明治政府の対外交渉の課題となった。

　「開国」によって、日本はヨーロッパを中心とした自由貿易の影響を直に受けることになる。いわゆるウェスタンインパクト（「西洋の衝撃」）である。日本はそれまでの「四つの口」を窓口にした東アジアを中心とした貿易体制（いわゆる「鎖国」体制）から、箱館・兵庫（神戸）・長崎・神奈川（横浜）などを新たな窓口としたヨーロッパの経済システムに移行する。

　旧課程日本史Bでは、「開国」と合わせて諸外国との不平等条約と攘夷運動の記述があり、明治政府成立後は幕末の条約が外交課題として残ったというつながりが意識されている。歴史総合においては、日本の開国はアジア全体の一部として、特にアジア秩序の崩壊として強く意識されている。山川出版社の教科書『現代の歴史総合　みる・読みとく・考える』では、「清の開港と日本の開国によって、東アジアはどのように変わったのだろうか？」というテーマの問い

が立てられており、中国と日本の比較の中でアジアの基層的秩序の崩壊が学習の中心として展開される。

　本稿は、従来の日本史Bの「日本の開国による商業・貿易構造の変化」と、歴史総合における「アジアの中の日本」を意識しながら、日本の開国とその影響をまとめてみたい。


# 1　欧米諸外国のアジアへの接近と幕府の対応

## 香港総督ジョン＝ボウリングの渡来予告と日本の対応

　1854年、幕府はアメリカのペリーとの間で日米和親条約を締結したものの、通商条約を拒絶することには成功した。しかし、アジアはすでにイギリスを中心とした自由貿易の経済システムに組み込まれる渦中であった。

ジョン＝ボウリング
（1792～1872年）

　イギリスと清との間でアヘン戦争が勃発して、イギリスが勝利すると、1842年、両国の間で南京条約が締結された。条約の結果、清は上海を含む5つの港を開港し、香港を割譲した。さらに、翌年には五港通商章程・虎門寨追加条約によって、関税自主権を喪失し、領事裁判権と片務的な最恵国待遇を承認させられた。イギリスは以降、開港地を拠点に東アジア海域での活動を活発化させ、測量などを目的として日本列島や朝鮮半島にも頻繁に姿を現すようになった。

　1854年、イギリスは東アジアの自由貿易促進を目指し、ジョン＝ボウリングを香港総督に任命した。当時、香港総督は香港の植民地経営を行うため、貿易監督官・中華全権大使・海軍司令長官の3つの職を兼任し、対アジア政策を推進する地位であった。1855年、イ

ギリスとシャム（現タイ）との間でボウリング条約が締結された。この条約は南京条約の追加条約と同様、自由貿易の原則、低関税（一律３％）、領事館の設置と治外法権を認める不平等条約である。シャムは自由貿易を推進するイギリスと、経済的に強く結びつくことになった。

　1856（安政３）年、ボウリングは、長崎に入港するオランダ海軍提督ファビウスを通じて、幕府に対して２カ月後に渡来することを予告した。オランダはこの機会を利用し、イギリスとシャムとの間で締結されたボウリング条約の内容を幕府に提示した上で、日本との通商開始を実現しようとした。幕府はボウリング渡来時の対応を検討する中で、貿易の可否を本格的に調査する体制を整え始める。

　結果的にクリミア戦争の影響によって、ボウリングが来日することはなかったが、1857（安政４）年、長崎に派遣されていた外国貿易取調掛の岩瀬忠震・水野忠徳らは、オランダ総領事クルティウスを相談役として「通商」規定を含む日蘭・日露追加条約を締結した。この追加条約以降、幕府は自ら「鎖国」の幕を閉じ、1858（安政５）年のアメリカ総領事ハリスとの間で結ぶ日米修好通商条約に至る。

　以上の点からも、幕府はヨーロッパ諸国、特にイギリスのアジアでの動きを警戒しながら行動していることがわかる。アメリカの動きも注目されるべきであるが、アヘン戦争以降のイギリスの東アジアでの行動の活発化が、幕府に大きな影響を与えていることを見過ごすことはできない。


### 米シャム条約と日米修好通商条約

　初代駐日総領事となったハリスは、東洋貿易に従事した商人だった。ペリーと幕府との間で結ばれた日米和親条約は自由貿易の規定が含まれておらず、アメリカとしては当初の目的を果たしたわけではなかった。そこで東洋の文学にも精通したハリスを抜擢し、日本

との通商条約締結をはかろうとした。

　1856年、ハリスはヨーロッパからインド経由で日本に向かう途中、シャムとの条約交渉を行った。アメリカとシャムとの間には、1833年に米シャム条約（ロバーツ条約）が結ばれていたが、前述の1855年にイギリスとシャムとの間でボウリング条約が締結されたことで、実質的に無効になった。そこで、新たにシャムとの間で通商条約を結びなおす必要がでてきたのである。

　締結の際、ハリスはシャムに対して「アメリカとイギリスの東洋に対する外交政策の違い」を強調したのが特筆される。イギリスはシャムの隣国ビルマとの間で戦争を繰り返しており、シャムを刺激していた。この状況から、アメリカはシャムに対して領土的野心をもたないことを確認し、両国の利益に資する貿易を期待し、米シャム条約の改定にこぎつけた。

　アメリカの外交方針は、日本に対しても同様であった。ハリスは1856年に勃発したアロー戦争を引き合いにし、イギリスには領土的野心があることを幕府にほのめかし、あくまでアメリカの目的は通商であることを強調した。イギリスの動きを警戒する幕府は、大老の井伊直弼の下、天皇の勅許を得ないまま条約に調印し、1858（安政5）年、アメリカと日本との間に通商規定を含めた日米修好通商条約を締結した。

　通商条約を結び、日本の開国と貿易をリードしたアメリカであったが、1861年から始まる南北戦争によって、アジア貿易からは一時後退した。アジア市場からアメリカがいなくなった中で、イギリスが対日貿易を本格化させた。以降、イギリスが日本の最大の貿易相手国となり、またその後の明治新政府誕生に関わることになる。

## 2　通商の開始と国内経済の変化

### 生糸と横浜「売込商」

1858（安政5）年に、日米修好通商条約が締結され開港地が新たに定められ、中でも横浜は貿易港として大きく発展する。

もともと開港予定地であった神奈川は東海道沿いの宿場町であったため、外国人と日本人との接触を恐れた幕府は、沼地の多い一寒村であった横浜を港として整備することにした。1859（安政6）年の貿易開始に先立ち、幕府は横浜の町割りを実施。新たに造られた「横浜」の町には、江戸から出店を命じられた「門閥の豪商」と、開港場での商いを希望する「冒険投機商」の2つのグループが形成された。

入港船もわずかであった小さな港は、欧米諸国からも期待されていなかったにもかかわらず、日本全体の貿易額の7割ないしはそれ以上を占める大発展を遂げる。

日本の貿易の主力商品は生糸であり、横浜は生糸の輸出港として発展した。横浜の生糸の商いは主に「冒険投機商」と評される「売込商」たちが担った。中でも亀屋原善三郎、野沢屋茂木惣兵衛、甲州屋篠原忠右衛門らは、横浜の商界をリードすることになる。

売込商の多くは地方出身者で、地の利を活かして生糸を産地で直接買い付けて、外国人商人へ売り込んだ。郷里の豪農と連携しながら商いをした売込商らにより、横浜には関東・信濃を中心に大量の生糸が集積され、輸出された。

しかし、日本国内に流通する生糸の量が減少し、物価高が生じると、1860（万延元）年、幕府は五品江戸廻送令を発令し、雑穀・水油・蠟・呉服・生糸の五品については、各地の生産地から直接に横浜に送荷するのを禁じ、江戸への積み廻しを命じた。幕府はこの廻送令を実施するにあたり、いわゆる江戸の問屋商人を中心とする従

来の流通機構を擁護し、頼ろうとしたのである。

　五品江戸廻送令は、雑穀・水油・蠟・呉服の４品目については物価価格の下落に功を奏した。しかし、輸出の主力商品であった生糸に関しては、売込商と諸外国からの反発を受ける。1864（元治元）年には江戸問屋の買取り制は廃止され、幕府による貿易統制は失敗に終わる。

　横浜を舞台に、外国と取引をする新たな商人が国内から登場したことで、日本経済は外国と強いつながりをもつようになった。特に売込商を介して、外国と地方の生産地がつながりをもったことで、幕府は貿易の統制をすることができなっていく。国内から登場した「売込商」らの活動によって、徐々にヨーロッパの自由貿易システムの中に入っていったことがわかる。

### 日本と中国の貿易の違い

　日本では売込商の活躍により、日本の国内の農村も自由貿易体制と結びつくことになったが、一方で彼らの存在が日本と諸外国とを隔てる「防壁」の役割も果たしていたといえる。

　1858年、中国がイギリスとの間で結んだ天津条約では、外国人商人は商用旅行も自由に認められていた。一方で日本の修好通商条約の規定では、外国人が居留地以外で商行為をすることを一切認めていなかった。外国人は居留地以外の日本国内で商取引することはできなかった。また、日本と欧米人との間では言語や制度の違いから、直接交渉が難しかった。そのため、欧米人は中国人の買弁を雇って、日本人商人との仲介を担わせていた。

　輸入においても、江戸・大坂・京都の大商人と、横浜・在地商人との間で為替や取引機構があり、外国人商人が介入する余地を与えなかった。生糸の貿易においても、日本の売込商や三都商人に資本が蓄積された。このように、中国が外国人商人の国内進出を許した

のに対して、日本は居留地の中だけに抑えた違いは大きい。

しかし、欧米との貿易で中国は黒字だったのに対して、日本は赤字の状態であった。また、イギリスからの綿製品が日本に大量に輸入されたことで、国内の綿糸産業は圧迫された。

### 金銀比価問題への対応

開港による影響は、経済を支える貨幣経済にも影響を与えた。それは欧米諸国とアジアで使用する金貨の価値の違いから生じた問題であった。

1840年代後半から、アメリカ・ロシア・オーストラリアの各地で金鉱が見つかり、ゴールドラッシュとなった。日本が開港しようとした頃は、イギリスはすでに金本位制へ移行し、国際金本位制を成立させていた。一方アジアでは、銀貨を中心とした貿易であった。そのため、欧米諸国はアジアとの取引の時には金貨を銀貨に換える必要があった。

1857（安政4）年、アメリカのハリスとの間で下田協約が結ばれて、貨幣の「同種同量の原則」（同じ種類のものは、品位にかかわらず同じ重さの貨幣と交換できる）が定められ、洋銀ドル1枚＝一分銀3枚とされた。さらに安政の五カ国条約でも貨幣交換について取り決めが確認された。しかし、当時金銀の交換比率が日本は1：5、外

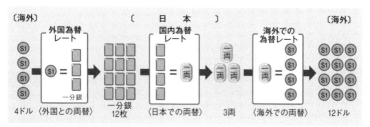

幕末の金銀交換比率

国では1:15と異なったため、幕府は金銀比価の違いを利用され、金貨が流出することを懸念した。そこで幕府は開港日前日の1859（安政6）年6月1日に、貿易取引に必要な貨幣については、外国の比率に合うよう、銀の含有量を減らした安政二朱銀を発行した。しかし、ハリスやオールコックからの抗議を受けたことで、3週間で発行停止となり、従来通りの金銀比価での取引となった。

　イギリスのジャーディン＝マセソン商会やデント商会などの有力商社はアジアの拠点である上海から横浜へ多額の資金を送り、金貨買付を行った。日本からの金の流出が起こり、半年間で10万〜50万両の金貨が流出したと推定されている。『ヤング＝ジャパン』(J.R.ブラック著、1880年刊)によると、

　　　待ち望んだ取引にあたっては、殺到し、互いにつかみ合いまでしながら、厚かましくも、本人の名前で要求できる額を最大限に要求してしまっても、そのうえに架空な名前で追加要求した。このこと自体、争奪戦という性質を示した。

と述べられ、日本の金貨流出の激しさがうかがえる。

　勝海舟も、『海舟日記』「文久3 (1863)年11月26日条」に金貨流出時の横浜の状況を記している。

　　横浜遊歩、此処の外国居家皆広大、一家大抵五千両に下たらす、聞く、今此処にて一ドルの価、我三十五匁二・三分、外国之コンシュル幷諸役軍乗組之士官等、運上所にて我か貨幣と引替ゆる時は、旧約によって三歩（分）宛なり、此故に彼官吏等此引替にて一弗一歩（分）方銀の利益あり、大抵上官なと唯銀幣引替にて一ケ年得る処の利、二・三万弗に至る、爰を以て其居家の如き、此利益にて足る、我か政府如此の事を改正する能ハす、区々として私利を得らる、歎息すへし

　横浜では、外国商人だけでなく領事や軍艦の乗組員までもが、貨幣の引き換えをして利益を得ようとしていたことがわかる。また、

幕府がこれに対して対策を講じることができていないと憂いている様子がうかがえる。

　1860（万延元）年、幕府は金貨流出を抑えるため、万延の貨幣改鋳を行い、金貨の重量を3分の1に減らして金銀比価を国際水準に合わせた。万延二分金が大量に発行されたことで、諸外国への金貨流出は一応終息した。しかし、国際水準に合わせた貨幣改鋳を行ったことで、日本国内では急激なインフレを招いた。貿易による物価高と合わさって、価値の不安定な貨幣が発行されたことにより、生活を圧迫された庶民による「世直し一揆」が頻発し、幕府崩壊の一因となった。


## おわりに

　歴史総合として「近代化」を理解する上で、ウェスタンインパクトがアジア全体にどのような変化や影響を与えたのかを理解するのは重要な視点である。特にイギリスと大国「清」との間で勃発したアヘン戦争以降、アジア全体、また日本はどのように欧米諸国と接することになったのか。それまでのアジア的秩序が崩壊する過程は、アジアや日本の近代を理解する際に身につけておきたい視点である。

　本稿では、清以外に、シャム（タイ）の関係も含めることで、東アジアが西洋的ないわゆる条約体制に組み込まれることを意識した。日本の開国もこれら一連の東アジアの変化の中で起きた出来事であることを、生徒に理解させたい。

　アジア的秩序が崩壊する中、清はその後も王朝体制を維持するのに対して、江戸幕府は終焉し明治維新へと展開する。この違いは、幕府がこれまでの封建制度的な経済活動・貨幣制度などを維持できなくなるが故であるが、その過程も視野に入れることは、ほかのアジア諸国と比較検討をする際にも有用であるだろう。

欧米諸国の接近とアジア秩序の崩壊、そして日本の近代化は、現在の我々の経済・政治上の基盤となっている。日本の開国を通して、欧米とアジアの比較、過去と新しい制度との比較を行ったり、今日にどのような課題があるのかを考えたい。

〔参考文献〕
石井寛治／関口尚志『世界市場と幕末開港』東京大学出版会　1982
石井孝『明治維新と自由民権』有隣堂　1993
石井孝編『横浜売込商　甲州屋文書』有隣堂　1984
井上勝生『日本の歴史18　開国と幕末変革』講談社　2002
柿崎一郎『物語タイの歴史──微笑みの国の真実』中公新書　2007
後藤敦史『開国期徳川幕府の政治と外交』有志舎　2015
嶋村元宏「〈講演録〉アジアの中の日本開国」(『開国史研究』 9 号　2009)
高橋秀悦「幕末・金貨流出の経済学「海舟日記」に見る「忘れられた元日銀総裁」富田鐵之助(4)」(『東北学院大学経済学論集』185号　2015)
並木頼寿『世界の歴史19　中華帝国の危機』中公文庫　2008
日本銀行金融研究所貨幣博物館ウェブページ「日本貨幣史」<https://www.imes.boj.or.jp/cm/history/content/#HistoryModern>(2024 年 2 月 1 日閲覧)

（井上　渚沙）

# 4 「日露戦争」を通じた歴史教育の一指導法について

### 生徒自ら学びを深めるアプローチ

## はじめに

　世界史の教員として教鞭をとるようになってから十数年。筆者の大学での専攻は法律学で、どちらかと言えば公民科の政治・経済が専門分野であり、世界史を含めた地理歴史科の科目を本格的に学び始めたのは教鞭をとり始めてからである。当初、生徒による授業評価では「教科書通りなら誰でもできる」「ノートの分量が多すぎる」「予備校のようなプリント学習にしてほしい」といった厳しい意見が多数寄せられた。そこから、「生徒たちにとって有益かつ歴史に興味を抱ける授業とはどのようなものか」を命題と考え、様々な文献を読み、同期採用の先生たちと情報交換し、時には有料の教員対象の学習セミナーに通うなど、少しでも授業のヒントとなるものがないかと、常にアンテナを張り行動してきた。筆者のように、本来の専門とは異なる科目を担当することになり、様々な情報を得たいと思い、この本を手に取って読んでいる方も多いのではないだろうか。そこで、筆者が歴史総合の授業を行う上で最初に手にしたのは、学習指導要領であったと伝えたい。

　平成30年度告示の学習指導要領（以下、新学習指導要領）では、智・徳・体にわたる「生きる力」を生徒に育むための具体化が教育課程全体を通して求められるようになった。筆者は「知識・技能」の習得、「思考力・判断力・表現力等」の育成、「学びに向かう力・人間性等」の涵養の３つの柱に基づき、歴史総合の科目の学習内容

や評価を整理していった。そして、歴史を学ぶ本質的な意義は社会的事象に照らし合わせた「見方・考え方」を働かせ、課題追究や課題解決へ導くことが必要であると明記されたことから、従来の「知識偏重」の歴史教育から脱却する方法として、「問い」の設定の重要性を痛感した。

　ただし、日々の教材研究において、教科書の項目ごとに専門書を紐解き「問い」を作成していこうとすると膨大な時間がかかるため、全国の書店や学校図書館に並んでいる比較的入手しやすくて読みやすいと思われる資料を参考にしながら、テーマを絞っていった。

　実際、筆者が1学年全8クラス(各クラス35人)の歴史総合の授業で取り上げた「日露戦争」についての学習を、一つの授業案としてここで提示してみる。

# 1　導入：「日露戦争」を思い出そう

　今回取り上げた「日露戦争」は日清戦争と並列して指導するが、日清戦争と比べるとぼやけてしまう感が否めない。日清戦争は帝国主義に入る時代の戦争として、日本が「完全勝利」したもので、アジア諸国の中で欧米列強へ大きく近づいたことを象徴するものであった。具体的には下関条約により、清から賠償金2億両の支払いを受け、遼東半島および台湾・澎湖諸島を獲得するなど、目に見える成果があったと教えることができるし、また、我々も学生時代にそのように学んできた。そのため、日本の対外戦争の中では鮮明に記憶に残りやすい出来事である。

　けれども、日露戦争はポーツマス条約で日本側の主張がほぼ認められたが、「臣民たちにとって」目に見える成果(賠償金)は得られず、その後の国内情勢は不安定な状況へ向かうことになる。すでに小学校および中学校の歴史の授業で日露戦争について学習している

生徒たちは、大きな枠組みもしくは特定の人物で記憶している傾向にある。

そこで、歴史総合の授業では、従来の歴史の授業とは異なるアプローチをすることで、日露戦争の意義を明瞭化することができないか、試みることにした。

## 2　作業：「日露戦争」について知っていることを書き出そう

次の資料1は、実際の授業で使用したプリント教材の一部分である。授業の最初に学習テーマとそれに関するキーワードを提示することで、授業内容がより明確化されると考える。

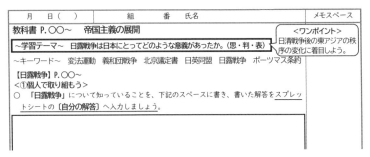

資料1

そして、今回の授業展開で活用したのが、Google classroom（以下、classroom）である。新学習指導要領に移行した2022年度入学の生徒たちに、1人1台情報端末をもたせることが決まり、普段の授業で活用させることが求められるようになった。本校では chromebook 端末を導入しているが、classroom を活用することで、話し合い活動を端末上で可視化し、データとしても保存できるメリットがあると考えた。

まずは、クラスを4人（3人のところもあり）1組の班に分け、

〈①個人で取り組もう〉で、生徒たちに日露戦争に関して記憶している知識をプリントに記入させた。そして、その内容を、Googleスプレッドシートの「【１】自分の解答」(資料２－１・２－２)の解答部分に入力するように指示した。指導者の事前準備としては、classroom内に各クラスの班別スプレッドシートを作成し、生徒たちが自由にアクセスできるようにしておく。プリントに記入ができた生徒から、随時スプレッドシートにアクセスして解答を入力するように促す。この際、指導上の留意点は、「自分が記憶している日露戦争の内容について書くことが大切で、量の多い少ないは関係な

**【１】自分の解答＜取り組もう①＞**

| 氏 名 | 解　　　　　答 |
|---|---|
| | 東郷平八郎の司令のもと、バルティック艦隊を破り、勝利。ポーツマス条約を結んだ。ロシア側は、ユーラシア大陸を大きく回ってくる必要があったため、不利だった。 |
| | 日本とロシアとの間で朝鮮半島での利権をめぐって起きた。日本は日英同盟を後ろ盾としていた。日本は旅順や日本海戦で勝利したが互いに戦争を続けることが困難となり、アメリカの仲介でポーツマス条約を結んだ。しかし、賠償金を得る事ができなかったので国民は不満を抱き日比谷焼き討ち事件などの暴動が起きた。 |
| | 日清戦争のように明確な決着がつかなかったが日本がギリギリ勝利した。しかし、賠償金を得ることができなかったので日本国内で不満がたまる。またこの戦争ではアメリカが仲介をしたのでアメリカでポーツマス条約が結ばれた。 |
| | 1904年 ロシアの南下が原因。一応勝利。ポーツマス条約　賠償金はなし |

資料２－１

**【１】自分の解答＜取り組もう①＞**

| 氏 名 | 解　　　　　答 |
|---|---|
| | 満州と朝鮮人をめぐり起こった日本とロシアの対立。ポーツマス条約で大連や旅順の租借権を手に入れたが、賠償金が払われなかった。そのことに払えを立てた国民は日比谷焼き討ち事件を起こした。 |
| | 韓国をめぐった、日本とロシアの対立。講和条約はポーツマス条約。日清戦争では賠償金を得ることができたが、この条約では賠償金を得ることができなかった。賠償金を貰えないことに、戦争で増税や労働者の搾取など苦しい思いを強いられていた民衆が暴動を起こす。(日比谷焼き打ち事件)この戦争が有利になったきっかけは日本海戦(対馬付近?)。東郷平八郎の戦艦。日本は日英同盟を結んでいたイギリスで製造された戦艦を使う。これでロシアのバルチック艦隊を倒す。 |
| | 南にでたいロシアと日本のあいだでおこった戦争、日本はこの戦争にそなえて、1902年に日英同盟を結んだ。この戦争では、東郷平八郎らが活躍した。また、ポーツマス条約が結ばれたが賠償金が払われず、国民の不満がたかまった。 |
| | 条約を結ぶときアメリカが仲介人になった。犠牲が出ただけで賠償金はもらえず領土ももらえなかった。それはロシアが日本に負けたわけではないから。東郷平八郎が指揮を取って世界最強のロシアのバルチック艦隊を倒した。 |

資料２－２

い」「教科書や資料集はすべて閉じておく」など、周りと比較しないことや、調べて記入する必要がないことを十分に伝えることである。

資料２−１・２−２は、それぞれ別のクラスで実施した際の解答の一例であるが、個人によって内容にばらつきが見受けられる。

## 3　班別活動：“知識の共有”で思考力を養う

生徒たちが記憶している日露戦争が書き出されたら、次は班別活動に移る。それぞれ日露戦争についてどのような記憶をもっているかを、話し合うところから始める（資料３）。

```
<②班で考えてみよう>
○　<①>に入力したことについて、それぞれ話し合いをして、記憶している〔知識の共有〕
　　をしましょう。話し合いで気づいた点は、下記のスペースにメモをしておきましょう。
```

資料３

ここで生徒たちが話し合い活動をすることで、“気づき”を得ることができると考えられる。生徒は自分が記憶している知識と、班のメンバーが記憶している知識とを比較することで、相違点があることに“気づく”ことができる。どの班でも散見されたことだが、必ず自分の記憶している知識が他者と相違している点があることに“気づき”、そこから話し合い活動が生まれる。これは、新学習指導要領で示された３観点の１つ目である「知識・技能」の評価規準の捉え方につながる。従来の学習指導要領で示されていた４観点の「知識・理解」の評価規準は、生徒自身が“知識を得て理解する”であるが、ともすればインプットだけで終わってしまうことが少なからずあったように思われる。しかし、新しい評価規準は“得た知

識を自身の技能としてアウトプットすることができる"がポイントであると考えられる。今回の班活動は、今までの学習で得た知識を、班活動に活かすことで、その能力を高めることができる。

　次の資料4－1・4－2は、前掲の資料2－1・2－2で各自がシートに入力した日露戦争の知識について、班によっては司会者が現れたり、話をまとめて入力する者が現れたりと、班のメンバーどうしが議論し、班としての答えをまとめた結果である。

【2】班の答えをまとめる作業（解答を合わせ、情報量を深めていきましょう）

| 班員氏名 | 解　　　答 |
|---|---|
| ■■■ | 不凍港を手に入れたい露が南下政策をしてきたため日本が応戦する形で始まり、旅順侵攻や日本海海戦を経て日本が優勢であったが両国の国力が底をついたので米の仲介があり、ポーツマス条約で韓国における日本の優越権をロシアに認めさせたほか、樺太全島や旅順・大連の租借権など、さまざまな領土や権益を得たが、賠償金は得られず、国民の不満が高まり日比谷焼き討ち事件が起きた。 |

資料4－1

【2】班の答えをまとめる作業（解答を合わせ、情報量を深めていきましょう）

| 班員氏名 | 解　　　答 |
|---|---|
| ■■■ | 1904年～1905年に起こった満州と朝鮮半島をめぐった、日本とロシアの対立。東郷平八郎が指揮をとった日本海海戦で戦争が有利に傾いたおかげで日本が勝利。講和条約はポーツマス条約で、アメリカが仲介人になった。内容としては、大連や旅順の租借権を得るなどした代わりにロシアからの賠償金はなかった。被害が大きかったこともあり、賠償金が貰えないことに国民は不満を抱え日比谷焼き討ち事件が起こった。 |

資料4－2

　2つの班の解答は、①日露戦争が起きた背景、②戦争の経過、③戦争後の日本の様子と時系列にきちんと捉えられており、それぞれの班で内容がより正確に深まったことがわかる。さらに、シートを確認していくと、興味深い解答の班もあったので紹介する。

　資料5－1の班は、社会主義者や思想・文学を中心としたまとめになっているが、戦争に対する"怒りの思い"が込められていると感じられたため、班の生徒たちに話し合い活動の様子を聞いてみた。すると、現在のヨーロッパやアジアの情勢（2022年2月からのロシアとウクライナの戦争や、近年相次ぐ北朝鮮によるミサイル発射実験など）を見ると、日本に住む我々一人ひとりが戦争に無関心では

ならず、きちんと考え方や意思を示さなければならず、そのために
は過去の歴史から学ぶことが大切であり、しっかりと議論をしてい
かなければならないという強い思いの下に班のメンバーで考えて解
答したという。

【2】班の答えをまとめる作業（解答を合わせ、情報量を深めていきましょう）

| 班員氏名 | 解　答 |
|---|---|
| | 日英同盟を結ぶ。中国の義和団事件をきっかけに起こった。開戦後、社会主義者の幸徳秋水や、キリスト教の立場の内村鑑三等が戦争を反対する声を上げた。歌人の与謝野晶子は、「ああ弟よ、君を泣く、君死にたもうことなかれ」と詠った。海上戦のあとアメリカの仲介を経てポーツマス条約が結ばれた。しかし、賠償金がなかったことなどを理由に増税で苦しんでいた国民が反発し、日比谷焼き討ち事件が起こる。日清戦争と比べて膨大な戦費や、多くの死傷者を出した。 |

資料5－1

また、資料5－2の班は、話し合いの声がほとんど聞こえず、
chromebook に向かっている状況であった。この班だけが静かな状
況を不思議に思い、班のシートを確認してみると、シート下部のセ
ルを利用してコメントが縦に積み重なっていた。こちらも班の生徒
たちに聞いてみると、独自の話し合い方法を考え出したようである。

【2】班の答えをまとめる作業（解答を合わせ、情報量を深めていきましょう）

| 班員氏名 | 解　答 |
|---|---|
| | 1904年：日本vsロシアの戦争で、朝鮮半島を巡って開戦。戦争が長期化し、お互い物資が不足しアメリカの仲介がありポーツマス条約締結により終戦した。完全な決着がつかなかったために賠償金が得られなかった。それにより国民の反感を買ってしまい、日比谷焼き討ち事件が起きた。 |
| | 日露戦争の原因わかる人いませんか |
| | 朝鮮半島の取り合いが原因だったと思います |
| | それだ！ |
| | ありがと！ |
| | どういたしまして！ |
| | これもう全体共有にあげて大丈夫？ |
| | 賠償金がなかったとかいれたほうがいい気がする |
| | おっけ　いれた！ |
| | なんか足りないと思ったことあったらバンバン入れちゃって！ |
| | これ改行してもいい？ |
| | いいよ！ |

資料5－2

話し合い活動で出てきたコメントをチャット形式でどんどん積み
重ねて記録していくことで、次にシートを開いた時にどのような話

し合いをしていたかを時系列に確認することができ、さらには授業時間以外であっても、どこにいても班活動ができ、便利だということであった。

## 4　授業者の意識変革の必要性

　前項の資料2・4は、授業者は入力用のフォーマットを整えただけで、実際に知識を共有し、3観点の2つ目にあたる「思考力・判断力・表現力」の能力を発揮したのは生徒たちである。従来の授業は、教科書の記述とそれに関する教材を授業者が準備し、それらを教えることで学習を深めようとすることが多かった。けれども、新学習指導要領で示された3観点を達成するためには、従来のいわゆる教授型の授業では限界があると考えさせられるようになった。

　右の資料6は、ビゴーの有名な風刺画である。軍服を着ているロシア兵と刀を持っている日本兵、その後ろには、イギリス人とアメリカ人がおり、日本兵を後ろからロシア兵に向かって押し出している

資料6

場面である。生徒たちの日露戦争に関する解答がスプレッドシート上でまとまった時点でこの資料6を提示し、続いて次の作業を指示した。

① 　日露戦争について、資料を見て改めて考えを深めてみよう。教科書・資料集を用いてもよいし、"文字"で扱われたものであれば、どのような資料でもよいので、この出来事を知る資料としてどんなものがあるか、班で挙げてみよう。
② 　日露戦争のような戦争は、現在でも世界で起こっているのだろう

か、班で考えてみよう。

　これは、生徒たちが適切な資料を探して活用することができるようになることで、3観点の3つ目にあたる「主体的に学習に取り組む態度」が身につくと考えたためである。

　また、授業の最初で次のことを筆者は生徒たちに指導している。それは、「歴史とは"文字"が誕生した時代から、今のこの時代までを含む記録であり、"文字"が無い時代は先史（考古学や地質学など）になる」ということで、今の自分たちが学習に使用している"文字資料"には、一体どのようなものが存在するかを考えさせている。あるクラスの班別の回答結果をまとめてみた。

〈35人学級・全9班〉

　インターネット（8）　　教科書（8）　　写真（7）

　歌集・詩・手記・日記（6）　　新聞（5）

　博物館・歴史資料館の活用（5）　　建造物・石碑（3）

　漫画（2）　　貨幣（2）　　そのほか多数

　※（　）は解答した班の数を表している。

　筆者の予想以上に多くの解答が導き出されたことは非常によかったが、これら膨大な情報を精査する力を身につけることが今後は重要であるということを指導し、この時間の授業を終了した。


## 5　考察とまとめ

　新しく始まった歴史総合の授業で、筆者は年度途中より学年全クラスの指導をすることとなり、別の担当者との間でばらつきのあった指導内容を一度リセットする必要に迫られた。そこで、学年全クラスの指導に切り替わったタイミングで、指導法を大きく変えることとした。それが、授業者の一方向からの教授型ではない、生徒自

らが今までの学習で積み上げてきた知識を「主体的・対話的で深い学び」によってアウトプットする授業であった。歴史総合は日本史探究・世界史探究へつながる科目という認識の下、ここでは深い知識を学び取ることに重きを置かず、あくまでも、新学習指導要領で示された３観点の表記の順に沿って授業展開することをベースに、高等学校での学びとは何かという意識づけを行うことに力を注いだ。今回取り上げた「日露戦争」は、小学校や中学校の学習で比較的に記憶に残っているテーマであったと考える。

　今後、この授業方法をほかの既習内容の中で活用していくことを実践していきたい。

〔参考文献〕
○教科書
『高等学校　歴史総合』第一学習社　2022
『歴史総合　近代から現代へ』山川出版社　2022
○一般書
神野正史『ゲームチェンジの世界史』日本経済新聞出版　2022
髙橋洋一『図解　新・地政学入門──世界の「今」を読み解く！』あさ出版　2022
結城将行／東根伸幸『新・し・い高校教科書に学ぶ大人の教養　歴史総合』秀和システム　2022
歴史学研究会編『「歴史総合」をつむぐ──新しい歴史実践へのいざない』東京大学出版会　2022
渡辺惣樹／茂木誠『教科書に書けないグローバリストの近現代史──日本は「国際金融資本＋共産主義者」と闘った』ビジネス社　2022

（角田　義彦）

# 5 「中国」の成立に日本人はどう関わったのか

### 知られざる支援者たち

## はじめに

「わたしが最も慚愧に堪えないのは、わが国に国名がないことである」

これは、清末・民国初期の知識人梁啓超の論文『中国史序論』(1901)の一文である。戊戌の政変で弾圧されて日本に亡命した梁啓超は、祖国が存亡の危機にあるという切迫感から、いかにして同胞の危機感を喚起するかという課題に向き合っていた。「中国」という語は、特定の国家や民族を表す固有名詞というより「世界の中央にある(我々の)領域」といった意味であり、「国の名前」とは「大漢」「大明」などの王朝名であった❶。梁啓超は先の論文の中で、中国の歴史をどのように呼ぶかという問題に関して「外国人のいう支那などは、われわれが自ら名づけた名ではない。王朝名でわが歴史を呼ぶのは国民を重んずるという趣旨に反する。……中国・中華などの名はたしかに自尊自大の気味があり、他国の批判を招くかもしれないが、……『中国史』と呼ぶことを選びたい」と述べている。「中国」という語は、こうした思想の潮流の中で、王朝交替を超えた連続性のある国の名前として❷、近代的ナショナリズムの中で成立したと考えることができるだろう。

梁啓超のように当時新しい「中国」を目指した多くの人々が日本を訪れ、学び、活動した。そして、少なからぬ日本人たちが新国家建設を志す「中国人」たちを支援した。しかしながら、その後の日

中戦争や冷戦などもあってか、こうした人々の関わりは、辛亥革命までの孫文を除き、教科書ではあまり触れられてこなかった❸。日本の中国侵攻と敗戦という事象の影で、多くの日本人たちが新中国成立に協力したことに注目する授業を提案したい。

## 1　日清戦争敗戦の衝撃と日本への留学生派遣

1903年頃の梁啓超

　1894年に起こった日清戦争は、19世紀末の出来事の中で東アジアの国際関係に最も大きな影響を与えた事件であった。巨大な清が、「東夷」の小国である日本に敗北したという衝撃にとどまらず、その後の両国の立ち位置を決定する重大な分水嶺となった❹。戦勝国の日本は、近代化を推し進めて列強への道を歩み、敗戦国となった清は、列強による進出をゆるす事態となったからである。

　このような危機的な状況から、中国人留学生の日本への派遣が日清戦争後の1896年に始まった。洋務派官僚の張之洞は「一年間の洋行は三年間の読書に勝る」と述べ、日本の興隆も外国留学の成果を活かしたからだと考えた❺。では、留学先として日本が注目されたのはなぜだろうか。

　梁啓超は『日本文を学ぶ利益』の中で次のように述べている。

　　哀時客は日本に亡命滞在して数カ月、日本語の文章を学び、
　　日本語の書籍を読んだおかげで、いままでみたことのない書物
　　が、次々眼前にあらわれ、いままでつきつめたことのなかった
　　学理が、頭脳に躍動した。……日本は維新以来三十年、世界に
　　ひろく知識を求めて、翻訳・著述した有用の書物は数千種を下
　　らない。……日本文を学べば、数日にして手応えがあり、数カ

月たてば大きな成果があって、日本の学術がすっかり自分のものになるのである。……日本文は……ひっくり返して読み、普通に使うカナの接続詞・助詞を書き出しておき、よく見て覚えるようにしておけば、日本語の書物をすらすら読むことができるようになる。わたしは『和文漢読法』という本をまとめた。……❻

　日本が留学先に選ばれた理由は、日本が欧米の学問、技術を導入してきた経験を参考にできると考えたこと、中国人にとって西洋語よりも日本語の方が理解しやすかったこと、清の統治体制を維持する上でも立憲君主制を確立した日本は、共和制の欧米諸国に比べて安心して留学生を送り出すことができたことなどが挙げられる。さらに1905年、科挙制度の廃止に伴い、留学先の学位を科挙の合格資格に振り替える措置がとられると、翌年には日本留学生は１万2000名に達した❼。

　留学生たちは日本で様々な体験をしたが、日清戦争や義和団戦争を経て、日本人の中国人への優位意識が強まっていたため、快くない体験もしたようである❽。また多くの留学生が「中国」の立ち遅れを象徴するものとして辮髪を切り落としたが、これを警戒した清は日本政府を通じて取り締まりに乗り出した❾。当時、清国内には租界や租借地など、官憲の手が及びにくいところがあり、政治的に失脚したり、反政府活動を起こしたりした者は、こうした場所に避難したが、それでも清が反逆者たちの身柄拘束を租界当局に要求する可能性もあったので、そうした人々は日本や東南アジアなど近いところに亡命した。長崎・神戸・横浜といった主要な開港場に華僑社会があった日本は、いわば革命家たちの避難場所であった❿。こうしたことから中国人留学生が革命思想に傾斜するのも自然な流れだったといえる。

## 2　孫文を支えた日本人

　「中国革命の父」と呼ばれる孫文は、ハワイで興中会を立ち上げて以降、清朝打倒の革命運動を始めていた。1895年、29歳の孫文は、香港で27歳の日本人貿易商と出会う。その日本人の名は、梅屋庄吉という。庄吉は長崎に生まれ、貿易業と精米所を営む梅屋家に養子に入り、14歳で上海に渡るなど冒険心に富んだ若者だった。2人は

孫文と梅屋夫妻（小坂文乃所蔵）

欧米列強の圧迫の中で東洋人の連帯を唱えて意気投合し、梅屋はこう言ったと伝えられている。「君は兵を挙げよ。我は財を挙げて支援す」❶。

　広州での武装蜂起に失敗してお尋ね者となった孫文は海外を転々とすることになるが、1897年の来日では社会運動家の宮崎滔天や政治家の犬養毅、玄洋社の頭山満などの支援者を獲得した。支援者の中には、革命にゆれる動乱を日本の大陸進出の好機と考える者もあったが、孫文は欧米列強とアジアが対峙する中での中国と日本という観点から、日本人の運動支援に期待した❷。その後、孫文は、広東・広西を清朝の統治から切り離して独立させる計画を何度か企図したが失敗する。

　梅屋も孫文への支援が発覚したため1904年にシンガポールに渡るが、ここで出会った映画を日本に持ち込み、東京にMパテー商会を設立して興業を成功させた。梅屋は映画ビジネスで得た巨額の私財を孫文らの革命のために惜しみなく投じた❸。

　折しも日露戦争の日本の勝利によって、アジア各地の独立運動が

勢いづいたことを感じ取っていた孫文は、1905年、宮崎や頭山らの支援の下、宋教仁や黄興のいた華興会、章炳麟のいた光復会、自ら率いていた興中会を合併させて中国同盟会を結成した。

　1911年に辛亥革命が勃発して各地に反乱が飛び火すると、日本政府は明確な態度を示せなかったが、民間人の支援者には革命に加わる者もいた。梅屋は、玄洋社の萱野長知に7万円を託して黄興の革命軍に参加させ、撮影隊も派遣した。梅屋が撮影させたフィルムはのちに孫文に贈られ、現在も記録映画として残っている❶❹。

　清朝の宣統帝を退位させることで、孫文から臨時大総統を譲られた袁世凱はやがて独裁を強め、1913年には革命派を弾圧し、宋教仁は暗殺された。孫文らは武装蜂起し、梅屋も武器調達に協力するが、蜂起は失敗して孫文は再び日本に亡命した。翌年、孫文は中華革命党を結成するが、専制的な姿勢から黄興ら古い同志の離反も起こっていた。失意の孫文を見かねた梅屋の仲立ちにより、浙江財閥の娘の宋慶齢との結婚が執り行われたのは1915年のことである❶❺。

　1919年に中華革命党を中国国民党へと改組した孫文は、翌年、南方の地方軍と連携して広東軍政府をつくるが、内部抗争が絶えず、権力基盤は不安定であった。こうした孫文に救いの手を差し伸べたのがソ連である。孫文は、周囲の反発を抑えて国共合作を成立させ、北京政府と交渉を行うため北上する途上、日本に立ち寄り、いわゆる「大アジア主義講演」を行った。これは北京で病死する前の孫文最後の訪日であり、日本へのメッセージであったとされている。


## 3　蔣介石を援けた日本人

### 軍人蔣介石

　中国から日本への留学生がピークを迎えるのは1906〜08年の日露戦争直後であるが、清国政府は革命派の軍事学習得を防止するため、

軍学校は官費留学生に限っていた。1907年より東京振武学校❻で学び、次いで新潟県高田の日本陸軍の連隊で1年弱の実習を受けたのが蔣介石である。東京振武学校の出身者には、中国共産党の設立者の陳独秀、のちに直隷派の軍閥を率いる孫伝芳、北伐で蔣介石と結んだ軍閥の閻錫山、中国国民党で蔣介石の側近となった張群や何応欽らがいる。

　辛亥革命が起こると、帰国した蔣は革命軍に参加するが、袁世凱の弾圧で日本に亡命し、孫文の中華革命党に参加した。広東軍政府においてはソ連の赤軍を視察し、黄埔軍官学校の校長となって自前の軍事力をもたない孫文を支える役割を果たした。孫文死後は、中国国民党による国民革命軍を率いて北伐を行い、1928年に張学良を降してひとまずの全国統一を達成した。

　蔣は孫文とは異なり、国共合作を解消して中国共産党へ壊滅的な打撃を与えていたが、西安事件を機に「一致抗日」へと転換し、アメリカを巧みに動かして日本を連合国との全面戦争に追い込んだ。

　日本降伏後の国共内戦でも、当初はアメリカの支援の下、国民党軍が優勢であった（資料1）。しかし共産党軍は、旧満洲における日本の資産を接収できたこと、土地改革で農民の支持を拡大させたことなどが功を奏して内戦に勝利し、国民党軍は台湾に撤退することになった❼。

資料1　内戦勃発時の国民党と共産党の力量対比表

| 項目 | | 数量 | 比例 |
|---|---|---|---|
| 兵力 | 共産党 | 1,200,000人 | 1：3.58 |
| | 国民党 | 4,300,000人 | |
| 地区面積 | 共産党 | 2,285,800km$^2$ | 23.8% |
| | 国民党 | 7,311,720km$^2$ | 76.2% |
| 都市 | 共産党 | 464都市 | 23% |
| | 国民党 | 1,545都市 | 77% |
| 人口 | 共産党 | 136,067,000人 | 28.6% |
| | 国民党 | 338,933,000人 | 71.4% |

（天児慧『中国の歴史11　巨龍の胎動』より）

### 日本人軍事顧問❽

戦時中、駐蒙軍司令官であった根本博は、1945年8月15日以降も

攻撃を継続するソ連軍に対し、支那派遣軍総司令官からの武装解除と停戦命令を現実的でないと判断してソ連軍を撃退し、日本人居留民数万人を守り抜き、軍民の内地帰還を成功させていた。その背景には、蔣介石が引揚げに協力的だったことも影響しており、根本は蔣に恩義を感じていたという。

1949年、第7代の台湾総督であった明石元二郎の子、明石元長は、国共内戦における国民党軍の敗北が決定的であることを知ると、台湾を支援する計画を進め、根本に白羽の矢を立てた。蔣介石と関係のあった根本は、密かに台湾への密航を決意。根本と面会した蔣介石は、アメリカの軍事支援が打ち切られる中、協力の申し出を受け入れたという。

根本は、対岸の厦門を維持することは不可能であると説き、金門島（資料2）を拠点とすることを提案する。根本を中心とする日本人軍事顧問団の作戦指導もあり、1949年10月27日、国民党軍は金門島を死守することに成功。翌年の6月に朝鮮戦争が勃発したこともあり、中国共産党軍は台湾を征服して全土を統一する機会を失った。現在も台湾政府は、金門島の主権を維持している。

資料2　金門島の位置

## 4　「留用」された日本人⑲

敗戦による日本人の外地からの復員・引揚げは、軍民合わせて600万人以上に及ぶが、民間人の引揚げが最も多かったのが旧満洲である。その中には、戦後も中国に留められ、働くことを強要され

た人々がいた。その数は8000人とも1万人ともいわれ、戦後8年以上も協力者として働かされた。それが「留用」である。

　留用に特に熱心だったのが共産党軍であった。国民党勢力と比べて劣勢だった共産党勢力は、教育のない地方の農民を主体としており、知識や技術をもつ者が不足していた。

　留用された者の中で、最も多かったのが医療従事者である。医師・看護婦、傷病兵を運ぶ担架兵などが軍との行軍を強いられた。また、日本が旧満洲で莫大な投資を行って開発した生産工場や各種施設、鉱山等を確保・運営することは重要な戦略的課題であり、これらを稼働させる鉄道・鉱山・港湾・工場などの様々な技術者が留用された。現場での肉体労働に従事させられた労働者も存在した。軍人・軍属も例外ではなく、留用されたパイロットや航空機整備員は、中国空軍の創設の大きな力となった。留用された日本人たちは、新中国建設に大きな貢献をしたといえるだろう。

　筆者は、この「留用」という言葉を2003年にNHKで放送された番組「留用された日本人」で初めて知ったが、約20年を経過した現在でも、まとまった研究はあまりない状態であることは残念に思う。

## おわりに

　「中国」という概念は、近代的なナショナリズムの中で生まれたものであり、その形成にあたって陰に陽に影響を与えてきたものの1つに日本との関わりがある。現在の中華人民共和国が成立の正統性を、抗日戦争の勝利に求めていることもまた事実である。

　そうした日中の近現代史を振り返りながら、新たな対外拡張政策をとる現代中国と日本はどう対峙するか、考える足がかりとする授業を提案したい。

　「「中国」の成立に日本人はどう関わったのか」をメインクエスチ

ョンとして、5つのサブクエスチョンを授業ごとに提示した。教員が用意した資料や文章を読み解きながら、問いについて考え、自分の答えを記述することが目標である。適宜、グループワークや発表を取り入れながら、生徒どうしの活動で考えが深まるように、教員がファシリテートしたい。

| 時 | 問い | 学習活動のポイント |
|---|---|---|
| 1 | Q　清の変法派や革命派、留学生は、なぜ日本へ渡ったのだろうか。 | 当時の資料を読み解きながら、日本留学の利点をまとめる。 |
| 2 | Q　孫文の革命運動は、なぜ成功しなかったのだろうか。 | 孫文の革命運動の特徴を調べて、長所と短所を考えてまとめる。 |
| 3 | Q　共産党は、なぜ内戦に勝利できたのだろうか。また、なぜ台湾を併合できなかったのだろうか。 | 国共両軍の強みや弱みを調べながら、国際情勢も交えてまとめる。 |
| 4 | Q　日本の敗戦で大陸にいた日本人は、どのようになったのだろうか。 | 引揚げに関する資料を調べて、帰還がどのように行われたかをまとめる。 |
| 5 | Q　現代の中国の拡張主義に対して、日本はどのように対応すべきだろうか。 | 領土問題や中国の軍事大国化、台湾有事について日本の対応を考えさせる。 |

〔参考文献・注〕

❶　尾形勇／岸本美緒編『中国史　上』山川出版社　2019、p.13-14

❷　尾形勇／岸本美緒編　前掲書、p.17-18

❸　例えば教科書『歴史総合　近代から現代へ』(山川出版社　2022)の場合、中国人を支援する日本人が登場するのは「辛亥革命」(p.95)で「孫文と日本の友人たち」というキャプションと写真があるのみである。

❹　尾形勇／岸本美緒編　前掲書、p.107

❺　菊池秀明『中国史10　ラストエンペラーと近代中国』講談社　2015、p.131、および川島真『近代国家への模索』(シリーズ中国近現代史②)

岩波新書　2010、p. 69

❻　岡本隆司／石川禎浩／高嶋航編訳『梁啓超文集』岩波文庫　2020、p. 123-129

❼　菊池秀明　前掲書、p. 131、および川島真　前掲書、p. 69

❽　川島真　前掲書、p. 95

❾　菊池秀明　前掲書、p. 134-135

❿　『特別展　孫文と梅屋庄吉』東京国立博物館　2011、p. 9

⓫　小坂文乃「辛亥革命秘話　孫文と梅屋庄吉」(『特別展　孫文と梅屋庄吉』東京国立博物館　2011、p. 14-15)

⓬　尾形勇／岸本美緒編　前掲書、p. 124

⓭　小坂文乃　前掲論文、p. 15-16

⓮　小坂文乃『梅屋庄吉の生涯――長崎・上海で、孫文と庄吉の足跡を探す』長崎文献社　2012、p. 59-65

⓯　菊池秀明　前掲書　p. 179-181

⓰　石川禎浩『革命とナショナリズム』(シリーズ中国近現代史③)岩波新書　2010、p. 14-15

⓱　久保亨『社会主義への挑戦』(シリーズ中国近現代史④)岩波新書　2010、p. 25-28

⓲　門田隆将『この命、義に捧ぐ――台湾を救った陸軍中将根本博の奇跡』集英社　2010、p. 25-31・38-55・119-132・143-146・192-195

⓳　NHK「留用された日本人」取材班『「留用」された日本人――私たちは中国建国を支えた』日本放送出版協会　2003、p. 3・29・80・142・218・254

（鈴木　健司）

# 6 略奪文化財は誰のものか

## 植民地支配が現代にもたらした課題

## はじめに

　1870年代半ばから1914年までの時期は「帝国主義の時代」と形容され、列強を中心とする国々が各地に進出して領土的拡大や植民地支配を推し進めていった。一方で1960年代以降になると多くの国々が独立を果たしたことで、植民地は地球上からほとんど姿を消し、帝国主義支配は一見すると消滅したようにみえる。

　教科書『歴史総合　近代から現代へ』（山川出版社）は、帝国主義を産業革命との関係で概念的に説明し、続いて列強各国の内政の動きと合わせながら帝国主義を理解する構成になっている。しかし、これだけでは帝国主義が現代社会に与えた影響を考えるには不十分である。植民地支配は現代社会と無関係な過去ではない。本稿では、帝国主義支配を現代的な諸課題につながる歴史事項として位置づけ、文化財の所有権を通した学習から、植民地支配を再考する授業について、提案を行いたい。なお、学習指導要領における大項目Ｂ「近代化と私たち」の中項目(4)「近代化と現代的な諸課題」を想定している。

## 1　「帝国主義」は何を変えたのだろうか

### 「帝国主義」とは何か

　「帝国主義」という概念を簡潔に定義すると、「ある国家が、ほか

の国家や地域の資源や市場を支配することを目的として行う植民地支配や侵略行為」といえる。この用語が広く知られるようになったのはレーニン『帝国主義論』(1916)によってであるが、それ以前にこの用語を用いていたのはイギリスの経済学者ホブソンやオーストリアの経済学者ヒルファーディングであった。資本主義国は大企業経済を成立させ過剰な資本を蓄積させた結果、必然的に海外に資本を輸出するようになるというような説明が『歴史総合　近代から現代へ』(山川出版社)でもされているが、これは元をたどればホブソンやヒルファーディングらの理論に基づく説明である。

　しかし、「資本主義の必然的帰結」として帝国主義・植民地支配を論じた彼らの主張は、金融資本の影響が少なかったセシル゠ローズのケープ植民地経営や、戦略的発想から植民地経営を進めたアメリカ合衆国の例(地理的視点からマニラ港を必要とした)を考えると、やや一面的であるとの批判もある。帝国主義は資本主義国がとりうる政策の1つであるという見方も見逃すことはできない❶。資料1❷についても考えてみたい。

---

資料1

　あからさまな植民地主義はおおむね終わりを告げている。いっぽう帝国主義は……特定の政治的・イデオロギー的・経済的・社会的慣習実践のみならず文化一般にかかわる領域に、消えずにとどまっている。

　　(E. W. サイード著、大橋洋一訳『文化と帝国主義1』〈みすず書房　1998〉より)

---

### 現代に残された課題

　現在の世界には植民地はほとんど存在せず、少なくとも政治的独立は基本的に実現している。しかし、植民地の歴史を清算することは非常に難しい。現代社会に残された課題としては、以下のようなことがある。

⑴　不平等な経済・社会構造の継続。南北問題と呼ばれる先進国と開発途上国の経済格差は、帝国主義支配や資本主義経済がもたらした課題の1つである。

⑵　領土問題や民族紛争、人種差別の温床をつくり上げた。帝国主義時代に恣意的に決められた境界線が、現在の国境線にも引き継がれていることが多く、しばしば対立を生んでいる。また「優れた白人」と「劣った黒人・黄色人種」という認識を広め、現在の人種差別問題にもつながっている。

⑶　開発による環境破壊や資源の乱用。帝国主義支配が進んだ19世紀末から20世紀にかけての時代は産業革命の進展も合わさって、環境破壊を急激に加速させた。国家によるあからさまな帝国主義支配は影をひそめた現代ではあるが、グローバル企業による独占が進んでいる情勢、そして持続可能性が叫ばれる昨今を考えると、私たちにとって帝国主義支配は無縁の過去とはいえない。

⑷　文化的侵略の残存。植民地時代には先住民の言語や文化が否定され、宗主国の言語や文化が強制的に押しつけられた。さらに建築物や美術品を破壊・収奪するなど、ある民族の過去と未来を否定する行為がみられた。今でも英語やフランス語が公用語となっている旧植民地は多くあり、失われた現地語も多い。帝国主義支配とは、民族の集団的アイデンティティを奪い、集合的記憶を伝える物や文化を消滅させることでもあった。

## 2　植民地の独立

資料2　国連による植民地独立の推進（1960年12月の植民地独立付与宣言）
3　政治的、経済的、社会的または教育的な準備が不十分なことをもって、独立を遅延する口実としてはならない。
5　信託統治地域、非自治地域その他のまだ独立を達成していない全

ての地域において、これらの地域人民が完全な独立と自由を享有で
きるようにするため、いかなる条件または留保もなしに、これらの
地域人民の自由に表明する意志および希望に従い、人種、信仰また
は皮膚の色による差別なく、全ての権力をこれらの地域人民に委譲
する迅速な措置を講じなければならない。

（歴史学研究会編『世界史史料11』〈岩波書店　2012〉より）

　第二次世界大戦が終わると、植民地は独立を果たしていった。最
も大きな動きがあったのは「アフリカの年」と呼ばれる1960年で、
アフリカに17の独立国が成立した。

　独立までの過程は各国で様々だったが、武力闘争や戦争によって
独立を達成した国の典型としては、旧フランス植民地だったインド
シナ（第二次世界大戦中は日本による支配）やアルジェリアなどがあ
る。前者はインドシナ戦争やベトナム戦争を通じて、1976年にベト
ナム社会主義共和国として独立を達成した。後者はアルジェリア戦
争を通じて1962年に独立を果たした。

　一方で、政治的独立を達成したのちにも経済的な従属関係や軍事
同盟を通じた新しい関係が生じることもあった（新植民地主義）。例
えばアメリカ合衆国が自国に都合のよい傀儡政権を擁立させたグア
テマラやニカラグアはその典型である。資料2❸で語られる「全て
の地域において、完全な独立と自由」を実現させる上での困難は何
か、実現のためにどうすべきかが、私たちに残された課題だといえ
るだろう。

## 3　授業実践——「略奪文化財は誰のものか」

　歴史総合の授業にはいくつかの特性があるが、ここでは「問いを
中心に構成する学習の展開」と「現代的な諸課題の形成に関わる近
現代の歴史を考察する学習」を重視した実践を検討する。

〈問いによる学習展開のイメージ〉

[まとめ]
文化財をめぐってどんな対立があるのだろう？
原産国の人々にとって文化財はなぜ重要なのだろう？
文化財は誰のもの？

[展開]
略奪された文化財は誰のもの？
それは返還すべき？

[導入]
なぜ大英博物館には、世界中の文化財があるのか？

**導入**：なぜ大英博物館には、世界中の文化財があるのか？

　大英博物館は世界各地の歴史的遺物や美術品を約800万点も収蔵する世界最大規模の博物館である。しかし、収蔵品の中にはその所有権をめぐって争いがある文化財も少なくない。有名なものとしては、1801年にイギリスが手に入れたロゼッタ＝ストーンや、1868年にイースター島から持ち出されたモアイ像などがある。本稿ではアテネ（ギリシア）のパルテノン神殿から取り外された「パルテノン＝マーブル（通称エルギン＝マーブル）」と呼ばれる諸彫刻を中心に取り上げる。

パルテノン＝マーブル関係年表

| 西暦 | 出来事 |
|---|---|
| B.C.432 | パルテノン神殿完成 |
| 1458 | アテネをオスマン帝国が併合（メフメト2世の治下） |
| 1801 | オスマン帝国のスルタンの勅令を得て、イギリスの外交官エルギン伯トマス＝ブルースが彫刻の引き剝がし作業を開始 |
| 1816 | 彫刻の所有権がイギリス政府へ |
| 1821-30 | オスマン帝国からの独立戦争でギリシアが独立 |

パルテノン＝マーブルについては、朽木ゆり子『パルテノン・スキャンダル——大英博物館の「略奪美術品」』❹に詳しいが、複雑な来歴をもつ文化財である。当然ながらギリシア政府は大英博物館に返還を求めているが、博物館やイギリス側は当時アテネを統治していたオスマン帝国との合法的な契約の下に取得したという主張で要求に応じていない。資料3〜5には、それぞれの立場からの意見が述べられている。

---

**資料3　ギリシャの文化大臣の新聞コメント（1983年）**

　これは単に法律的、技術的な問題ではありません。道徳問題なのです。ギリシャ人にとって、パルテノン・マーブルは国民的な観念、育まれた記憶、そして私たちの文化史の貴重な部分を意味しています。それは私たちの魂であり、ギリシャの精神風景です。

**資料4　イギリス　サッチャー政権の正式回答（1984年）**

　当時承認されていた正当な政府との間に交わされた交渉の結果、……コレクションは、政府によって購入され、議会法によって大英博物館の評議員会に無期限に授与されたものだ。

**資料5　第三者的立場からの分析（要旨）「エルギン・マーブルを考察する」**
　　　　ジョン・ヘンリー・メルマン（1985年）

　ギリシャが追求しているマーブル返還の基盤となっている論理には、2種類ある。ひとつは、それがエルギンによって不当に持ち出されたものであり、法的あるいは道徳的にイギリスには属していないとする主張。第二は、もしそれがイギリスのものであるとしても、いまとなってはギリシャに返還されるべきである、という主張だ。

　　　　　　（朽木ゆり子『パルテノン・スキャンダル——大英博物館の「略奪美術品」』
　　　　　　〈新潮社　2004〉より）

---

　授業の導入段階では、パルテノン＝マーブルをめぐる来歴と争点を明確にしておく必要がある。その際、長らくギリシアがオスマン帝国の支配下にあり、イギリスは彫刻の持ち出しについてオスマン

帝国の許可を得ていたこと（彫刻の引き剝がしについても黙認された）、その後、ギリシアがオスマン帝国から独立したことを確認しておく必要がある。

展開：略奪された文化財は誰のもの？
　文化財が現在の場所に置かれている経緯は、盗掘・略奪・売買・交換など様々である。しかし近年、欧米各国では旧植民地に起源をもち、略奪など違法行為によって取得した文化財については返還する動きが広がっている。奴隷制や植民地支配の負の遺産を見直す流れの１つともいえるだろう。

　では、何をもって「正当な」獲得と判断できるのだろうか。帝国主義（植民地支配）という歴史的背景の下で入手した異国の文化財を現在まで所有し続けることの妥当性が問われている。資料６〜８❺は略奪文化財に関する諸国際機関の方針である。

---

資料６　文化財の不法な輸入、輸出及び所有権移転を禁止し及び防止する手段に関する条約(1970年、ユネスコ条約)
第11条　外国による国土占領に直接又は間接に起因する強制的な文化財の輸出及び所有権移転は、不法であるとみなす

資料７　国際博物館会議イコム職業倫理規程
文化財の返還：博物館は、文化財をその原産国またはその国民に返還するための話し合いを開始する態勢を整えているべきである。……
文化財の復帰：原産国もしくはその国民が、国際および国の協定の原則に違反して輸出あるいは譲渡され、かつ、それが当該国または国民の文化または自然遺産の一部であることを示すことができるような資料または標本の復帰を求めるときは、関係博物館は、法的にそうすることが自由にできるならば、その返還に協力するため速やかかつ責任ある手段を講じるべきである。

---

　パルテノン＝マーブルの正当性を検討する場合、オスマン帝国がイギリスに彫刻持ち出しの許可の勅令を与えた背景には、オスマン帝国領であったエジプトからフランス軍を追い出すために、イギリスがオスマン帝国を支援したという当時の国際情勢を踏まえる必要がある。さらに重要なのは、オスマン帝国が出した勅令では「石のかけらや像を持ち去ること」は許可されていたが、「神殿から引き剝がして持ち去る行為」が許可されたわけではなかった。また引き剝がしの過程でパルテノン神殿の一部が破壊されてしまっている。イギリス政府は現在でも獲得の合法性を主張するが、勅令からの逸脱行為があったことは明らかである。オスマン帝国はこうした行為を黙認したため、彫刻の引き剝がしは確かに当時の国際法からいえば合法といえるだろう。逸脱行為に関しても、オスマン帝国からの抗議がなく黙認されたため法的に問題があったとは言えない。しかし法に反していないことと、それが倫理的に正しいかどうかは別問題である。原産国側からすれば、許可を与えて譲渡した覚えはなく、主権の及ばない状況下で搬出されたという点は明らかである。

　このように文化財の所有権を考える際には文化財の来歴を明らかにすること、過去の国際情勢も踏まえて考えることが必須であると

生徒に考えさせたい。そしてエルギン＝マーブルは現在進行形の文化財の問題であり、検討する価値があるだろう。

**まとめ**：文化財をめぐってどんな対立があるのだろう？

こうした授業展開をすると、生徒からは「明らかに返すべきなのに、なぜそれが実現しないのか？」「ほかの文化財はどうなのか？」「日本も他国の文化財を保有していることはないか？」といった疑問が生まれるはずだ（筆者の実践時は、日本の文化財が外国にあるケースはないのか？といった疑問が生徒から出てきた）。こうした疑問は、歴史総合における主題学習や探究学習に接続させる上で有効だろう。こうした問いに教員が答えるのは簡単だが、生徒に探究させ彼ら自身の手で結論を導かせる一連の学びこそが歴史総合では求められている。紙面の都合上ここでは事例の紹介にとどまってしまうが、戦後日本でのGHQによる「刀狩り」や、過去に無断発掘されたアイヌ民族の遺骨や副葬品をどう扱うべきか、2011年に韓国に「返還（日本政府の表現では引き渡し）」された朝鮮王室儀軌の例などは、「支配」を多面的に考える上ではよい題材となるだろう❻。

## おわりに──文化財の役割

こうした授業を行うと、生徒から興味深い発言が出てくることもある。

・「奪ったものでも、何百年も経てば時効ではないか」

→まさしく帝国主義支配の追認である。現在所有していることの是非は、法的な視点だけでなく倫理的な視点から考える必要はないだろうかと問い返したい。不法なかたちでの所有であるならば、その事実と向き合い、正すことが現代を生きる我々のなすべきことではないだろうか。

・「そんなに所有権で揉めるなら、いっそ処分してしまえばいい」

→文化財の価値を再考させる必要がある。わかりやすいところでは、観光資源としての活用。続いて教育・研究活動における利用。そして最も大切なのが、文化財はその国や地域のアイデンティティを形成する上で非常に重要なものであるという視点である。文化財を破壊することは、そうした集合的記憶を呼び起こすものを破壊する行為にほかならない。戦争時に民族浄化やジェノサイドが行われる時、必ず彼らの文化財（建築物）なども標的とされるのはこのためである❼。

・「レプリカを作って本物は返還するのはどうか」

→問題解決のための１つの手段として有効だろう。100年前であればこのようなアイデアは一蹴されたかもしれないが、技術の発達とともに現実味を帯びてきた意見である。

〔参考文献・注〕

❶ 『新世界史』山川出版社　2023、p.292

❷ E.W. サイード著、大橋洋一訳『文化と帝国主義１』みすず書房　1998

❸ 歴史学研究会編『世界史史料11』岩波書店　2012、p.168-170

❹ 朽木ゆり子『パルテノン・スキャンダル──大英博物館の「略奪美術品」』新潮社　2004

❺ 荒井信一『コロニアリズムと文化財──近代日本と朝鮮から考える』岩波新書　2012

❻ 五十嵐彰『文化財返還問題を考える──負の遺産を清算するために』岩波ブックレット　2019

❼ ロバート・ベヴァン著、駒木令訳『なぜ人類は戦争で文化破壊を繰り返すのか』原書房　2022

・ 下山忍監修『問いからはじまる歴史総合』東京法令出版　2022

（上野　信治）

# 7　歴史総合で「大衆化」をどう教えるか

## はじめに——筆者の問題意識

　本稿では、歴史総合の4つの大項目のうち、「国際秩序の変化や大衆化と私たち」について、学校現場でどう取り扱うべきかを考えていきたい。「大衆」という語句は、20世紀初頭の大衆消費社会の到来とともに登場する。おおまかに「大量消費社会に生きる多数の消費者」という意味で用いられることが多いだろう。しかし言うまでもなく「大衆」を構成する一人ひとりは多種多様である。多様な人々を「大衆」という「大きな主語」で一括りにしてしまうと、その時代を生きた人々の生の感覚や、感情などが見えにくくなってしまう。これが、筆者の問題意識である。

　例えば、ある人が「日本国民の総意は○○である」とか「日本国民なら○○で当然」という語り方をしたとしよう。しかし「日本国民」というのは多様な人々の集まりである。アイヌや朝鮮にルーツのある人、日本列島よりも琉球列島の歴史・文化に対して帰属意識の強い人、外国から帰化して日本文化に馴染んでいない人も含まれるし、さらに今日的な視点としては伝統的な家族観や性区分に違和感をもつ人など、多様な人々を含んでいる。にもかかわらず「日本国民」という「大きな主語」を用いると、あたかも日本国籍をもつすべての人が同じ意見をもっているかのように錯覚してしまう。このことと同様に、「大衆」という「大きな主語」を用いることによって、その時代を生きた市井の人の細かな感情を見落としてしまう

恐れがあるのではないだろうか。

　本稿は、このような問題意識から「大衆」や「大衆化」について
どう教えるか、筆者の考えたことをまとめたものである。


## 1　教科書における語句の用法について

　「大衆」及び「大衆化」という語句は、教科書ではどのように用
いられているのか、簡単に確認しておきたい。山川出版社の教科書
『歴史総合　近代から現代へ』（以下、教科書と記す）の第Ⅱ部「国際
秩序の変化や大衆化と私たち」の冒頭（p. 99）では、20世紀の前半か
ら大衆消費社会を迎えたことが述べられている。この「大衆消費社
会」という語句については、教科書 p. 122で、第一次世界大戦のア
メリカに関連して、もともとアメリカは進取の気性に富んだ社会で
あり、そのような土壌の上に大衆消費社会が出現したと説明されて
いる。また、同ページには注釈があり、そこでは、大衆は工業化の
進展とともに、特に都市部に出現した新中間層であり、均質性を特
徴とし、特定の階級への帰属意識が低い人々であると説明されてい
る。つまり教科書における「大衆」とは、第一次世界大戦の前後、
主にアメリカを中心に拡大・発展した資本主義社会において、その
生産・消費の主体となる人々を広く指していると考えてよいだろう。
また「大衆化」とは、そのような大量生産・大量消費社会の拡大に
伴った中間層の拡大現象のことであり、20世紀に起こった世界的な
アメリカナイゼーションによって誕生した新しい社会階層、という
ような意味合いで捉えることができるだろう。各教科書会社や執筆
者・研究者によって多少の違いはあるようだが、その厳密な比較検
討については紙幅の及ぶところではないので、今回は深入りしない。

## 2 「大衆」はどのように捉えられてきたのか

　次に、「大衆」という存在がどのように捉えられてきたのか、若干事例を挙げてみる。まず、小熊英二『〈民主〉と〈愛国〉――戦後日本のナショナリズムと公共性』❶によると、丸山真男や大塚久雄は「大衆」について次のように評しているという。

　　……丸山（真男）や大塚（久雄）の思想には、彼らが戦争体験から植え付けられた、別の要素も含まれていた。大衆への嫌悪である。……丸山は、「下士官」が支配する村落共同体や家族などを批判し、大衆の政治的無関心によって総力戦体制が機能不全に陥ったことを指摘していた。しかし彼の著作には、戦争に動員される大衆への同情がほとんど見られなかっただけでなく、動員に対する家族や村落共同体の抵抗への評価も低かった。大塚の場合も、「近代的人間類型」の要素として「民衆への愛と尊敬」を掲げているものの、現実の民衆への感情は複雑だった。……「理想の民衆を胸の裡にもっておりますが、現実の民衆はあまり好きではない」「戦時中の経験からですが、ある場合には憎らしく思ふんです」と述べている。

　ここには、はっきりと大衆に対する嫌悪感が見て取れる。「大衆」は知識人とは異なり治者意識を備えておらず、社会底辺に息づいており、理想の民衆とは違って「現実の民衆はあまり好きではない」好まれざる存在だ、と大塚は述べている。

　日本以外の思想家についてはどうか、代表的な主張を見てみよう。なお、以下の内容については広辞苑・ブリタニカ国際大百科事典・百科事典マイペディアなどの辞書・辞典を参考にしている。

　例えば、ミルズは『パワーエリート』（1956）の中で、アメリカ社会を分析し、大衆社会のネガティブな側面について述べた。大衆民主主義という政治のあり方は、大衆の受動化・情緒化をもたらし、

その政治的機能・役割が後退し、政治・経済・軍事の担い手が一部のエリートに占められる事態を引き起こしたとして、大衆民主主義が政治などの機能を低下させることに警告を発した。

また、リースマンも『孤独な群衆』(1950)において、高度に産業化された大衆社会的状況にあるアメリカ人の社会的性格は、他人の目線を気にする「他人指向型」であり、メディアを通じて「大衆」の感情や情緒がクローズアップされ、大衆感情が公的な意見を支配していくと述べ、大衆民主主義の欠点を指摘している。

さらに、オルテガは『大衆の反逆』(1929)において、「大衆というものは、その本質上、自分自身の存在を指導することもできなければ、また指導すべきでもなく、ましてや社会を支配統治するなど及びもつかない事である」と述べ、大衆が主導する政治などありえないと冷たく切り捨てる。

これらの視座に共通する「大衆への冷めた目線」は、教科書の記述にはあまり見られない。近現代史を学ぶ上では、「大衆」は「受け身で否定的」という「マイナスイメージをもつ存在」として、しばしば語られてきたということを認識しておく必要があるだろう。

ただし、筆者は本稿で「大衆民主主義は欠点ばかりで役に立たない」ということを述べたいのではない。そうではなくて、「大衆民主主義の短所・欠点について理解することが、民主主義を改良するために必須である」ということを述べたいのである。近年、様々なメディアで「民主主義の危機」という言葉を目にすることが増えてきたように思う。もしそれが本当であるならば、高等学校の歴史教育で大衆民主主義について学ぶ意義はますます大きくなるだろう。


## 3　具体的にどのように教えるか

では、具体的にどのように教えていけばよいのか、教科書の記述

とあわせて考えてみたい。なお、以下に取り上げた視点は、井上寿一『戦前昭和の社会』❷を参考にしている。

### ①アメリカ文化に対する日本の大衆の姿勢

　教科書第5章4節「大衆消費社会と市民生活の変容」から5節「社会・労働運動の進展と大衆の政治参加」まで（p.122-131）の記述からは、国際協調を基調とした国際社会の中で、日本が他国の政治・社会と歩調を合わせていたことがうかがえる（例えば教科書には、大量消費社会の登場と都市中間層・大衆の出現が日本に影響をもたらしたこと、アメリカ映画・アメリカ音楽を日本も受容したこと、イギリスの男性普通選挙実現が日本の普選運動に影響したこと、アメリカの女性権利大会をはじめとする女性参政権獲得運動が日本にも影響をもたらしたことについての記述がある）。しかし第6章（p.132-151）では、世界恐慌の発生に際して先進資本主義国が排他的な自国経済保護政策にのり出し、そこからファシズム、極端なナショナリズム、ナチズムが誕生し、日本も国際協調路線を放棄して中国東北部への軍事占領・侵略を進め、その末路として対英米開戦に至り敗北した、というような流れが記されている。

　このような教科書の本文だけを読むと、生徒はともすると「大衆の対米感情は、1941年の日米開戦を頂点とし、それに向けて1930年頃から悪化の一途をたどったのだろう」というような、単純な想像・予想をしてしまうかもしれない。しかし、それは本当だろうか。

　ここで、「戦前昭和において、日本の大衆はアメリカ文化をどのように見ていたか」ということを考えてみたい。先に挙げた井上は、戦前昭和の日本社会はアメリカ文化に憧れ、積極的に受け入れていたということを述べている。例えば映画でいうと、1926年の『キネマ旬報』での人気洋画ベスト3はすべてアメリカ映画であり、1927年にチャップリンの離婚騒動を伝えた新聞は、その記事の隣に日本

のメーデーの様子を報じていたことを紹介していた。これらのこと
について、井上は次のように述べている。「チャップリンを通して
アメリカの豊かさを確認する。アメリカ発祥のメーデーを通して社
会的な格差の是正を目指す。アメリカは日本にとって、社会的な到
達目標だった」。当時、日本の大衆は映画以外にも家電製品や自動
車、オートバイなどの存在を通してアメリカ社会の豊かさや先進性
を感じ取っており、憧れや親和性を抱いていた。

　また、井上は当時のメディアについて、映画や新聞以外に写真ニ
ュースを取り上げている。『戦前昭和の社会』には国策メディアと
して設立された同盟通信社と、そこで発行された写真壁新聞『同盟
通信写真ニュース』の写真が、いくつか紹介されている。筆者が特
に関心を抱いたのは1938年7月31日号の「水着姿のハリウッド女
優」と、1939年4月21日号の「靖国神社を訪れるアストリア号乗組
員」である。

　前者の写真について、井上は次のように述べている。「写真壁新
聞は、豊かな大衆消費社会を享受する国としてアメリカの姿を伝え
ることが多かった。そのアメリカを象徴するのは、ブロンドのハリ
ウッド女優たちである」。また、当時の記事本文が次のように紹介
されている。「肉弾三勇士をきどったわけじゃないでしょうが花火
を担ぎ出したワーナー・ブラザーズの新進女優、さあ！火がついた
ら一体どんなことになったでしょうか」。ここには、アメリカを
「鬼畜」と呼ぶような敵愾心丸出しのナショナリズムはまったく見
て取ることができない。

　後者の写真からも、同様のことが読み取れる。後者は、1939年2
月にワシントンで客死した斎藤前駐米大使の遺骨移送のため、米艦
アストリア号が日本を訪れたことを報道したものであり、当時のキ
ャプションには「ルーズベルト米大統領の友誼の申出により逝去し
た斎藤前駐米大使の遺骨を故国日本に護送する」とあり、井上はこ

のことについて「アストリア号を歓迎するセレモニーと斎藤の葬儀は、日米友好を訴求する機会となった」と述べている。ここにも対米敵対の雰囲気を見て取ることはできず、日米友好ムードの演出に熱心な国策メディアの姿を見ることができる。1937年には日中戦争が、1941年には太平洋戦争が始まるというのに、これらの写真ニュースからは対米緊張の高まりは感じ取れない。

教科書 p.143の本文は次の通りである。「日本軍は苦戦を強いられたが、11月に上海、12月に首都南京を占領した。中国側は首都を武漢、のちに奥地の重慶に移し、ソ連や、のちにはアメリカ・イギリスの援助を得て長期抗戦の方針をとった」。この箇所だけを素直に読めば、日本対中華民国・米英という構図をすぐに思い浮かべるし、日本の大衆が反米感情をむき出しにしていったような想像をしてしまうだろう。しかし『同盟通信写真ニュース』からは、教科書の記述から得られるイメージとは異なる、「意外と親米だったかもしれない」大衆像というものが、見え隠れするのである。

日本の大衆が恐慌後も反米感情増加の一辺倒でなかったことは、「大衆化」、さらに「近代化」や「日米開戦に至る筋道」を考える上で重要な視点ではないだろうか。


②**格差社会と大衆**

「大衆化」がアメリカナイゼーションと関係していることは先に述べた。このことについて、井上は橋本寿朗『現代日本経済史』(岩波書店 2000)を引用しつつ、次のように述べている。

　経済のアメリカ化は豊かな社会をもたらす。他方で格差が拡大する。……階級格差もはなはだしい。たとえば大企業の役員賞与と一世帯当たり年間個人所得の比率は1936年には27.9倍だった。戦後の1955年の1.5倍と比較すれば、格差は一目瞭然である。

さらに具体的には産業、学歴、企業規模、男女、都市と地方などの間の格差が戦前昭和の社会に広がっていたことを述べている。このように職業・所得などが多様な人々の集団を「大衆」と一括りに語ることには、様々な問題があるだろう。

　教科書では社会の格差の具体について、どのように記述しているか。例えば p.128から「労働運動と社会運動」という小項目があり、第二次世界大戦以前の社会の様相についてはこの箇所が最も詳しい。日本における労働者の待遇改善、労働争議・小作争議、女性参政権獲得運動、部落解放運動などがおよそ 1 ページ分記述されている。しかし以後は、第二次世界大戦勃発まで、政治的・軍事的な内容が主になっている。当時の社会及びその構成員としての大衆の様子を理解するためには、どのような資料が有効であろうか。

　ここで、『戦前昭和の社会』で紹介されている農村雑誌『家の光』を取り上げたい。これは、1925年に産業組合中央会(官製の農村協同組合)が発行した雑誌である。当時、第一次世界大戦後の戦争景気の反動不況から農村の疲弊が深刻となっており、『家の光』は農村の人々の立場から、様々な問題意識を提言していた。井上は、『家の光』の表紙のタイトル上に「共存同栄」という言葉が冠されていることに触れ、その言葉の意味を次のように述べる。「『家の光』の「共存同栄」の共同主義は、第一に政党政治、第二に資本主義、第三に都市、これら三つに対する対抗原理である」。つまり『家の光』は官製組合が発行していながら、体制批判を含んでいるというわけである。

　まず、共同主義の第一に挙げられている政党政治批判について、『家の光』では次のように展開された。「大正十年ごろから急に農村問題が社会問題の中心となって……大きな問題となった。……ところが殊に議会に於ける政党の農村問題と来ては全く画餅に等しい感……今日迄の農村振興策はいずれも空鉄砲である、不渡手形である

……」「五穀豊穣地味肥沃の瑞穂の国と申して又とない農本国と教えられましたのは一場の夢となりました」。これだけを読むと、当雑誌は反体制的な性格の強いものに思われるが、井上は『家の光』が反政党政治の立場だったわけではなく、「現在の腐敗した政党に期待できることはないので、普通選挙法によって選挙権を獲得した新しい有権者が、英米を模範とする公明正大な議会政治を実現させてほしい」という願望の表れであると述べている。農村・地方の人々の、当時の政党政治に対する不信感を読み取ることができる。

　次に共同主義の第二、資本主義批判についてである。資本主義批判は、欧米文化への批判をも含んでいた。1925年9月号の記事「安くて立派で似合う服装」は、女性の服飾ファッションの観点から資本主義批判を展開している。そこでは、女性が「流行を追うての美装」をするのは「婦人の自覚がないから」であり、「各婦人が一致して共同購買をなし、進んで消費組合を組織する」ことで「デパートメントストアの商略」に流されず、「婦人各自の趣味と個性発揮」がなされるという論が展開されている。また、同号の別の記事は、「日本は欧洲諸国に比べまして古来最も平和時代の永く続いた国です。従って闘争活動の弁を主とした衣服よりは優美安座に適したものを主として工風したのです」と述べ、洋服批判＝和服擁護の論を展開し、一方的な論理で資本主義と欧米文化を批判した。

　最後に共同主義の第三、都市批判である。井上によると、共同主義の立場が最も危機感を抱いたのが、この都市と農村の対立であるという。『家の光』は、農村を「平和にして活気、健康にして長寿」、対する都市を「気苦労多く不健康にして短命」と述べ、若者が稼ぐために都市へ流出することを悲観しつつも、都市の発展と農村の衰退の傾向を「現時の状態では如何ともすることは出来ない」と認めている。そして都市と農村の格差の是正を目指す。すなわち、農業を近代化し、農村を豊かにするという農業改良主義を主張した。

このように『家の光』は、昭和前期の社会格差に関する当時の問題意識について、部分的にではあるにせよ、具体的に考えることのできる興味深い資料である。「大衆」や「大衆化」について深く掘り下げて学習するためには、こうした当時の資料の活用が欠かせないであろう。

## おわりに

先日、ある学芸員の方とお話をする機会があり、そこで「大衆という言葉は、カッコ付きであり、限界を有しているのではないか」というアドバイスをいただいた。これはまったく正鵠を射ているように思われる。世の中には多種多様な人々が暮らしている。それをひとまとめに、例えば「大衆」という「大きな主語」に括ることで、見えなくなってしまうものが沢山あるからである。しかし一方で、「大衆」や「国民」「民衆」「人々」などの「大きな主語」を用いることなしに、歴史を語ることが不可能であることも事実である。この「歴史を語ることの難しさ」に対して、正面から向き合っていくことが、歴史を学ぶ者・教える者にとって不可欠の姿勢ではないかと思っている。

本稿が、私と同じく「歴史をどう教えればよいか、思い悩む」方々に対して、わずかなりとも参考になれば幸いである。

〔参考文献・注〕
❶　小熊英二『〈民主〉と〈愛国〉──戦後日本のナショナリズムと公共性』新曜社　2002
❷　井上寿一『戦前昭和の社会　1926-1945』講談社現代新書　2011

（本田　六朗）

# 8 「優生学」の誕生と流行

社会と科学の関係性を考えるために

## はじめに

　優生学と聞くとナチス＝ドイツによるユダヤ人や障がい者、同性愛者の迫害が思い浮かぶだろうか。また、現在とはあまり関係がなく過去のものだと思うだろうか。2016年、相模原市緑区の障がい者施設「津久井やまゆり園」での殺害事件は記憶に新しく、元職員の犯人は、「障がい者がいなくなればいい」「障がい者は生きていても無駄」などと言ったという。「無駄」と言ったこと自体が的はずれで偏見に満ちており、また「生きていても無駄」というような言葉は、「無駄があってはならない」「価値がなくてはいけない」という価値観が前提とされる排除の思考であるといえる。1920年に法学・哲学博士カール＝ビンディングと医学博士アルフレート＝ホッヘが出版した『生きるに値しない命を終わらせる行為の解禁』❶に登場するこの「生きていても無駄」という言葉は、ナチス＝ドイツの安楽死政策を象徴する言葉であったとはいえ、その根底には優生学の影響が見られる。

　優生学は、決して過去のものではなく、現在も様々なかたちで影響している。日本においても、1948年から1996年まで優生保護法が存在し、強制的な不妊手術が行われ、現在でもその裁判は続いている。全世界的にも安楽死をめぐる論争があり、今日的なテーマである。一方で、優生学や安楽死に関する教科書の記述は乏しく、名称も登場しない❷。本稿では、優生学が決してナチス＝ドイツだけの

ものではなく、広く世界で流行したことについてを中心に論じつつ、ドイツを具体的に取り上げることで、授業での教材化への一助としていきたい。


## 1　優生学とは何か

### 優生学の誕生

優生学（eugenics）はギリシア語に由来し、「よき（eu）生まれ（genēs）の術（ika）」を意味する。この言葉は、1883年イギリス人統計学者であり、チャールズ＝ダーウィンの従兄弟でもあるフランシス＝ゴルトンが初めて使用した。「遺伝現象を応用して人類の改良を図る科学」であると自称する優生学は、20世紀初頭には30カ国以上の国々で受け入れられ、様々なかたちで流行したのである❸。

また、優生学誕生の背景には、科学の発達があった。18世紀末マルサスの『人口論』で人口の増加による貧困や社会不安が指摘され、人口の抑制が説かれた❹。また、1860年代のグレゴール＝メンデルのエンドウの実験に端を発する遺伝学❺、1859年のチャールズ＝ダーウィンの『種の起源』に見られる自然淘汰などは、優生学の誕生に影響を与えた諸科学の中でも代表的なものであろう❻。


### 優生学の使命

20世紀初頭にすでに大きな影響力を及ぼしていた優生学だが、第一次世界大戦で手足を失う人も増え、戦死者が出た結果、人口は減少した。また、戦時中は性病やアルコール消費量も増加するなど社会不安が高まった。第一次世界大戦が終了すると、出産を奨励し、健康を促進することを通して国家の立て直しをはかる必要が生じたのであった。また、多くの国々では、19世紀ヨーロッパにおける急速な工業化の進展によって都市への人口集中がもたらされた結果、

犯罪や自殺者が増加、結核の流行や乳児死亡数の増加もあり、西洋文明の未来に対するディストピアのイメージが生まれた。

　こうした背景の中で、「反社会的」で「非生産的」な人間が目に見えて増えているという「社会問題」が浮き彫りとなり、優生学者は"正しい"生殖を増やして、"間違った"生殖を防ぐことを使命としてこの問題に取り組んだのである❼。

## 2　国家による社会政策

### 積極的優生学と消極的優生学

　前述したような社会的背景から優生学は社会政策と強く結びついて発展した。また、その内容から積極的優生学と消極的優生学の大きく2つに分けられる。どちらも生殖に的を絞っていることは共通しているが、積極的優生学は妊婦健診や税制上の優遇措置、家族手当などで遺伝疾患を持たない者どうしでの生殖を促したのに対して、消極的優生学は断種や安楽死など、生殖を阻むことに重点が置かれていた。また、積極的優生学は、現代社会においても同様の政策が残っていることから考えても、学者だけでなく多くの大衆に支持されたことは想像するに難くない。

　第一次世界大戦後に生まれた新興国ではこうした優生学を用いて国民を健康にしていくことで、国際的な地位を獲得できるのではないかと期待し、国を挙げて優生学的な政策に乗り出した。帝国主義列強においては世界的な支配を維持し、自国民の生物学的優位を主張するために優生学が用いられた。人々の行動や疾患などの社会問題は優生学によって解決されるべき問題であるとされた❽。

### 優生学と生殖

　社会問題を解決し、国を立て直すために、生殖の管理が熱心に行

われた。とりわけ遺伝子疾患の遺伝を防ぐために、ほとんどの国や地域においても結婚の管理が始まった。消極的優生学の範囲では、アメリカのコネティカット州で1890年代に優生結婚法が可決され、1929年には29の州で精神疾患や精神遅滞の人々の間での結婚を禁じた。また、各州によって異なるが断種法も制定された❾。これらの動きは世界的な動きとなり、スイス・トルコ・アルゼンチン・日本においても結婚政策が行われた。また、異人種間の結婚を妨げる法律が制定された国もあり、その中でもドイツで1935年に制定されたドイツ人と非ドイツ人の間の結婚を禁じる血統保護法は悪評高い。

　積極的優生学の方策においては、日本やイタリア・フランスなどで金銭的な理由で子どもが産めないことがないように出産奨励金を出すなどした。日本では、戦時中の1941年以降、子ども1人につき20円（当時旧制中学出身者が月給100円）が支給された。また、1938年、厚生省には新たに「優生課」が設けられ優生結婚相談所が置かれた。ここでは自らの健康情報を提供して、結婚や健康に関わるアドバイスを受けることができた❿。


## 3　文化から見る優生学の浸透

　国家が国を挙げて優生学を社会政策に用いたことはすでに述べた通りであるが、大衆の生活に「優生学」がどのようなかたちで根差していったのかを考えるにあたって、文学作品などの中に「優生学」がどのように反映されているかを見ていきたい。

　1889年にウィルキー＝コリンズが出版した『カインの遺産（The Legacy of Cain）』では女殺人者の娘が母親の犯罪性を受け継ぐかについて述べられており、H. G. ウェルズも『予測（Anticipations of the Reaction of Mechanical and Scientific Progress upon Human Life and Thought）』の中で遺伝子改変などをテーマとして用いた。

オルダス＝ハクスリーの『すばらしい新世界(Brave New World)』では、人間の生殖が機械化され、コントロールされるディストピアが描かれている❶。また、1915年にアメリカの女性作家ジーン＝ウェブスターが著した『続あしながおじさん』の中には、優生学に関する描写が登場する。『あしながおじさん』の主人公であったジュディが育った孤児院の院長として、大学時代の友人サリーが働く物語である。その中で次のようなサリーの手紙が登場する。

> 知恵の遅れは遺伝性らしく、科学では乗り越えられないようです。生まれつき知力を欠く子供に知力を導入する手術はまだ発明されていません。……全国の刑務所の３分の１に、知恵の遅れた囚人がいます。社会は彼らを療養施設に隔離すべきなのです。平和的な単純な活動で生計を立てて、子供を産まないでいられる場所へ。そうすれば一、二世代で一掃できるかもしれません。
>
> ……中略……
>
> この孤児院に私が来たのは、新鮮な空気、食べ物、衣服、日光など細かい点を改革するためでしたが、ああ！　私がいかなる問題に直面しているか、おわかりでしょう。まず社会を変える必要があります。社会が普通よりも知恵の遅れた子供たちをここへ送り込まなくなって、私が相手にしなくていいようにするのです。
>
> （ジーン・ウェブスター著、畔柳和代訳『続あしながおじさん』
> 〈新潮社　2017〉p.117-118より）

世界的にも人気を博したこの作品には、優生学的思想が如実に表れていることがわかる。ほかにも映画や雑誌など幅広いジャンルで優生学の思想を見て取ることができたが、こうした文学作品から得られる情報は優生学をより親しみやすいものにしたといえるであろう。

## 4 ドイツの優生学の誕生

### ナチズムと優生学

ナチズムは優生学と混同されがちであり、ナチスの行いは優生学の究極の表現として見られていた。確かにナチスは、自らの目的を達成するために優生学を利用したが、ナチスを支持しない優生学者は、距離を置いていたし、短絡的に結びつけることはできない。優生学の「人間の改良」という方向性から、「アーリア人」という支配者階級の創造という方向性への転換をもってして、ナチスの科学は優生学の範疇をはるかに超えたものであった❶。また、ドイツの衛生学は「民族衛生学(Rassenhygiene)」とも呼ばれる。この言葉は、ドイツの生物学者アルフレート゠プレッツが堕落する遺伝因子によって国家が弱体化するのを医療中心の優生学で防ぐという意味を込めて使ったものであった❸。

### 「民族衛生学」誕生の社会的背景

1870年代からドイツは国家統一を成し遂げて、近代国家への道を歩んだが、急激な工業化による社会変化に伴って、ドイツではストライキなどの過激な労働運動が行われ、社会民主党が着々と議席を伸ばした。1878年にビスマルクが社会主義者鎮圧法を出してこれらを弾圧するが、1890年には社会民主党が第一党になった。この事実はドイツの中産階級の人々にとって都合の悪いものであり、恐怖でもあった。ほかにも、ドイツの中産階級が国家の適正な機能を阻害する恐れがあると考えたものには、犯罪行為の横行や売春、自殺、アルコール消費と中毒、「精神異常」者や「精神薄弱」者が多く存在していたという問題があった。このような社会状況の中で、ドイツの知識階級の人々は、以上のような問題を解決する「社会政策」の必要性に迫られており、優生学者たちもその問題を認識していた

資料1　ドイツのポスター

のである**⓮**。

　ドイツで「民族衛生学」の宣伝時に用いられた典型的なポスター（資料1）には、毎日遺伝病の人間1人にかかるのと同様の金額で健康なドイツ人の5人家族が暮らせると書かれている。

## 「民族衛生学」誕生におけるプロフェッショナルの役割

　ドイツの「民族衛生学」者たちは、前述した社会問題を生物学・医学的観点から解決を試みた。ドイツの「民族衛生学」の運動を牽引したのは、ほかでもない正規の医者であったのである（資料2**⓯**）。また、19世紀後半は「細菌学」の勃興時期でもあったため、国民の健康に何かしらのかたちで関わりたいと願う若い医師たちの関心は細菌学へと向かっていった。さらに、病気に関連する神経学や精神医学などの学問分野に触れていく中で、微生物だけでなく"人格失調"や結核に罹りやすい体質などが多くの場合、遺伝で起こるもの

資料2　民族衛生学会の職業別会員構成

| 会員の職業 | 1907年当時（国際民族衛生学会） | | 1913年当時（ドイツ民族衛生学会） | |
|---|---|---|---|---|
| | 実数 | ％ | 実数 | ％ |
| 医師・医学徒 | 27 | 32.5 | 136 | 33.4 |
| 医学以外の学者 | 14 | 16.9 | 76 | 18.7 |
| 文筆家・芸術家 | 10 | 12.1 | 22 | 5.4 |
| 公務員・教師 | 3 | 3.6 | 29 | 7.1 |
| その他 | 7 | 8.4 | 78 | 19.2 |
| 主婦（夫と一緒に入会し、とくに職業の記載がない者を含む） | 22 | 26.5 | 66 | 16.2 |
| 合計 | 83人 | 100 | 407人 | 100 |

だとした上で、健康障害の原因として「遺伝性の病的体質」という病因が発見されると信じた。

　結果的に、医師たちは"健康な国民"を全体的に向上させるためには国民の"体質"を向上させなくてはならないという結論をもち出すことになり、優生学を社会政策として実践するのを支持することとなったのである❶。

## 「民族衛生学」の知的背景

　ドイツにおける「民族衛生学」運動の展開に、社会ダーウィニズムが大きな影響を与えた。ドイツを代表する生物学者であったエルンスト゠ヘッケルが、社会ダーウィニズム的な淘汰万能史観を知識人たちに普及した。彼は、ダーウィンの『種の起源』において、生物進化の手段であると指摘される「淘汰」に注目し、この考え方を人間社会にも応用しようと試みた。また、ダーウィンと同様に「獲得形質（生物が生後の環境や習性などから得た形質）」は遺伝すると考えていたが、「淘汰」の原理が漸進的な変化を遂げる最も重要な原動力であると主張した。同時期に活躍したフライブルク大学の発生学者アウグスト゠ヴァイスマンは当初、「獲得形質」の遺伝を信じていたが、1880年代にはその可能性はないと確信した。その結果、生物の遺伝的変異を説明するほかの理論が必要になると、ダーウィンの「淘汰」の原理を用いるようになった。

　こうした考え方は「民族衛生学」者たちに新たな見方を提供し、社会問題は、科学で解決する問題であると定義し直された。そうして工業化の中で生み出された反社会的な人々は、"不適応症例"であり、徐々に滅亡させていくために「淘汰」を社会政策として遂行するしかない、という"結論"が導き出されたのである❷。

# おわりに

　優生学は、世界中で流行し、今なお私たちの生活の中に根を下ろしている。断種や迫害などの目を疑いたくなるような話は、決して過去のものではない。科学技術の進歩は現代社会でも恐ろしい速さで進んでいる一方で、倫理的な問題の議論は追いついていない。断種などの非人道的な行いは、ナチスを代表とする権威主義国家でのみ行われたのではなく、社会的背景や、その道のプロフェッショナル（今回でいえば医者）の研究の成果として、あらゆる国や地域で行われた。そしてこれがナチスのT4作戦、ユダヤ人迫害に利用されたことを銘記したい。そして本論が、これまで以上に曖昧で不透明な時代を生きる子どもたちが、今と未来を多角的に見通せるような授業をつくる一助となれば幸いである。

〔参考文献・注〕

❶　『生きるに値しない命を終わらせる行為の解禁』の全訳については、カール・ビンディング／アルフレート・ホッヘ著、森下直貴／佐野誠編著『「生きるに値しない命」とは誰のことか──ナチス安楽死思想の原典からの考察　新版』(中公選書　2020)を参照。

❷　例えば『歴史総合　近代から現代へ』(山川出版社　2022)では、「19世紀の文化・科学と社会の変容」(p.51)でダーウィンについての簡単な記述があるが、「ファシズムの台頭」(p.135-136)ではナチスの人種主義政策や障がい者、同性愛者についての詳細な記述はない。

❸　マーク・B・アダムズ編著、佐藤雅彦訳『比較「優生学」史──独・仏・伯・露における「良き血筋を作る術」の展開』現代書館　1998、p.1

❹　人口が増加していたインドの知識人の間では、人口抑制に人為的な産児制限の導入をうったえる「新マルサス主義」が広がった。

❺　遺伝形質に用いられる優性、劣性という言葉は形質が現れるか、現れないかを指す言葉であるが、文字では優劣を彷彿とさせるために、

近年は顕性、潜性へと置き換えが進んでいる。

❻　フィリッパ・レヴィン著、斉藤隆央訳『14歳から考えたい優生学』すばる舎　2021、p. 14-16

❼　フィリッパ・レヴィン　前掲書、p. 19-22

❽　フィリッパ・レヴィン　前掲書、p. 22-27

❾　マーク・B・アダムズ編著　前掲書、p. 120に「アメリカ合衆国における各州の断種法の制定状況とその内容」についての詳細な表が掲載されている。

❿　フィリッパ・レヴィン　前掲書、p. 103-109

⓫　フィリッパ・レヴィン　前掲書、p. 35-40

⓬　フィリッパ・レヴィン　前掲書、p. 27-31

⓭　マーク・B・アダムズ編著　前掲書、pp. 24-30にドイツの優生学とナチズムの混同についての先行研究がまとめられている。

⓮　マーク・B・アダムズ編著　前掲書、p. 30-33

⓯　マーク・B・アダムズ編著　前掲書、p. 59

⓰　マーク・B・アダムズ編著　前掲書、p. 33-34

⓱　マーク・B・アダムズ編著　前掲書、p. 34-37

（大山　紘平）

# 9 ミャンマーにはどうして軍事政権が成立したのか

## イギリスが残した負の遺産

## はじめに

ミャンマーと言えば「軍事政権下の国」というイメージをもつ人は多いと思われる。しかし、なぜミャンマーでは軍事政権が成立し、維持されているのだろうか。筆者もそうだが、意外にこの問いについて深く考えることはないのではないだろうか。

そもそもミャンマーについて、歴史総合の教科書では驚くほど言及が少ない❶。ともすればインド帝国の付属物、東南アジアの辺境という扱いを受けている。けれども深く掘り下げてみれば、歴史総合を貫く「近代化と私たち」「国際秩序の変化や大衆化と私たち」「グローバル化と私たち」いずれのテーマにも合致する、豊かな歴史をミャンマーは有している。

そこで今回は、「ビルマ族と少数民族に生じた乖離と対立の歴史」について特に注目しながら、「ミャンマーにはどうして軍事政権が成立したのか」を考えていきたい。そして、その視点から展開できる授業について、提案したい。

## 1 イギリスによる「分割統治」——ビルマ族と少数民族の乖離の始まり

ミャンマー政府によれば、ミャンマーに住む民族の数は135である。多数派のバマー(狭義のビルマ族)は69.0％を占めるに過ぎず、他に有力な少数民族が多数存在する(資料１)。少数民族の多くは、

資料1　主要8民族の人口構成比

| 民族 | 構成比<br>（％） |
| --- | --- |
| バマー（狭義のビルマ民族） | 69.0 |
| シャン | 8.3 |
| カレン（カイン） | 6.2 |
| アラカン（ラカイン） | 4.5 |
| モン | 2.4 |
| チン | 2.2 |
| カチン | 1.4 |
| カヤー（カレンニー） | 0.4 |
| その他 | 5.6 |

（根本敬『物語ビルマの歴史』より）

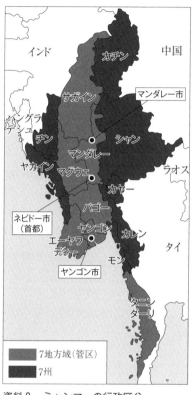

資料2　ミャンマーの行政区分

現在では「州」と呼ばれる山岳地帯に住んでおり、ビルマ族が多く居住する「地方域」とは異なる行政区分となっている（資料2）。

ミャンマー政府がこのような体制をとっていることには歴史的な背景がある。もともと東南アジア世界では、勢力範囲が伸縮自在な政権が形成されることが多く、中央政権と地方の関係も分権的で緩いものであったとする「マンダラ論」という議論がある❷。しかし、イギリスはミャンマーを植民地化するにあたり、ビルマ族が住む地域には中央集権型の行政ネットワークを形成してその空間を一元的に治めることを目指した。他方、少数民族の居住する辺境地帯には間接統治を導入した。さらにイギリスは、軍の採用などでビルマ族と少数民族の扱いに差を設けた❸。こうしたイギリスによる「分割統治」の結果、従来緩やかに存在していたビルマ

族と少数民族の交流関係は断絶し、両者の間に亀裂を生むことになった。

## 2 ビルマ民族運動の高揚──タキン党の結成と民族運動の分裂

　20世紀に入るとイギリスのミャンマー支配は比較的安定し、ミャンマーは世界最大の米輸出国となった(資料3)。

資料3　植民地時代の主要品目別輸出額推移

単位：100万ルピー、（　）は％。

|  | 1868/69年 | 1903/04年 | 1913/14年 | 1926/27年 | 1936/37年 |
|---|---|---|---|---|---|
| 米 | 20.6( 64) | 148.9( 73) | 264.7( 69) | 391.5( 60) | 218.4( 39) |
| 木材 | 6.9( 21) | 16.6( 8) | 22.0( 6) | 47.8( 7) | 37.8( 7) |
| 石油製品 | n.a. | 20.1( 10) | 44.1( 11) | 91.8( 14) | 173.4( 31) |
| 鉱物・宝石 | n.a. | 1.2( 1) | 5.7( 1) | 41.9( 6) | 51.4( 9) |
| 合計 | 32.3(100) | 204.7(100) | 386.2(100) | 654.7(100) | 555.3(100) |

(田村克己・松田正彦編『ミャンマーを知るための60章』より)

　そうした中で、中国系やインド系の移民と競合しながらもミャンマーでは中間層が誕生した。そして彼らが中心となって、ビルマを「国民国家」としてイギリスから独立させようとする民族運動が起こり、多くの民族団体が形成された。その中でも特に有名な団体はタキン党である。1930年5月以降に活動を開始し、アウン＝サンの指導下で成長していったこの党は正式名称を「我らのビルマ協会」というが、このビルマにはビルマ族と少数民族を合わせた「ひとつの国民」という意味が付与され、その連合が想定されていた。

　しかし、当時はビルマ族と少数民族との交流は制限されていたため、その目的を達成できる環境下にはなかった。そのため、カレン族が独自に政治団体としてカレン民族協会(KNA)を発足させて民族運動を展開するなど、民族運動の歩調は揃っていなかった❹。

## 3 独立後の混乱と軍事政権の成立

### 独立の達成とパンロン協定

第二次世界大戦後、アウン＝サンは、イギリス首相アトリーとの間に独立協定を結ぶと、それを具現化するため少数民族との政治交渉を行い、多数派のビルマ族と少数民族が連邦制国家として独立することを約したパンロン協定を結んだ❺。そして憲法を構想する段階では、アウン＝サンは少数民族の擁護を訴えた。しかし、彼は独立直前に暗殺されてしまう。

彼の遺志を継いで独立を達成し、初代首相に就任したのはウー＝ヌであった。しかし就任直後から、彼は反政府組織として新たに結成されたカレン民族同盟(KNU)とその武装組織であるカレン民族防衛機構(KNDO)による武装闘争に直面する。この闘争自体はKNDO がカレン族民衆からの支持を得られずに終息したが❻、独立直後のミャンマーが早速「少数民族問題」に直面した事例となった。

その後、ウー＝ヌによる政権運営は安定性を欠き、民衆からの信頼を失っていく。そうした中で台頭したのが軍部であった。ウー＝ヌ打倒のクーデタ計画を事前に察知したネィ＝ウィン参謀総長(最高司令官)は、議会の承認を経て軍による選挙管理内閣の組閣を依頼される。1958年11月、独立後10年目にして軍が政治の表舞台に登場した瞬間であった。

### 繰り返される軍部のクーデタ

総選挙実施後にウー＝ヌは首相に復帰したが、再び多くの困難を抱えることになった。その１つが、シャン州など少数民族が居住する各州が自治権の強化を求めたことであった❼。

しかし、軍部はこれをミャンマー分裂の危機と捉え、1962年３月、

ついに軍事クーデタを決行した。ここからミャンマーでは軍による統治が本格化する。1988年までの26年間、革命評議会議長として国を掌握したネィ゠ウィンは、政治理念として「ビルマ式社会主義」を掲げ、国内に強力な国家指導・管理体制を構築したのである。

結果として、1974年に制定された社会主義憲法では7つの主要な少数民族にそれぞれ「州」が与えられたものの、ビルマ社会主義計画党(BSPP)と中央政府の厳しい統制下に置かれた。そのため、これまでのカレン族に加えてカチン族もカチン独立軍(KIA)を結成し、反政府武装闘争を開始した。また、それ以外の州(シャン州・カヤー州・モン州・チン州)にも武装抵抗が広がった❽。

国軍に抵抗した少数民族は、素朴な生活をしながらも(資料4)戦い続けた❾。またこの争いによって多くの難民が発生し、タイなど

の隣国に逃れることになった。ビルマ族が実権を握る中央政府と少数民族との関係はこれまでになく悪化し、ネィ゠ウィン体制末期には17の少数民族が反政府闘争を戦っていた。

資料4　今でも牛を使用しているパオ族

## 4　民主化とその後

ネィ゠ウィン政権が主導した「ビルマ式社会主義」の失敗が明らかとなり、顕著な経済の悪化が見られるようになると、最後はビルマ族の民衆の不満も爆発した。1988年3月に始まる民主化運動はネィ゠ウィン議長を辞任に追い込んだが、強力な指導者のいない民主

化運動は停滞した。そして9月には、軍による2度目のクーデタが起こった。軍政の開始である。

この時期から活動を開始するのが、アウン＝サンの娘アウン＝サン＝スー＝チーである❿。彼女は長期自宅軟禁に処されつつも国民民主同盟（NLD）の指導者として1990年の総選挙を勝利に導いた。そして再度、再々度の長期自宅軟禁、また襲撃事件に遭ったが、2011年の民政移管後の2016年、テイン＝セイン政権のあとを受けて、ようやく実質的に政権を握った。

しかし、記憶に新しい2021年2月、またもクーデタは起こった。その結果、アウン＝サン＝スー＝チーをはじめとするNLDの高官45人が拘束され、非常事態宣言が発令された。ミャンマーはまた軍政下に置かれたのである⓫。それだけでなくミャンマー国内ではいまだに民族対立が続いており、特にロヒンギャ問題では、国際司法裁判所にミャンマー政府と国軍が訴えられる事態となった⓬。

このように、独立以後のミャンマーではビルマ族と少数民族の対立が続いている。そうした中で、強権的にミャンマーを指導する軍事政権が成立し、維持されるのは歴史の必然だったともいえる。


## おわりに

ミャンマー近現代史を改めて振り返ってみると、イギリスの植民地時代に実施された「分割統治」政策がいかにビルマ族とそれ以外の少数民族との間に深刻な分断をもたらし、「軍事政権の登場」という事態を招いたのかがわかる。イギリスが残した「負の遺産」は、今もミャンマーの人々を苦しめているのである。

これだけでも十分に思考力を働かせる授業の題材になると思われるが、第二次世界大戦における日本軍や国共内戦時における中国国民党軍の侵入など、世界の動きとも連関させれば、さらに多角的に

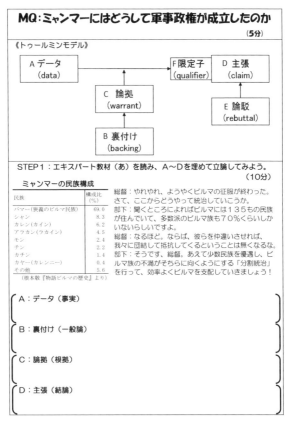

**MQ：ミャンマーにはどうして軍事政権が成立したのか**

(5分)

《トゥールミンモデル》

A データ
(data)

F 限定子
(qualifier)

D 主張
(claim)

C 論拠
(warrant)

E 論駁
(rebuttal)

B 裏付け
(backing)

STEP1：エキスパート教材〈あ〉を読み、A～Dを埋めて立論してみよう。
(10分)

**ミャンマーの民族構成**

| 民族 | 構成比(%) |
|---|---|
| バマー（狭義のビルマ民族） | 69.0 |
| シャン | 8.3 |
| カレン（カイン） | 6.2 |
| アラカン（ラカイン） | 4.5 |
| モン | 2.4 |
| チン | 2.2 |
| カチン | 1.4 |
| カヤー（カレンニー） | 0.4 |
| その他 | 5.6 |

（根本敬『物語ビルマの歴史』より）

総督：やれやれ、ようやくビルマの征服が終わった。さて、ここからどうやって統治していこうか。
部下：聞くところによればビルマには１３５もの民族が住んでいて、多数派のビルマ族も７０％くらいしかいないらしいですよ。
総督：なるほど。ならば、彼らを仲違いさせれば、我々に団結して抵抗してくるということは無くなるな。
部下：そうです、総督。あえて少数民族を優遇し、ビルマ族の不満がそちらに向くようにする「分割統治」を行って、効率よくビルマを支配していきましょう！

A：データ（事実）

B：裏付け（一般論）

C：論拠（根拠）

D：主張（結論）

授業プリントの一例（エキスパート教材〈あ〉、左半分）

思考させることも可能であろう。ミャンマーの歴史は、我々に深い知の実践をもたらす可能性を秘めているのである。

　ところでミャンマーの近現代史においては、「イギリス政府」「ビルマ族」「少数民族」という３つのアクターが存在する。そのため、知識構成型ジグソー法を用いて授業を実施するにはうってつけのテーマといえる。私の授業案では、思考力を培うために展開部で「ト

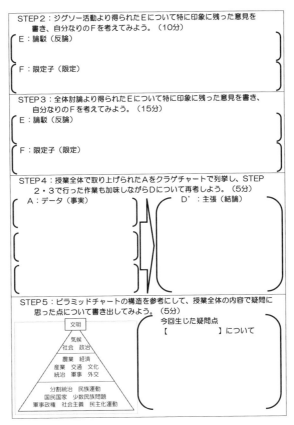

STEP２：ジグソー活動より得られたＥについて特に印象に残った意見を
書き、自分なりのＦを考えてみよう。（10分）

Ｅ：論拠（反論）

Ｆ：限定子（限定）

STEP３：全体討論より得られたＥについて特に印象に残った意見を書き、
自分なりのＦを考えてみよう。（15分）

Ｅ：論拠（反論）

Ｆ：限定子（限定）

STEP４：授業全体で取り上げられたＡをクラゲチャートで列挙し、STEP
２・３で行った作業も加味しながらＤについて再考しよう。（5分）

Ａ：データ（事実）　　　　　　　　Ｄ'：主張（結論）

STEP５：ピラミッドチャートの構造を参考にして、授業全体の内容で疑問に
思った点について書き出してみよう。（5分）

文明
気候
社会　政治
農業　経済
産業　交通　文化
統治　軍事　外交
分割統治　民族運動
国民国家　少数民族問題
軍事政権　社会主義　民主化運動

今回生じた疑問点
【　　　　　　　　】について

授業プリントの一例〈エキスパート教材〈あ〉、右半分〉

ゥールミン＝モデル」や「KJ法」、まとめで「シンキングツール」
を用いることで、より効果的に授業が行えるように工夫を凝らした。
その一端を、ここに紹介する授業プリントから感じていただければ
幸いである。

とはいえ、この授業案はあくまで一例である。実際の現場では、
適宜、各学校や学級の事情に合わせた工夫が求められる。

〔参考文献・注〕

**❶** 例えば『詳述歴史総合』(実教出版 2022)の場合、ミャンマーに関する記述が登場するのは「東南アジアの植民地化とタイの近代化」(p. 71)と「東南アジアの民族運動」(p. 141)の項目のみである。

**❷** 「マンダラ論」ついては、桃木至朗『歴史世界としての東南アジア』(世界史リブレット12 山川出版社 1996、p. 62-66)で紹介されている。

**❸** 根本敬『物語ビルマの歴史──王朝時代から現代まで』中公新書 2014、p. 96-99、および山口洋一『歴史物語ミャンマー──独立自尊の意気盛んな自由で平等の国 下』カナリア書房 2011、p. 157-161

**❹** 根本敬 前掲書、p. 109-117

**❺** 根本敬 前掲書、p. 241-246、および山口洋一 前掲書、p. 225-228

**❻** 根本敬 前掲書、p. 278-281、および山口洋一 前掲書、p. 234-239

**❼** 根本敬 前掲書、p. 286-288

**❽** 根本敬 前掲書、p. 307-309

**❾** 少数民族の過酷な生活の様子は、吉田敏浩『森の回廊 上・下』(NHK ライブラリー 2001)、および黒岩揺光『国境に宿る魂──紛争の狭間に生きるカレン・カチンの若者達と同じ屋根の下で』(世織書房 2010)に詳しい。

**❿** 彼女の半生については、2011年に公開された映画『The Lady アウンサンスーチー ひき裂かれた愛』も参考になるであろう。

**⓫** 山口健介『ミャンマー「民主化」を問い直す──ポピュリズムを越えて』NHK ブックス 2022、p. 86-94

**⓬** この問題については、中西嘉宏『ロヒンギャ危機──「民族浄化」の真相』(中公新書 2021)が詳しい。

(柴 泰登)

# 10　戦後の日本における GHQ の占領政策の転換

### なぜ、戦後日本の占領政策は変化したのか

## はじめに

　冷戦開始によって、アメリカの政策が大きく変化したことが、占領当初の非軍事化・民主化の対日政策を再軍備化する方向へと転換するきっかけになったと考えられている。具体的には、アメリカが「トルーマン＝ドクトリン」や「マーシャル＝プラン」を発表することで、ソ連や東欧諸国などの共産党はコミンフォルムを結成し、両陣営の対立姿勢が鮮明となった。東西ヨーロッパの分裂が深まることとなり、冷戦へとつながった。そして、その冷戦が東アジアへ広がる中で、外交官のジョージ＝ケナンとロイヤル陸軍長官の存在が、日本の占領政策の転換に大きな影響を与えることになった。それは、非武装中立化を持論としていたマッカーサーの考え方の変化にもつながっていく。

　歴史総合の教科書では、冷戦を取り扱う記述と、対日占領政策の転換や日本の独立の記述を分けているものもあり、その場合、冷戦の中で日本の占領政策の転換が進んだことを一連の流れで理解するのがやや難しいように感じる。

　今回は、占領当初の GHQ の動き、組織を追いつつ、トルーマン＝ドクトリンとマーシャル＝プランの内容、ジョージ＝ケナンとロイヤル陸軍長官の考え方などを一連の流れの中で深く考察することで、なぜ、戦後日本の占領政策は転換したのかを紐解いていきたい。そして、そこから展開できる授業について、考えていきたい。

# 1　占領当初の GHQ の動き

## 占領当初の政策

　占領当初の非軍事化・民主化の対日政策から、冷戦による政策の転換までの背景を考えていく。

　占領当初の対日政策を定めた基本的文書は、「降伏後ニ於ケル米国ノ初期ノ対日方針」(1945年9月22日)❶である。その目的は、日本の非軍事化、民主主義的自治の原則に則った米国の目的を支持すべき政府の樹立、民主化などであった。アメリカ政府は、再び日本が世界の脅威にならないようにすることを目指したものと考えられる❷。この「降伏後ニ於ケル米国ノ初期ノ対日方針」は、1947年に極東委員会の政策決定に基づき、「降伏後の対日基本政策」(1947年6月19日極東委員会政策決定、1947年7月11日極東委員会発表)❸として公布された。安全保障問題や領土問題、賠償問題など極東委員会の意向を反映させたものであるが、特にアメリカの意向を表していると考えることができる。

　1945年11月1日に国務、陸軍、海軍の3省によって承認、11月8日に統合参謀本部からマッカーサーに通達された「日本占領及び管理のための連合国最高司令官に対する降伏後における初期の基本的指令」(1945年11月1日)❹という文書から、マッカーサーの占領政策を実施できるようにしたことがわかる。

　占領初期の政策は、日本を非軍事化、民主化へと導き、世界の脅威とならないようにすることに、重点が置かれていた❺。

## G2と GS の対立構造

　GHQ の組織は、参謀部と、それに対置されるかたちで特別参謀部が設置されていた。参謀部は、G1(企画・人事・庶務)、G2(情報・保安・機関)、G3(作戦・訓練・引揚)、G4(予算・設営)の4部

からなり、太平洋陸軍の組織をそのまま転用し、二重機能をもたせたものであった。参謀部は軍事部門であった。特別参謀部は、官庁としての役割を果たした。中でも民政局(GS)は、「民主主義国家」に向けての日本の改革を目標に、新憲法起草、公職追放、財閥解体、農地改革、国会対策、婦人参政権、隣組問題に至るまで手がけた組織であった❻。民主化を担当したGHQ内の中枢部局が民政局である。

　G2の部長はチャールズ＝ウィロビーであった。組織の正式名称はGeneral Staff2、すなわち一般参謀第二部であり、諜報と治安を担当するセクションであった。GSの局長は、コートニー＝ホイットニーであり、日本の民主化、非軍事化を徹底したかったとされる。ウィロビーは回顧録の中で、「ホイットニーは容共主義に見えて仕方がなかった」「ホイットニーと私がことあるごとに対立したのは、このような個人的性格や経歴の違いのせいだ」「私はGSの「民主主義」なるものを信用できない。彼らの「民主主義」とは、容共的要素の濃厚なものであり、私にはとうてい是認しがたいものであった」と述べている❼ことから、G2とGSは対立していたと考えることができる。のちにG2は、治安維持のため海上保安庁の設置を容認するが、GSは再軍備につながる動きを非常に警戒し、設置に反対している。GHQ内部でも、日本の占領政策をめぐって対立関係があった。


## 2　冷戦の開始に伴う占領政策の変化

### 「改革」から「復興」へ

　冷戦の開始に伴って、1948年にアメリカの対日占領政策は「改革」から「復興」へと大きく転換する。日本を極東における対ソ勢力とするため、経済復興を優先し、最低限の再武装化をはかろうと

する路線への転換である。冷戦とは、アメリカを中心とする資本主義諸国とソ連を中心とする社会主義諸国が巨大な軍事力を擁して対峙している状態である❽。この冷戦は、アメリカがトルーマン＝ドクトリンやマーシャル＝プランなどによって共産主義に対する「封じ込め政策」を取り始めたことで本格化していく。

### トルーマン＝ドクトリン

1947年3月12日、トルーマン大統領が議会の特別合同委員会において、のちに「トルーマン＝ドクトリン」❾と呼ばれる声明を発表した。第二次世界大戦で経済的に消耗し、伝統的な勢力圏である東地中海地域に影響力を保持することが困難になったイギリスが、アメリカに対してギリシア・トルコへの援助の肩代わりを求めた。そこで、トルーマン大統領はその要請に応じることを決め、趣旨を説明したのが、このトルーマン＝ドクトリンであった。特徴は、ギリシア・トルコという特定国家に対して経済援助を実施することと、共産主義勢力の浸透を阻止するための対外経済援助政策を実施することである。トルーマンは、共産主義勢力によって自由主義、民主主義が脅威にさらされているため、国際平和、自国民の安全のために「自由な諸国民」を援助しなければならないと訴えたのであった。アメリカが自ら世界の覇権国家になろうという意思をはっきりと表明した点や❿、他大陸の問題に積極的に介入するという、アメリカ外交路線上の重大な転換となった点⓫、トルーマンの演説が反共主義と反ソ感情を明らかにしたもので、対ソ封じ込めに発展した点⓬が注目される。つまり、このトルーマン＝ドクトリンによって、戦後のアメリカが共産勢力を抑え、唯一の大国として世界の平和と秩序の維持に乗り出したのである。

## マーシャル＝プラン

1947年6月5日、マーシャル国務長官がハーバード大学の学位授与式で、「ヨーロッパの危機に対するアメリカの行動」という演説を行った。この演説により、アメリカ政府は、ヨーロッパに対して大規模な経済援助を行う意思があることを明らかにした。これが、「マーシャル＝プラン」❸である。そこに「自由な諸制度が存在できるような政治的、社会的条件の形成を促すように、世界経済の活動を再生させる」と述べられているように、ドル不足のヨーロッパに食糧や復興に必要な資材を提供しようとした。そうすることで、ヨーロッパの経済危機が政治危機（共産主義勢力の拡大）に発展するのを防ごうとしたのである。この計画は、1948年の経済協力法によって実施に移され、3年間にわたり総額約120億ドルの巨額な援助が西ヨーロッパ諸国に与えられて、この地域の資本主義的な経済再建に大きな力を発揮した。ソ連は、ヨーロッパをアメリカ資本に従属させるものだとして、1947年に不参加を表明した。ここにおいて、米ソ冷戦が明確になったと考えられる。トルーマンは、マーシャルは国内だけでなく海外でも信用を受け、政治力に関係なく一般市民に尊敬され、議会指導者から称賛の的であったと述べている❹。マーシャル＝プランがアメリカ国内外に与えた影響は非常に大きかった。

このマーシャル＝プランを立案したのは、1947年5月に新設された国務省政策企画室であった。この機関を率いたのが、ソ連通の外交官であったジョージ＝ケナンであり、ローズヴェルト大統領時代の米ソ協調主義的な外交路線から、冷戦外交へ転換するのに決定的な役割を果たした人物だといわれている❺。ケナンは、「ロシアの拡大主義傾向に対する長期的で、辛抱強く、しかも断固とした用心深い封じ込め」が不可欠だと説き、「封じ込め政策」を提唱した人物である❻。

## 対日占領政策の変化

　アメリカは冷戦へと進むことになったが、それは対日占領政策にも変化をもたらした。マッカーサーは、非武装中立化を持論としており、占領終了後は、アメリカ軍は日本から全面的に撤退すべきであり、アメリカの安全保障は沖縄の軍事基地を確保さえすれば足りると考えていた❶。非武装中立化は、当初の対日占領政策の大きな目的であった。1947年3月にマッカーサーは、早期対日講和を提唱する。条約締結後も日本の非軍事化を継続し、国連による安全保障体制をはかろうとした❶。しかし、トルーマン＝ドクトリンの発表を受け、見直しを迫られることになった❶。この占領政策の転換にあたって大きな影響力をもっていたのが、ケナンとロイヤル陸軍長官であった。

### ジョージ＝ケナン

　ケナンは、"Japan, as we saw it, was more important than China as a potential factor in world-political developments. It was, as I have already observed, the sole great potential military-industrial arsenal of the Far East." と述べているように、世界政治の展開の上で、潜在的な要因としては、日本は中国よりも重要であり、日本は、極東における唯一の潜在的な軍事・産業の大基地だと考えていた❷。日本を非常に意識していたことがわかる。

　1948年3月25日には「米国の対日政策に関する報告」❷を提出する。その中に、「日本の警察はアメリカの専門家の監督のもとに、FBIの路線に沿って、現有勢力の再強化と装備改善、強力で効果的な沿岸警備隊の創設、及び中央機構の整備により強化されるべきである」という記述がある。日本に必要なことは、日本領土に外国の軍事基地を設置することではなく、日本自身に国内治安を維持する能力を養わせることであると、ケナンが考えていたことがわかる。

ケナンは、大陸からの共産勢力の浸透を防ぐことのできる、目先の利く、有能な海事警察力を日本に備えることができれば、朝鮮全体の共産化を防ぐための保障の取り決めと引き換えに、アメリカ軍の日本列島からの事実上の撤退をソ連に申し入れることができたはずだと振り返っている㉒。このことからも共産化を防ぐことのできる最低限の治安維持機関を日本に設ける必要があると考えていたと思われる㉓。反共のためアメリカ軍を駐留させるが、ある程度、共産主義に対抗できる治安維持能力を日本がもてば、アメリカ軍を撤退させるというのが、ケナンの目指した対日占領政策の転換であった。アメリカ軍を撤退させる条件として、日本の左翼化を防ぎ、国内暴動に対して独力で鎮圧できる、治安維持機構の整備をケナンは主張した。「マーシャル＝プラン」を立案した国務省政策企画室を率いたケナンの意見は、アメリカ政府に大きな影響を与えたと推測される。

### ロイヤル陸軍長官演説

ロイヤル陸軍長官も対日占領政策の転換を促した。それが、1948年1月6日の「ロイヤル陸軍長官演説」㉔である。そこでは、占領の経済的負担の軽減をはかるため、日本の経済的自立の必要性を説いている。また、日本は今後極東に生じる他の全体主義的戦争の脅威に対する制止役になるとも発言している。アメリカに寄与するような、日本の資本主義的復興と反共産主義の政治と社会の安定を目指したものであった。ロイヤルは、冷戦の中で、日本をアメリカの有力な協力者として位置づけ直し、日本の経済的再建を強調した。ロイヤル長官の提起した占領政策の転換は、冷戦構造の中で実施されていった。

吉田茂が、「アメリカとソ連の対立は激しくなり、その結果、アメリカの世界政策は再検討されて、対日政策についても、日本を経

済的に復興強化させることによって、共産主義勢力の浸透を防ぐという方向に転換した」㉕と述べているように、占領政策の転換は、非軍事化から経済的自立への転換であり、そして、自由主義陣営へ参加させることであった。ロイヤル陸軍長官の演説が、対日占領政策の転換を決定づけたといえる。

## 3　授業案

　以上の内容を踏まえ、「占領当初の GHQ の動き」「マーシャル＝プランとトルーマン＝ドクトリン」「ケナンとロイヤル陸軍長官」の３つの観点から日本の占領政策の変化を考えさせる知識構成型ジグソー法を用いた授業を考えた。「なぜ、戦後日本の占領政策は変化したのか」という問いを設定し、エキスパート活動において、この３つの観点において、それぞれ資料や文章を掲載し、そこから読み取れることを生徒にまとめさせた。

　「占領当初の GHQ の動き」では、「降伏後ニ於ケル米国ノ初期ノ対日方針」「日本占領及び管理のための連合国最高司令官に対する降伏後における初期の基本的指令」の資料や、GHQ 内部の組織についての説明文を掲載し、日本を非軍事化、民主化へと導き、世界の脅威とならないようにすることに重きを置いていたことや、GHQ 内部でも政策をめぐって対立していた状況を読み取らせた。

　「マーシャル＝プランとトルーマン＝ドクトリン」では、マーシャル＝プラン、トルーマン＝ドクトリンの資料を掲載し、アメリカが他大陸の問題に積極的に介入するようになる、外交路線上の重大な転換となったことを読み取らせた。

　「ケナンとロイヤル陸軍長官」では、ケナンの回顧録やロイヤル陸軍長官の演説に関する資料、吉田茂の回顧録を掲載し、２人が日本の占領政策の転換に果たした役割を読み取らせた。

最後のジグソー活動では、これらの3つの観点で深めた内容を、それぞれもち寄って、「なぜ、戦後日本の占領政策は変化したのか」という問いに、一連の流れの中で答えを導かせた。

　以上が授業案である。あくまで一例であるので、今後も生徒の実態に合わせたかたちでの展開方法を考えていきたい。

〔参考文献・注〕

❶　鹿島平和研究所編『日本外交史第26巻　終戦から講和まで』鹿島研究所出版会　1973、p.467-472

❷　竹前栄治「GHQ論──その組織と改革者たち」(中村政則・天川晃・尹健次・五十嵐武士編『戦後日本　占領と戦後改革　第2巻』岩波書店　1995、p.40)によると、非軍事化政策は、反戦思想に目覚めた日本国民の意見と一致しており、これが平和憲法、平和教育を通じて戦後体制の基本的な性格を決定した。

❸　鹿島平和研究所編　前掲書、p.493-499

❹　鹿島平和研究所編　前掲書、p.472-489

❺　吉田茂『日本を決定した百年』(日本経済新聞社　1967、p.96-97)によると、占領初期のアメリカ軍は「日本の軍国主義を生み出した社会構造を変革し、日本を軍事的に無能力化することこそ、平和な世界を建設するために最も基本的なことであると考えていた」と吉田は振り返っている。

❻　C. A. ウィロビー著、延禎監訳『知られざる日本占領──ウィロビー回顧録』番町書房　1973、p.139

❼　C. A. ウィロビー　前掲書、p.137-139

❽　浅井良夫「占領政策の転換と「逆コース」」(中村政則編『近代日本の軌跡6　占領と戦後改革』吉川弘文館　1994、p.75)

❾　大嶽秀夫編『戦後日本防衛問題資料集第1巻　非軍事化から再軍備へ』三一書房　1991、p.184-186

❿　浅井良夫　前掲論文、p.76

⓫　歴史科学協議会編『日本現代史　体制変革のダイナミズム』青木書店　2000、p.222

⓬　花井等／浅川公紀編著『戦後アメリカ外交の軌跡』勁草書房　1997、p. 43

⓭　国民経済研究協会編・監修『戦後復興期経済調査資料第20巻　諸外国の経済計画』日本経済評論社　1999、p. 162-164

⓮　ハリー・S・トルーマン著、堀江芳孝訳『トルーマン回顧録2』恒文社　1966、p. 96

⓯　ジョン・ルカーチ著、菅英輝訳『評伝ジョージ・ケナン──対ソ「封じ込め」の提唱者』(法政大学出版局　2011、p. 92)によると、マーシャルはケナンと知り合った当初から彼を気に入ったようである。ケナンも、マーシャルの人柄を心から崇拝していたようである。

⓰　浅井良夫　前掲論文、p. 78

⓱　浅井良夫　前掲論文、p. 82

⓲　坂本義和「日本占領の国際環境」(坂本義和／R. E. ウォード編『日本占領の研究』東京大学出版会　1987、p. 26-27)によると、マッカーサーが講和後についても再軍備に反対する理由は5つあったとされる。1つ目は、日本占領をめぐるアメリカの国際的公約に矛盾し、日本再軍備を恐れるアジア地域の連合国との関係が悪化すること。2つ目は、占領の基本原則に則って軍国主義除去と軍需産業解体を行ってきたのに、その原則を放棄すれば、日本において威信を低下させること。3つ目は、再軍備をしても日本は弱体であり、自衛の力をもてないこと。4つ目は、再軍備が日本の経済の重圧となること。5つ目は、日本国民は自発的な再軍備を支持する意思をもっていないことである。

⓳　マイケル・シャラー著、豊島哲訳『マッカーサーの時代』(恒文社　1996、p. 219)によると、マーシャルやケナンらは、経済政策を思い切って転換する前に日本占領を終了したなら、日本は崩壊するだろうと予想している。

⓴　George F. Kennan "*MEMOIRS 1925-1950*" Little, Brown and company　1967、p. 374、およびジョージ・F・ケナン著、清水俊雄訳『ジョージ・F・ケナン回顧録──対ソ外交に生きて　上』読売新聞社　1973、p. 352

㉑　大嶽秀夫編　前掲書、p. 217

㉒　George F. Kennan　前掲書、p. 393-394、およびジョージ・F・ケナ

ン 前掲書、p. 369

㉓　ケナンの目指した対日占領政策は次の言葉に表れている。

I thought that if the Japanese were given adequate police forces
and if they achieved sufficient domestic stability and economic secu-
rity to enable them to cope successfully with the efforts of their own
Communists, the islands could safely be left demilitarized and neu-
tralized by international agreement.（George・F・Kennan 前掲書、
p. 396）

もし日本人に適切な警察権力が与えられるならば、またもし日本人
が国内の共産主義者の力と十分に対抗できるだけの国内の治安と経済
安定とを確保できたならば、日本列島は国際協定だけで安全に非軍事
化され、中立化されるはずだと、ケナンは考えたようである。（ジョー
ジ・F・ケナン 前掲書、p. 371）

㉔　大嶽秀夫編 前掲書、p. 193-197

㉕　吉田茂 前掲書、p. 121

（西脇　志文）

# 11 メディアから見る日本の戦後

テレビの歴史から見る1950〜60年代

## はじめに

　2023年、テレビ放送開始から70年を迎え、NHK や日本テレビでは、特別番組が放送された。メディアは、時代を動かす大きな原動力になることもあり、市民に対して非常に大きな影響力をもつ。本稿ではメディアの中でもテレビ放送やテレビ番組を通じて、1950〜60年代の日本社会を中心に見ていきたい。山川出版社の教科書『歴史総合　近代から現代へ』では p.190-199の約10ページにかけて、叙述されている時期である。また、安保闘争などの政治的な側面とGDP などの経済成長の叙述や社会の変化など、多様で広範な内容をもっている。テレビについては、三種の神器や3C という人々の生活の向上という文脈で叙述されている。

## 1　テレビ放送と日本社会

　日本でテレビ放送の研究は戦前から存在していた。ナチス＝ドイツが1936年のベルリンオリンピックでテレビを使って競技を放送したことで、1940年に予定されていた東京オリンピックで実用化しようとした。しかし、日中戦争が激化し、日本をめぐる国際情勢が悪化したため、1940年の東京オリンピックは中止され、テレビ放送の研究も棚上げされた。そして戦後に研究が再開され、1953年2月1日、NHK が受信台数866台で放送を開始した。続いて同年8月に

日本テレビ（NTV）、1955年にはKRテレビ（現TBS）、さらに1959年にはフジ、NET（現テレビ朝日）が開局した。資料1のNHKの契約数を見ると、テレビ放送開始以降、契約数が年々増加していったことがわかる。

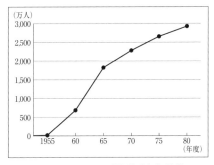

資料1　NHKのテレビ放送受信契約数

　1959年の皇太子成婚パレードとミッチーブームはテレビ時代への拍車をかけ、1964年の東京オリンピックでは、開会式の入場行進が行われた午後2時半には、瞬間最高視聴率が89.9％に達した。1982年には10歳以上の日本人がテレビを見ている時間は平均3時間17分で、「睡眠」（7時間52分）、「仕事、または家事」（7時間11分）に次いで3番目の長さとなっている。

　このように生活と切り離せない人々とテレビとの関係が生まれたのが、高度経済成長期であった。


## 2　日本のテレビ放送開始と冷戦

　戦後日本のテレビ文化はアメリカと日本の支配層との合作による「反共産主義」の普及・宣伝という枠組みで出発した。

　戦後、日本を占領したアメリカは、日本放送協会（以下NHK）を占領政策に最大限利用しようとしていた。そのため、NHKによる放送の独占を容認したが、同時にNHKの左傾化を警戒していた。その対策として、公共放送と民間放送、民間放送どうしが競争することを希望した。民間放送が成立すれば、左傾化したNHKが親ソ反米プロパガンダを国内外に放送した時に、民間放送の放送時間枠

を購入し、VOAのような番組を国内外に放送させることも可能になり、必要に応じてカウンタープロパガンダを打つことができると考えたのである。VOAは、Voice of Americaの略語で、1942年にナチスのプロパガンダに対抗するためにアメリカがヨーロッパ戦線で始めた反ナチスのプロパガンダ放送であった。終戦とともに廃止になったが、戦後しばらくするとソ連や共産化した中国がラジオを使って活発にプロパガンダ放送を行い東ヨーロッパや東アジアで大きな効果をあげるようになったことから、VOAを復活させ、学術・文化交流と合わせることで、共産主義を封じ込めることを目指した。そこで、ラジオの父と呼ばれ、トーキーやテレビ放送の技術などの開発にも関係していたド゠フォレストが自ら開発したテレビ放送の技術を日本に売り込もうとし、映画人の皆川芳造に打診し、皆川が正力正太郎を協力者として選んだ動きに、アメリカは注目した。正力正太郎は、公職追放を受けていたが、日本人かつ読売新聞社主で、プロ野球など文化事業のプロモーターとして実績があったことから、期待を集めていった。正力自身も公職追放の解除やテレビ放送における莫大な利益を目的にテレビ放送の動きに協力していくことにした。

　1950年6月5日、アメリカ上院議員のカール゠ムントのVOA構想が発表された。正力の公職追放は解除され、NHKによる放送と通信の独占が覆され、1952年10月15日には日本テレビ放送網株式会社が設立されて、翌年8月28日には放送が開始されることになった。

　冷戦が本格化すると、憲法改正や再軍備を実現するというシナリオに基づいて進められた日米合作による反共政策では、文化交流、人的交流、政治工作、そして映画・ラジオ・新聞雑誌を含むあらゆるメディアの活用が構想された。CIA(中央情報局)はすでに占領終結に合わせて構想を考えており、1953年1月30日に「対日心理戦略計画」が発表された。この計画目標は、次の3点であった。第1は、

「アメリカ及びアメリカの同盟国との連携を強めれば日本は経済的繁栄がもたらされるが、共産主義国と連携を深めればその逆になると思わせること」。第2は、「共産主義国は日本を侵略しようとしており、それから守るにはアメリカ軍の駐留を受け入れ、アメリカ主導の集団安全保障体制に加わることが必要だと気付かせること」。第3は、「アメリカあるいは他のアジアの非共産主義の国々との間の集団安全保障体制は相互のものなので、日本は再軍備をして、その構成員としての義務も果たさなければならないことを、日本人に認識させること」であった。冷戦イデオロギーが直接個々の番組に姿を現すわけではないが、アメリカTV映画の日本での放映を通じて、浸透させていった。

## 3　1960年代のテレビ番組——アメリカTV映画の受容

1960年代のテレビには、様々な番組が存在した。スポーツの中継番組やバラエティ番組が多くつくられた。NHKでは「夢で逢いましょう」や、お題が課され、身振り手振りから何をしているのかを当てる「ジェスチャー」(資料2)が放送された。それは、斬新なコメディの革新として人々の笑いの構造を変える力をもった。ほかにも1963年にNHK大河ドラマの第1作として「花の生涯」が

資料2（提供：NHK）

スタートし、以後「太閤記」「竜馬がゆく」などが放送された。これらの番組は、高度経済成長期の日本に心の支えを提供しようとした。また、1950年代から始まり、1961年にピークを迎えるアメリカ

TV映画もこの時期に登場することになった。

1956年は、戦後メディア史の上ではアメリカTV映画解禁の年として記録される。この時期にはテレビ局が次々と開局するが、スタジオ新設や人手などの面で増大する時間枠の需要に追いつかず、その上、映画界がテレビに劇映画を提供しないと通告したという事情もあり、アメリカTV映画が一斉に放映されることになる。また小さな画面に字幕を載せることが難しいため、日本語版吹き替え(アテレコ)という独自な技術が開発され定着していった。ここから「声優」という独特な文化も発展していった。アメリカTV映画の中でも、特に「スーパーマン」(資料3)は圧倒的な人気であった。こうしてスタートし

資料3

資料4　1961年10月21〜27日夜間に放送のアメリカ制作のテレビ番組

| 月曜日 | 「ボナンザ」(NTV)、「パパは何でも知っている」(NTV)、ブロンコ(TBS)など |
| --- | --- |
| 火曜日 | ロレッタ・ヤング・ショー(NHK)、「うちのママは世界一」(TBS)、「アンタッチャブル」(NET)など |
| 水曜日 | 「ジャック・ベニー・ショー」(NHK)、「ライフルマン」(TBS)、「ガンスモーク」(フジ)、「マーベリック」(NET)など |
| 木曜日 | 「ララミー牧場」(NET)など |
| 金曜日 | 「ディズニーランド」(NTV)、「西部の男パラデイン」(TBS)、「マイク・ハマー」(フジ)、「ちびっ子ギャング」(NET)、「スケルトン劇場」(NET)など |
| 土曜日 | 「ペリー・コモ・ショー」(NTV)、「ヒッチコック劇場」(NTV)、「サーフサイド6」(TBS)、「名犬ラッシー」(TBS)、「ローハイド」(NET)、「拳銃無宿」(フジ)など |
| 日曜日 | 「怪傑ゾロ」(NTV)、「サンセット77」(TBS)、「パパ大好き」(フジ)など |

たアメリカ TV 映画のピークは、1961年というのが定説で、例えば10月の夜間に、1週間で約60本のアメリカ TV 映画が放映された(資料4)。そこでは西部劇が最も多く、「パパママもの」「スリラーもの」などが続いている。こうした傾向は1960年代半ば以降も続くが、しだいに頭打ちになった。すでにこの時代はベトナム戦争の時代であり、1950年代の価値意識が大きく動揺する時代に入っていったのである。このように見れば、戦後日本におけるアメリカ TV 映画の時代とは1956年にスタートし、1961年にピークを迎え、1960年代後半には停滞したといえる。

## 4　アメリカ TV 映画の果たした役割

　アメリカ TV 映画のホームドラマ体験の1つの典型として、団塊世代による「パパは何でも知っている」についての感想がある。「ユーモアと愛情で家族を包み、家族から絶対の信頼を受けている素敵なパパ。本当に、題名通りだなーと感心しながら見ていた私。いつか、こういう家族を、と夢見つつみていたのは、私ばかりではなかったろう。その頃の我が家は、畳の部屋、うす暗い台所、帚での掃除、水っぽい粉ミルク、お下りの服であった。大声で叱る厳格な明治生れの父がおり、家族といえども肌を触れあう機会などなかった。うまれて初めてみる、海のはるか向うの生活。そこには、自由と夢と文明がある、そんな気持ちで毎週三人兄弟で熱心に見ていました」(『人生読本　テレビ』河出書房新社　1983)。「アイ・ラブ・ルーシー」や「パパは何でも知っている」に見られるように、日常生活の中で小さな行き違いや事件が起きるが、最後には円満に解決し、愛と友情が確認され、平和が戻る。夫婦と子どもで構成される核家族に目が向けられ、何気ない日常の家庭生活を描き出すことによって、「安定」「おだやか」「ほのぼの」などのキーワードで

表される日本の高度経済成長期に増加した核家族の理想像が提供された。そしてそこには離婚も反抗も病気もなく、社会問題や人権問題も戦争の影も描かれることはないのである。また、この時期のアメリカ TV 映画の父親像は、難題を何でも明るく解決していく強い父親像であった。いずれも裕福なエリートであり、自信と威厳に満ちあふれていた。それは、1950年代の繁栄を経た大国アメリカの自信の表現でもあった。しかし、こうした父親像は、時代の変化とともに変わっていった。例えば、1966年放送の「奥さまは魔女」では、マイホームを危機に陥れたり、そこからの飛翔を企てたりすることは決してなかったが、幸福に見えるマイホームのほころびを絶えず修復する切り札として、奥さまの魔法が設定されていた。1960年代後半、アメリカン゠ドリームとして広がった豊かな核家族像は、その深部から変化し始めた。それは、核家族の理想像をアメリカTV 映画の中に見てきた日本社会においても同様であった。

## 5　テレビ番組における対立と日本社会

　アメリカ TV 映画が受容される一方で、1960年代は日本国内でのドキュメンタリーやドラマの草創期にあたり、多くの優れた作品もつくられたが、同時に政府・テレビ局・スポンサー企業などによって圧力が加わり、少なからぬ作品が「消され」「隠され」た時代でもあった。

　放送禁止の例で最もよく知られているのは、1962年11月25日 RKB 毎日放送で放送予定であった東芝日曜劇場「ひとりっ子」である。これは、九州の地方都市を舞台に、防衛大学に合格した高校生が、喜ぶ父親と、長男を戦争で失ったため入学に反対する母との板挟みになって苦悩し、母親の考えを受け入れて入学をやめるという内容であった。そこに、「愛国心」「自衛隊」「戦争」などのテー

マが浮上した。当時プロデューサーだった秦豊は、右翼の動きもあったが、圧力はスポンサー企業とテレビ局であったと回想している。

1965年以降の特徴は、エスカレートするベトナム戦争に対する反戦運動の広がり、学生運動の高揚とも相まって、テレビの世界でも政府・テレビ局・スポンサー企業と制作スタッフとの緊張が高まり、様々な番組で禁止、削除、打ち切りなどが増大していったことである。1965年5月9日、16日、23日の3回放送予定であった「ノンフィクション劇場——南ベトナム戦争海兵大隊戦記」や8月14日夜から翌朝にかけての徹夜ティーチイン「戦争と平和を考える」の生放送などがその例である。前者では第1部で米海兵隊が17歳のベトコン容疑者を訊問し、首を切り、その首をカメラの前に放り出すシーンが放送され、残酷すぎるとして第2部以後が放送中止になった。また、後者はベ平連が主催し、各政党や学者、ジャーナリストなどが結集した企画であったが、第2部「戦争体験者の討論」に入り、司会の無 着 成恭が天皇の戦争責任などに言及したところで、突然中断された。なおプロデューサーの高瀬昌治は外部やスポンサーからの圧力はなく、テレビ局の政治的判断であったと証言している。

## おわりに

冷戦という国際関係の中で、反共産主義プロパガンダを期待して、テレビ放送は開始されることになった。テレビ番組では、アメリカTV映画が主としてアメリカ的価値の普及という点で大きな意味をもつことになったと考えられる。アメリカから輸入する番組の価格はかなり安く、30分番組が200〜300ドルで取引されており、1本あたりの制作費が5000〜1万ドルと考えれば、破格の安さであった。アメリカ合衆国広報文化交流局の実績報告書にも、「いかにもプロパガンダくさい番組よりも、ごく自然な娯楽番組のほうが、日本人

を親米的にする効果がある」と書かれているように、当時のアメリカのホームドラマや西部劇が、アメリカによる敗戦や占領を経験した日本人の意識を変える上では大きな効果をもったと考えられる。

　一方で、アメリカの覇権が陰りを見せ始め、西側諸国における価値意識の変容が始まった1960年代後半には、アメリカTV映画が停滞する一方、日本でもドキュメンタリーやドラマにおけるテレビ番組の禁止、削除、放送延期などが増大した。政府・テレビ局・スポンサー企業などによって圧力が加わったなど、様々な場合があるが、テレビそのものが直接の政治的構想の磁場として機能した。争われる主なテーマは「愛国心」「自衛隊」「戦争」など、広義の「保守」と「革新」の争点となった。

　現在はSNSなどの多様なメディアが発達し、1960年代と比較すると、情報の全体量が圧倒的に多くなり、テレビなどのマスメディアだけではなく、市民が情報を発信することができる。現代も、50年以上前も、メディアはプロパガンダだけではなく、社会を映す鏡として機能し、民衆の思想や行動様式などを規定している。


〔参考文献〕
有馬哲夫『こうしてテレビは始まった──占領・冷戦・再軍備のはざまで』ミネルヴァ書房　2013
有馬哲夫『日本テレビとCIA──発掘された「正力ファイル」』新潮社　2006
乾直明『外国テレビフィルム盛衰史』晶文社　1990
安田常雄「テレビのなかのポリティクス──一九六〇年代を中心に」(『シリーズ戦後日本社会の歴史2　社会を消費する人びと──大衆消費社会の編成と変容』岩波書店　2013)


（松澤　友秋）

# *12* 日本のエネルギー問題

## はじめに

　日本は現在、エネルギーの約９割を海外からの輸入に頼っている。国内のエネルギー資源が乏しく、また石油・石炭・LNG といった化石燃料に依存しているためである。東日本大震災前は自給率20％程度だったが、震災後は原発停止などによって大幅に下がり、2014年度は6.4％に落ち込んだ。エネルギーの安定供給はどの国にとっても大きな課題で、2022年２月以降のロシアによるウクライナ侵攻では、世界のエネルギー価格の高騰が問題となった。一方で、再生可能エネルギーを活用するには蓄電技術が欠かせず、その電池にはレアメタルが必要であるが、日本は主要なレアメタルのほぼ100％を輸入に頼っている❶。このような日本のエネルギー問題は、グローバル化の問題と密接に結びついている。

　歴史総合のねらいを達成するためにも、生徒が自分事として主体的に考察したくなるような単元設計を心掛けたい。そのために、私たち（生徒）が実感しているような「現代的な課題」を設定する必要がある。――日本のエネルギー問題はどのように克服されるのだろうか？　なぜ電気料金は高いのだろうか？　新しいエネルギー社会への転換は起こらないのだろうか？　起こるとしたら社会にどのような影響が生じるだろうか？――現代的な課題から問いを設定し、それを歴史的に考察するために「高度経済成長」を扱ったり、「石油危機」を扱ったりしたい。

# 1　学習指導要領では

　学習指導要領では、大項目Ｄ「グローバル化と私たち」の中項目⑴「グローバル化への問い」の中の１テーマとしても、エネルギー問題が取り上げられている。山川出版社の教科書『歴史総合　近代から現代へ』には資料１（日本の１次エネルギー国内供給構成と自給率の推移）と資料２（2015年の主要国の１次エネルギー供給構成）が掲載されており❷、これらから、供給構成の推移とその背景、供給構成と地球環境の関係などについて考察し、問いを表現するよう促している。

　このテーマと深く関係する学習内容として、学習指導要領では「グローバル化と私たち」の項目の中で、中項目⑵「冷戦と世界経済」の中の高度経済成長、中項目⑶「世界秩序の変容と日本」の中の石油危機・経済の自由化などが挙げられている。教科書には各事象の背景・展開・影響がそれぞれ記述されているが、個別の事象についての知識を身につけるだけでなく、「（各事象の）背景や影響などに着目して、主題を設定し、……比較したり、相互に関連付けたりするなどして、……多面的・多角的に考察し、表現する」力が求められる。この「比較したり、相互に関連付けたりする」活動を、教科書を活用しながら取り入れる必要があるだろう。

　ここで、筆者が生徒に問いを表現させるためにしている工夫を紹介する。それは①：資料から事実として客観的に読み取れることを挙げる、②：そこから考察・推測できることを述べる、③：②に5W1Hの疑問符を加える、というステップである。

　例えば、①：資料１から「全体的に火力発電の傾向が強い」「1960年から70年の間に、エネルギー自給率が下がった／石炭の割合が減り石油の割合が増えた」「1973年以降石油の割合が減少した」「原子力の割合は、1980年から増え始め、2011年以降減少した」など、変

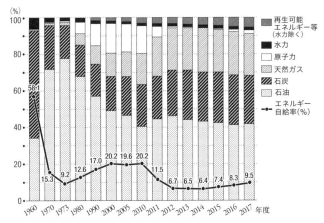

**資料1　日本の1次エネルギー国内供給構成と自給率の推移**
（資源エネルギー庁「平成30年度エネルギーに関する年次報告」より作成）

化や傾向を読み取る。

②：その変化や傾向について、「1973年に石油危機が起きたから」「2011年に福島第一原子力発電所事故が起きたから」など、考察・推察する。この考察・推察は、生徒の既得知識によって導き出されたものであり、唯一絶対の解とはいえない。しかし、既得知識は時に先入観・偏見となって、問いの表現を難し

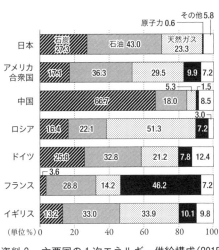

**資料2　主要国の1次エネルギー供給構成（2015年）**（矢野恒太記念会編『世界国勢図会　2018/2019年版』より作成）

くしてしまう。そこで、③：「なぜ石油危機が起こったのか」「石油危機は人々の暮らしをどう変化させたのか」など、②を問いのかたちにする。「資料から読み取れる変化や傾向が、なぜ起きているのか」という問いの表現をベースにすると、「背景や原因に関わる問い」が設定しやすくなる。その他の問いの表現は『高等学校学習指導要領（平成30年告示）解説地理歴史編』p. 131-134を参照されたい。

## 2　新旧教科書の記述

　教科書『歴史総合　近代から現代へ』の第8章6節「日本の高度経済成長」の記述を、旧課程日本史Bの『詳説日本史』（山川出版社）の記述と比較したところ、文章量のスリム化が行われているものの、大きな変更は見られない。節や項目での少しの変更はあるが、旧課程も新課程も似たような表現が並んでいる。

　あまり変わらないように見える教科書の記述だが、少しでも変わった点に注目してみることには意義があるだろう。

　歴史総合の高度経済成長の記述で、日本史Bでは脚注で述べられていたが、本文に挿入されるものもあった。「1960（昭和35）年には三井鉱山三池炭鉱で、大量解雇に反対する激しい労働争議が展開されたが（三池争議）、労働側の敗北に終わった。以後、九州や北海道で炭鉱の閉山がさらに進んだ」（p. 196）、「電気洗濯機・白黒テレビ・電気冷蔵庫が普及し、「三種の神器」と呼ばれた。……自動車（カー）・カラーテレビ・ルームエアコン（クーラー）など高価格の耐久消費財で、「新三種の神器」ないしはそれぞれの英語の頭文字をとって「3C」と呼ばれた」（p. 197-198）、「航空輸送は、1960（昭和35）年にジェット機が導入されたことによって一挙に拡大した」（p. 198）、「1970（昭和45）年に高校進学率が82％、短大・大学進学率が24％をこえるなど、高等教育の大衆化が進んだ」（p. 199）など、こ

れらの記述は人々の暮らし・社会に関係するものであり、歴史総合の教科書に意識的に盛り込まれたものと思われる。このような記述や資料を、テーマ考察のための材料にするとよいだろう。

　また、石油危機については、『詳説日本史』では「経済大国への道」という節で述べられている。1970～80年代半ばの出来事がおよそ年代順に述べられ、石油危機やマイナス成長、貿易摩擦のような経済的な内容と、ベトナム和平協定や日中外交のような国際政治的な内容とが入り交じっていた。この構成が、歴史総合では経済をテーマに大きく組み変えられている。「世界経済の転換」「アジア諸地域の経済発展と市場開放」のように節を展開しており、世界・日本の経済とグローバル化というテーマを意識した構成となっている。

　一方、第1次石油危機以後、日本のエネルギー供給構成における比率が高まってくる原子力発電だが、『詳説日本史』では「経済復興から高度成長」の節の中で宇宙開発と並んで「積極的な科学技術開発政策」が推進されたと述べられている。また、旧課程世界史Bの『詳説世界史』(山川出版社)では、原子力発電については「石油危機と世界経済の再編」の節で、スリーマイル島原子力発電所事故(アメリカ合衆国)、チェルノブイリ原子力発電所事故(ソ連)が併記されており、地球環境の保全に関連づけられている。歴史総合では、日本史B・世界史Bで挙げられていたような記述は見られず、チェルノブイリ原子力発電所事故は「ソ連の行き詰まり」の小見出しで述べられている。


## 3　身につけたい見方・考え方

　高度経済成長や石油危機から何を学べるとよいだろうか。学習指導要領では「(各事象の)背景や影響などに着目して、……比較したり、相互に関連付けたり」することが求められている。例えば現代

のエネルギー問題と比較したり、関連づけたりすることができるような学びをする必要がある。

## 高度経済成長

まず、高度経済成長を「日本がすごかった」で終わらせてはいけない。高度経済成長の背景には、朝鮮特需、60年安保に伴う政府の政策、戦後の豊富な労働力など、20世紀中頃のグローバル／ローカル両方の諸事情が様々に関わっている。影響としては、公害問題や農村・山村・漁村の過疎化と大都市圏の過密化などローカルな問題もあれば、日本企業の海外進出による20世紀後半の貿易摩擦などグローバルな問題も挙げられる。歴史総合では「○○化と私たち」を学ぶために、対象となる出来事を様々な事象に結びつけていく作業が必要であろう。「高度経済成長＝日本の出来事」とするのではなく、内外の事象と結びつけて、グローバル化の中で考察できるようにしたい。

また、高度経済成長のような過去の出来事を現代社会の諸事象と関連づけるために、普遍化・概念化する作業が重要になる。例えば背景について、朝鮮特需や安保問題は、「国際情勢」や「日本の外交関係」の視点に、戦後の労働力は、「外国からの労働力」や「人口」という視点に置き換える。これにより現代の日本経済を考察する際に、高度経済成長の事例を踏まえて国際情勢や人口の点から考察することができる。同様に、公害問題は「環境への影響」、地方の過疎化と都市の過密化は「ヒトの移動」といった具合である。

## 石油危機

同様に、石油危機の背景・影響も普遍化・概念化することを意識したい。石油危機も一種の「エネルギー危機」である。「1970年代のエネルギー危機」(石油危機)の影響、例えば産油国が政治的発言

力を高めたこと、先進国が首脳会議を開催するようになったこと、アジア諸地域が輸出指向型工業により成長したことなどは、「国際情勢の変化」としてまとめることができる。「エネルギー危機」は先進国の動揺や新興国の台頭を引き起こすと分析でき、また、省資源・省エネルギーを目指した合理化と自動化による安定成長は、エネルギー危機に直面した日本の「危機への対応」である。今日の日本のエネルギー問題に置き換えて考えることができるのではないだろうか。このように過去の固有の出来事を、普遍化・概念化して捉えようとすると、いわゆる歴史からの教訓が得やすくなり、現代的な諸課題と比較したり、関連づけたりすることができるようになるだろう。

## 4　現代的な諸課題の形成と展望につなげる

　以上を踏まえて、授業を1つ提案してみたい(資料3❸)。3つの視点からジグソー活動などを行い、メイン課題「日本は原子力発電をどうするべき？　原子力発電について考えよう」について考察する。3つの視点は以下の通りである。

　♣日本はなぜ原子力発電を利用するようになったのか？

　♥核・原子力を利用することを、人々はどう思うか？

　♠原子力発電なら外国に依存していないといえるのか？

## おわりに

　歴史総合における高度経済成長や石油危機をどのように教えるかについて、述べてきた。「グローバル化」という大項目には、現在まで評価しきれていないような歴史事象が数多くある。それゆえ事実理解だけにとどまったり、その影響について最小限にしか説明で

| | メイン課題：日本は原子力発電をどうするべき？　原子力発電について考えよう。 |
|---|---|
| 資料 | **資料♣　日本はなぜ原子力発電を利用するようになったのか？**<br>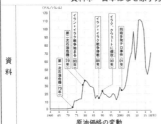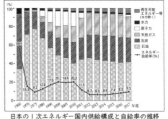<br>原油価格の変動　　　　　日本の1次エネルギー国内供給構成と自給率の推移 |
| 考察 | ・日本は経済復興・経済成長にともない、必要とするエネルギー量が膨大になった。<br>・エネルギーを石油に依存していたところに石油危機が起こった。<br>・石油依存からの脱却という点で、天然ガスや原子力というエネルギーが利用されるようになった。<br>・1970年代に原発の建設が推進された。 |
| 資料 | **資料♥　原子力を利用することを人々はどう思うか？**<br><br>広島に投下された原子爆弾によるキノコ雲　　　東京電力福島第一原子力発電所の事故 |
| 考察 | ・核は日本にとって原爆という暗い記憶と結びつく。<br>・高度経済成長期に炭坑が閉鎖され多くの人々が解雇→エネルギー関連施設等で働く人々の声を考察<br>・原発事故の経験から、自然災害の多い日本で原発利用を進めることに反対の声も大きい。<br>　→大衆の声という点に焦点をあてて、原子力発電について考察する。 |
| 資料 | **資料♠　原子力発電なら外国に依存していないといえるのか？**<br><br>核燃料サイクルの図　　　　　ウラン濃縮工場（1945年アメリカ） |
| 考察 | ・原料のウラニウムは、マンハッタン計画以降、特別な価値をもつようになった<br>・日本はウラニウムをカナダやカザフスタンから輸入し、濃縮して国内の原発で使用する。<br>・使用済み燃料の再処理はフランスやイギリスに輸送し、放射性廃棄物は日本に送り返される。 |

資料3　授業案

きなかったりする。歴史総合では歴史的事実にとどまらず、歴史事象から現代的な諸課題を考察できるような「見方・考え方」を身につけさせることを意識したい。そのために教科書の読み方に留意したり、過去と現代を比較・関連づけられるような史資料を用意したりして、授業を組み立てていく必要があるだろう。

〔参考文献・注〕

❶　経済産業省資源エネルギー庁ウェブページ「2021−日本が抱えているエネルギー問題（前編）」<https://www.enecho.meti.go.jp/about/special/johoteikyo/energyissue2021_1.html?ui_medium=lpene>（2024年2月7日閲覧）

❷　『歴史総合　近代から現代へ』山川出版社　2023、p.176

❸　♣・♥の資料はいずれも『歴史総合　近代から現代へ』山川出版社より（p.151・176・207・233）。♠の資料は、日本原子力文化財団ウェブページの「原子力・エネルギー図面集」第7章の「原子燃料サイクル」<https://www.ene100.jp/zumen/7-2-1>（2024年2月7日閲覧）、Tennessee Virtual Archive <https://teva.contentdm.oclc.org/digital/collection/p15138coll18/id/308/>（2024年2月7日閲覧）より。井上雅俊／塚原東吾「ウラニウム──現代史における「原子力性」」（桃木至朗編『ものがつなぐ世界史』ミネルヴァ書房　2021）も参考にした。核の原料であるウラニウムは、現在貿易管理の対象となっている。ウラニウムは、そもそも蛍光ガラスの材料程度しか利用法がなかったが、核兵器の製造計画により秘匿性・緊急性をもつようになってから、特別の注目を集めるようになった。

（松木　美加）

# 13 なぜ Black Lives Matter は「すべての人々」にとっての運動なのか

## はじめに

2020年、ジョージ゠フロイドという黒人男性が、警官に頸部を膝で8分間にわたり圧迫され、死亡した。地面に押しつけられているあいだ、彼が繰り返した "I Can't Breath"（息ができない）という言葉は、黒人たちの息を押し殺していたアメリカ社会に広く響き、多くの人々が、Covid-19が猛威を振るう中で街頭での抗議活動を行った。さらに、この Black Lives Matter 運動（以下 BLM）は、インターネット空間を通じて世界中に広がり、海を隔てたヨーロッパや日本でも、賛同する人々による抗議が起こった。

しかし、いまだこの運動の意図が十分に理解されたとは言い難い。例えば、「Black Lives Matter という表現よりも All Lives Matter（以下 ALM）と言ったほうがよい」という批判や、BLM は「怒れる黒人たちによる暴動」であり、運動の一側面であった銅像の引き倒し（資料1）は、「過激」であって、運

資料1　奴隷貿易に関与していたことから引き倒された、コルストン像（2020年イギリス）

動として不適当であるといった批判があった。そのために本稿では、「なぜ All Lives Matter ではなく、Black Lives Matter でなければならないのか」という比較的答えやすい問いを導きの糸とし、さらにいくつかの小さな問いを探究しながら、この運動がもつ歴史的意義とその複雑さを考察する。

# 1 「すべての人」という言葉が排除してきたもの

2020年6月、日本の公共放送でも BLM が報道された。しかし、その報道には人種的な固定観念に基づいたアニメーションが用いられ、誇張された筋肉、怒りに満ちた表情、背景には炎上する街や破壊された車、盗みを働く人の姿も描かれた。この報道は多くの批判を受け、のちに謝罪されたが、日本においてこの運動を考える難しさを端的に示す事例となった。ひらたく言えば、BLM はこの時「遠い場所で、自分とは違う誰か」の運動だと解釈されていた。それゆえに、この運動を自分の問題として引き受ける時に、素朴に「BLM ではなく ALM だ」と言い換えてしまうという現象が生じたと考えられる。このことに最初に No と言わなければならない。アメリカの歴史において、"All" という言葉は、黒人の置かれた不平等を覆い隠してきた歴史がある。

1776年7月4日、北米の13植民地は、フィラデルフィアで開かれた大陸会議で独立宣言を採択した。"All men are created equal" という理念の下に独立したアメリカは、その後も多くの移民を受け入れた。アメリカ人とは、生まれや民族の違いも関係なく、アメリカの理念に共感し、新たに「アメリカ人」となった人々のことを指すという、有名な農夫の手紙も残っている。さらに、1787年に制定されたアメリカ合衆国憲法は、"We, the People of the United States……" という一文で始まる。"the" という定冠詞によって接続

された「私たち」＝「人々」こそがアメリカの主権者だと位置づけている。

ところが、当時の合衆国憲法第1条第2節第3項では、各州の人々について「各州の人口は、年期を定めて労務に服する者を含み、かつ、納税義務のないインディアンを除いた自由人の総数に、自由人以外のすべての者の数の5分の3を加えたものとする」と定めていた。「自由人以外」の者とは黒人奴隷を指し、奴隷は5分の3人として計算され、1人の人間として扱われていなかった。この時代、女性もまた公的な空間からは排除されていた。"All Men"という言葉は、白人の、それも男性のみを示す言葉だった。

南北戦争後、共和党急進派は「カラー＝ブラインド（肌の色に関係ない）」な社会の構築を目指した。改革の中心にいたサムナーは、独立宣言や合衆国憲法の理念に照らして「平等がこの国の最高法規である」と述べた。しかし、この試みは、南部を中心として骨抜きになった。白人至上主義団体KKKが復活し、各地で黒人に対するリンチが起こった。各州で意図的に黒人を取り締まる、ブラック＝コードと呼ばれる法律が相次いで成立したり、投票所では恣意的な識字テストが用いられるなど、黒人たちは公的空間から排除された。

1896年のプレッシー対ファーガソン判決は、この現実を「分離すれども平等」と追認した。奴隷解放宣言が出された後も、誰がアメリカ市民かという問いは、人種の問題を抜きにしては考えられなかった。「すべての人々」という言葉を現実に適用する時には、その「すべて」から排除されていた人々の不利益は見えないものとなってしまうことがあるのだ。

## 2　BLMが掘り起こすもの

BLMの中心には、常にこれまでの運動では周縁に追いやられて

いた人々がいた。2012年、フロリダ州サンフォードで、17歳の黒人高校生トレイボン＝マーティンが、地元の自警団に所属していた白人男性に射殺される事件があった。裁判では陪審員が全員白人で、殺害した白人男性本人以外の証言がなく、判決では白人男性の正当防衛が認められた。

　この無罪判決の報道を受け、2013年7月13日、カリフォルニア在住の黒人のクィアでアクティヴィスト（活動家）でもあったアリシア＝ガーザがFacebook上に「黒人たちへのラヴレター」と呼ばれるメッセージを投稿した。なお、クィアとは、もとは、男性同性愛者に対する侮蔑語であった。その後、LGBTコミュニティの反差別運動の中でその意味を換骨奪胎し、異性愛規範の強制に抵抗する、セクシャル＝マイノリティの緩やかな連帯を示す言葉となった。また、のちにローレティスが、セクシャル＝マイノリティ内部にも存在する人種や世代、地域といった背景的差異に注目する必要があると考え、「クィア理論」を提唱した。

　「黒人たちへのラヴレター」
　いつものことだ、なんていうのはやめましょう。とても恥ずべきことです。私は、黒人の命と生活がなんと瑣末な問題にされているのかということに、驚き続けます。そして、これからも驚き続けます。私たち黒人の命と生活を諦めるのはやめましょう。みなさん。私は皆さんを愛している。私は私たちを愛している。これは、私たちの命と生活の問題なのです。

　同じくアクティヴィストであったパトリッセ＝カラーズは、ガーザのメッセージに#を付け、「#BlackLivesMatter」としてインターネット上で拡散した。その投稿を見たオパル＝トメティが2人に連絡をとり、Blacklivesmatter.comのサイトを立ち上げた。BLMは、インターネット上で3人の女性のクィアが始めた運動であった。BLMは、従来の運動の中で周縁にいた人々を中心にした運動なの

である。

　BLM を特徴づけているのは、「黒人」という言葉で括られる人々の中でも、女性や若い世代、クィアといった人々が中心となって展開している運動であること、そしてインターネットを媒介として、中心をもたない同時多発的かつ流動的な運動が、アメリカのみならず、世界中で同時多発的に起きた点である。BLM の参加者たちは、自発的に勉強会を重ね、公民権運動の手法や理念だけでなく、その限界からも、多くを学んでいた。

　1960年4月、ノースカロライナ州のショウ大学で、エラ゠ベイカーという黒人女性アクティヴィストが主催する大会が開かれ、300人を超える学生が詰めかけた。ベイカーは学生たちに公民権運動の経験や非暴力の戦略的理念を伝えた。この学生たちは公民権運動において直接行動の前線を担う「学生非暴力調整委員会（SNCC）」の中心となった。

　ベイカーが伝えたのは、これだけではなかった。当時、女性は公民権運動の内部でも周縁化されていた。公民権運動の主要団体であった全国黒人地位向上協会（NAACP）で働いていたベイカーは、女性がたんなる「お茶汲み」として扱われていたことに強い不満をもっていた。さらに、公民権運動の象徴的な運動であったモントゴメリー゠バスボイコット事件において、事態はさらに深刻だった。この事件は、ローザ゠パークスという黒人女性がバス車内の人種隔離に抗議した結果逮捕されたことに端を発し、長期にわたる組織的なバスのボイコット事件に発展したものである。パークスは、長年NAACP に勤めるプロのアクティヴィストだったが、NAACP は進まない法廷闘争の事例として「ふさわしい」と判断して、パークスを「人種隔離の被害に苦しんだ弱い女性」として描いた。実は、パークスの事例を喧伝する9カ月前には、クローデット゠コルヴィンという女性が同様にバス車内の人種隔離に抵抗していた。しかし、

NAACP は、彼女が「未婚で妊娠していた」ということを理由に運動の象徴としては「ふさわしくない」と判断していた。言い換えれば、公民権運動の内部でも、女性は主体を剥奪され、支配的な性規範や、男性を中心とした社会にとって「ふさわしい」かたちでなければ見向きされなかったのである。ベイカーが、より若い世代に対してアプローチをしたのは、こうした公民権運動内部の男性中心の構造に対する抵抗でもあった。

　彼女が指導した SNCC のストークリー＝カーマイケルは、都市叛乱が頻発する1966年に、「Black Power」というスローガンを掲げた。このスローガンの下に、コミュニティの自衛から日々の生活の問題の解決まで、現実の黒人コミュニティが直面する貧困・教育・警官暴力といった多様な問題に対処する人々が参与するブラック＝パワー運動が興隆した。

　ブラック＝パワー運動では、若者が活動の中心を担った。その中でも、例えば、刑務所制度を鋭く批判したアンジェラ＝ディヴィスは、その後 BLM にも直接参加している。また、カリフォルニアで活躍したヒップホップアーティストである2Pac の母で、ブラック＝パワー運動の中心となったブラック＝パンサー党のメンバーであったアフェニ＝シャクールは、2014年にトレイボン＝マーティン基金が設立する際に基調講演を行っている。BLM は、ブラック＝パワー運動や黒人女性たちの運動（ブラック＝フェミニズム運動）から思想的にも、人的にも影響を受けている。


## 3　"Black Lives" Matter＝「黒人のいのち／生活」の問題

　黒人史研究者の藤永康政は、"Black Lives Matter" という言葉を翻訳するにあたって、"Black Lives" をたんに「黒人のいのち」と翻訳するだけでは不十分であるといい、「黒人のいのち／生活」

という訳語を当てている。ここで重要であるのは、「いのち」と「生活」そして「黒人の」という3つの言葉を、切り離すべきではないということだ。黒人の「生活」は、「いのち」の問題と同様に、社会構造的におびやかされ続けた。"All Lives" という言葉は、彼らの「いのち」と「生活」が置かれた構造的な問題を、ほかの様々な問題に並置することで等閑視し、閑却する。こうした視点は往々にして「つらいのは彼らだけじゃない」との言説を生んできた。

　彼らの「いのち」と「生活」の問題を考えるにあたり、公民権運動以降の黒人たちの運動、特にのちのBLMに、思想的にも人的にも影響を与えたブラック＝パワー運動を考えることが重要である。

　1964年に成立した公民権法は、法制度上の人種隔離の問題に対する1つの答えだった。しかし、この法律によっても、黒人の実際の生活上の不平等は解消しなかった。アメリカ北部の都市では、貧困や居住空間、さらには警官暴力や司法の問題など、いのちや生活に直接に関わる問題が未解決のままで、公民権法への期待がはずれ、変わらない現実に対する絶望の中で、60年代後半には、都市暴動が頻発した。

　民主党のジョンソン政権は、民主党・共和党超党派で「カーナー委員会」を立ち上げ、暴動の原因を調査させた。委員会は、アメリカ社会の人種間の分断と人種間の不平等によって、都市暴動がもたらされていることを報告した。しかし、ジョンソン政権の下では、環境の改善や福祉の充実は最低限にとどまった。それどころか、ケネディ政権から労働省の次官補としてこの問題に関わっていた社会学者のパトリック＝モイニハンは、黒人が置かれた貧困状態の原因を、黒人の文化や価値規範、人種的な慣習に求めた。黒人の貧困は、黒人たち自身の問題であると結論づけたのである。

　1970年代に入ると、共和党のニクソン政権が都市の荒廃を問題視し、「法と秩序」政策を打ち出し、シングルの家庭・子どもたちへ

の公的支援を削減した。
80年代にはメディアによってつくり出された「黒人ゲットーの病理」のイメージが宣伝された。シングルの母子家庭は、福祉を不正に受給している「福祉の女王」であり、その一方で黒人男性たちは、家庭を顧みない自堕落な男であるか犯罪者であるという、人種的にも、ジェンダー的にも誤った偏見が広がり、福祉の削減を正当化した。貧困地域で広がる麻薬の問題に対しても支援は行われず、"Just Say No"（ただ No と言えばいい）という、

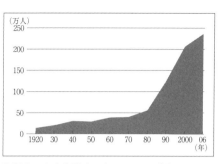

資料2　全米収監人口（1920〜2006年）

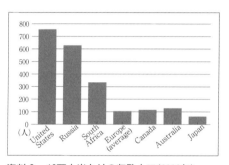

資料3　10万人当たりの収監人口（2008年）
（資料2・3とも、World Prison Population List〈eighth edition〉より作成）

当事者の自己責任にも取れる言葉が喧伝された。

　レーガン政権は、これらの問題を、警察力によって解決しようとした。3ストライク法、ストップ＝アンド＝フリスクが制定されて、軽犯罪の厳罰化と警官の権限強化が行われた。警察は貧困地域での集中的な取り締まりを行った。これらの法律や警察の措置は、主に街頭で目につきやすい「ブルーカラー犯罪」（盗みや強盗、安価な麻薬といった貧困地域で生じやすい犯罪）を厳罰化するものだった。一方で、「ホワイトカラー犯罪」（インサイダー取引やコカインといった高価な麻薬など、富裕層が主となる犯罪）は放置され、犯罪の

取締りにおける格差が広がった。

　貧困地域では多くの場合、社会的に排除された有色人種が居住していることが多く、結果として黒人の拘禁率は上昇した。そしてこの大量拘禁が、黒人に対する偏見をさらに助長する結果をもたらした。「法と秩序」政策は結局、社会福祉の削減によって犠牲になった人々を、刑務所が回収するという循環を生んだ（資料2・3）。

　1996年になると、民主党のクリントン政権は、ニクソン政権以降攻撃されてきた家庭への公的扶助を完全に打ち切った。結果的に、貧困地域の住民は、常に低い社会的支援と不安定な生活、過剰に行われる警察による取締り、そして高い逮捕率によって、アメリカにおける刑務所収監人口の多くを占めることとなった。アメリカの黒人にとって、居住地域における公共サービスや社会福祉の削減、地域の治安の問題といった「生活」の問題と、麻薬や犯罪、警官暴力といった「いのち」の問題は地続きであり、切り離すことはできない。

## 4　#Black Lives Matter はなぜ拡散したのか

　以上、見てきたように、BLM は、アメリカに存在する人種間の、そして人種内の差異が、社会構造的に構築されたものであること、さらにはその差異は、より社会的に弱い立場の人々の「いのち／生活」を脅かす大きな問題であることを鋭く指摘している。だからこそ、その運動の中心が、女性やクィアの人々であることは重要なのである。「黒人のいのち／生活もほかの人々と同様に重要なのだ」と訴えることは、いのちや生活の格差が厳然と存在している現実の社会制度そのものを可視化し、すべての人々にとって平等な社会の実現を目指すことである。「#All Lives Matter」という言葉は、その意味で、社会制度が特定の人々により過酷なかたちで編成されて

いるという現実を見えなくし、この運動のもつ意味を曖昧にしてしまうのである。"Black" という言葉は、「黒人」だけの問題ではなく、"Black" という言葉に凝縮された社会制度全体や社会の意識全体、「すべての人」に関わる刑事・司法の問題が、特定の肌の色の人々を狙い打ちにしていることを明らかにしている。

そして BLM は、インターネットを通じて世界中に、それぞれの土地でローカライズされながら広がった。大西洋を隔てたイギリスでは、奴隷貿易の記憶が喚起され、その象徴であった銅像の引き倒しが起きた。ドイツでは、北西アフリカのムスリムに対する人種主義への告発につながった。日本でも、BLM に関連した多くのデモが行われ、かつそれを呼び水として、改めて在日外国人に対するヘイトクライムやレイシャル＝プロファイリングを検討するという企画が複数行われた。

〔参考文献〕

上杉忍「アメリカ合衆国における産獄複合体（Prison Industrial Complex）の歴史的起源──南部の囚人貸出性・チェインギャング制のメカニズム」（『北海学園大学人文論集』50号　2011、p.1-22）

土屋和代「刑罰国家と「福祉」の解体──「投資－脱投資」が問うもの」（『現代思想』48巻13号　2020、p.124-131）

バーバラ・ランスビー著、藤永康政訳『ブラック・ライヴズ・マター運動誕生の歴史』彩流社　2022

藤永康政「「長く暑い夏」再考──六〇年代黒人ラディカルズの想像力と都市暴動に関する一考察」（『山口大学文学会志』58巻　2008、p.63-89）

（徳原　拓哉）

# 14　アパルトヘイトの起源

## はじめに

　2022（令和4）年度の東京大学の入試で、南アフリカ（以下、南ア）のアパルトヘイトに関する出題があった。人種隔離政策の撤廃からすでに30年余りが経過し、日本から約1万4000キロ離れた南半球の出来事ということもあって、近年の日本ではしだいに人々の記憶から薄れつつある。しかし、現地ではこの問題に起因する根深い社会矛盾を引きずり続けており、決して過去のことになってはいない。東大での出題は、アパルトヘイトの惨劇を改めて世に示す1つの警鐘としての役割を果たしたといえよう。

　では、アパルトヘイトは歴史総合の教科書ではどのように扱われているだろうか。山川出版社の『現代の歴史総合　みる・読みとく・考える』を例に挙げると、本文中に若干の言及があり（p. 228）、それに付随するかたちでマンデラ氏の陳述やポスターなども紹介されているほか、「多様な人々の共存」というテーマ学習（p. 165）において、新旧国旗の比較と言語別人口構成の円グラフを素材に南アの民族問題に目を向ける機会を設けている。しかし、その歴史的背景や原因については一切触れられておらず、これでは浅薄で外面的な理解にとどまってしまうだろう。本稿では紙面の都合上、概略にとどめざるを得ないが、アパルトヘイト政策の起源について留意事項をまとめていきたい。

# 1　オランダ・イギリスによる植民地支配

　「黒人 vs 白人」という単純化された人種問題の構図で捉えてしまいがちなアパルトヘイトであるが、実際には古くからの原住民、ヨーロッパ系住民、アジア系住民などが絡んだ南アの複雑な民族問題である。特に、17世紀半ばに到来したオランダ系住民と、19世紀以降に彼らを支配下に置いたイギリス系住民の激烈な対立が、この問題に深刻な影響を与えていることを見落としてはならない。

　そもそも“Apartheid”とは、オランダ語から派生したアフリカーンス語（Afrikaans）の単語で、本来は「隔離」ではなく「分離」を意味する。アフリカーンス語は南アに住む白人のおよそ6割弱が母語とするほか、カラード（混血）と呼ばれる人々のあいだでも第一言語として使われている。アパルトヘイト体制下では、義務教育課程において全国民に学習が強制されていた時期もあった。

## オランダ東インド会社の進出

　南アの地にオランダの影響が及び始めたのは、ヤン＝ファン＝リーベック率いるオランダ東インド会社（VOC）の船団が喜望峰近辺に到来した1652年とされる。彼らが創始したケープ植民地は、長崎の出島とアムステルダムを結ぶアジア・アフリカ航路の拠点として地政学的に重要なため、しだいに開拓が進んで入植も盛んになった。そこにフランスで迫害されたカルヴァン派のユグノーやドイツ系の人々などが合流し、予定説を強調するプロテスタント信仰とオランダ語を軸にした特異な白人社会が形成されていった。これがのちにアフリカーナー（Afrikaner）と呼ばれることになる民族の始まりである。「農民」を意味するブール人（Boere）と呼ばれることもあるが、文脈しだいでは差別的なニュアンスをもつこともあるので注意を要する。

彼らは原住民(コイコイ人やサン人など)を隷属させ農業を営んだが、自然と一体化して生活してきた原住民は従順ではなく、疫病の流行で多数の死者を出したこともあり、VOCは労働力不足を補うため東南アジアからマレー系の人々を連れてきた。こうして原住民とヨーロッパ人の混交によって生まれ、アジア出身の人々の影響も受けつつ形成されたエスニック゠グループがいわゆるカラード(Kleuringe)の起源と考えられている。「色の付いた」という侮蔑的な意味合いをもつ単語だが、より端的に「茶色い人」(Bruinman)と呼ばれることもある。このように18世紀の段階で、すでに南アには複雑な多民族社会が人為的に作り出されていた。

## イギリスの到来とグレート゠トレック

　アメリカ独立戦争を迎える頃には、オランダ海上帝国の衰退は決定的となり、植民地の管理もずさんになっていった。経営不振のVOCはフランス革命のあおりを受けて廃業に追い込まれ、オランダ自体もナポレオン帝国に併合されてしまう。世界に散在していたオランダ植民地は、大半がイギリスの管理下に置かれることになった。その後、ウィーン会議を経てケープ植民地の領有を確立したイギリスは、現地にイギリス式の統治法を導入し、1830年代には奴隷制廃止を断行した。これに激しく反発したのがオランダ系住民である。啓蒙思想の影響を受けることなく、奴隷労働力に依存した社会を構築してきた彼らは、奴隷制廃止によって生計に重大な打撃を受ける。入植開始からすでに150年以上が経ち、遙か1万キロも離れたオランダ本国には帰るべき場所も頼るべき人も存在しない。自らの拠り所である南アの大地にしがみつくしかなかったオランダ系住民からすれば、イギリス統治は「侵入者による文化的抑圧」であり、アイデンティティを根底から揺さぶる脅威でしかなかった。イギリス人の手を振り切るべく、オランダ系住民は牛車(Ossewa)を仕立

て、家財道具を積んで内陸部への大移動を開始した。これがグレート＝トレック（Die Groot Trek）である。東京書籍の旧課程教科書『世界史Ａ』には言及があった。

　ケープ地方から北東に向けて進めば、そこには標高3000m 級のドラケンスベルク山脈が連なる。内陸部の過酷な自然環境は、牛車で旅を続ける彼らを大いに疲弊させた。さらに、強大な軍事力をもつズールー人をはじめ、様々な部族に直面するたびに戦いを繰り返すことになった。この「さまよえるオランダ人」たちは火薬の力を借りて原住民に立ち向かった。牛車で円陣（Laager）を組んで即席の要塞とし、家畜を囲って守り、幌の陰から火砲で応戦した。

　荒れ野を行くオランダ系住民は「魁」を意味するフォールトレッカー（Voortrekkers）と自称し、イギリスの追撃を振り切るための「苦難の旅路」を神話化していった。自らを聖書の創世記に描かれるヘブライの民になぞらえ、試練に耐えつつ約束された土地を目指して歩む「神に選ばれた民」として捉えるようになったのである。カルヴァン派の予定説がこれを裏打ちし、彼らは一種の選民思想をもつようになっていった。本国組織から分離し、独特な聖書解釈を深めたオランダ改革派教会（Nederduitse Gereformeerde Kerk）は、のちのアパルトヘイトに神学上の根拠を与えることになる。さらに、奴隷化した原住民やアジア系住民との意思疎通を繰り返す中で独自の簡略化を遂げたオランダ語が、オランダ系住民の日常語としてしだいに定着し、いわゆるアフリカーンス語として独立した地位を築くに至った。こうして、内陸部への移動が進められていく過程で「白人」「オランダ改革派教会」「アフリカーンス語」をアイデンティティとする新たな民族——アフリカーナーが誕生したのである。


## ２つのアフリカーナー共和国とブール戦争
　1850年代前半、山岳地帯を北に抜けたアフリカーナーは、ファー

ル川（オラニエ川の支流）を越えた丘陵にトランスファール共和国を築き、続いてその南部にオラニエ自由国を建国した。両国は一応、イギリスから国家承認され、一時は小康状態が実現した。しかし、わずか20年も経たぬうちにイギリスは独立を認めたことを後悔するようになる。その理由こそが、世界史を揺るがす重大な発見――金とダイヤモンドの出現である。これらが発見されなかったら、恐らくアパルトヘイトの悲劇は起こらなかったと考えてよいであろう。

　1867年、オラニエ自由国が領有権を主張して原住民と争っていたグリクワランド西部で良質のダイヤモンド鉱脈が見つかった。早速イギリスは、原住民のグリクワ人が保護を求めてきたという口実を設けてこの地域を奪取し、1880年には英領ケープ植民地に併合してしまう。世界史の教科書や図説にて印象的な図版で紹介されることの多いセシル＝ローズは、この文脈で姿を現してくる。彼が設立したデビアス社（De Beers）は南アのダイヤモンド採掘を独占し、現在も世界有数の鉱産資源ブランドとして名を馳せる。ユダヤ系の大財閥ロスチャイルド家の支援を受けて事業を拡大したローズは億万長者となり、その豊富な資金力を背景として1890年にはケープ植民地の首相にのし上がった。

　これにとどまらず、1886年にはトランスファール共和国の首都プレトリア近郊で巨大な金鉱脈が発見された。鉱石に入っている金の含有量こそ少ないが、鉱脈の規模は世界最大級である。ヴィットヴァーテルスラント（Witwatersrand）と呼ばれたプレトリア南部の金鉱地帯には瞬く間に人口が集中し大都市化していった。こうして形成された経済拠点が現在のヨハネスブルクである。

　金鉱脈の発見よりも前からイギリスはトランスファールに触手を伸ばしており、早くも1877年には軍隊を動員して共和国を取り潰していた（第1次ブール戦争）。アフリカーナーの激しい抵抗に直面し4年後には再独立を認めたが、金鉱脈の発見によって再び攻略の機

をうかがうようになった。「惑星の併呑」さえも掲げるようになったローズは1895年の暮れに「ジェームソン侵入事件」を引き起こす。これは500人程度の傭兵をトランスファールに侵入させ強引に政権転覆をはかるものであったが、拙速なクーデタ計画は惨憺たる失敗に終わり、責任を追及されたローズは翌年、政界を追われる始末となる。

　なお、1894年にローズは「グレン゠グレイ法」という重要な置き土産を残している。これは「一定の狭い地域に原住民を集めて押し込め、割り当てた土地の分割や譲渡を禁止し、地域内での限定的自治を認める代わりに投票権は剥奪する」というものであった。こうすることで、耕作により生計を立てることが難しくなった余剰人口は居住地域外に職を求めざるを得なくなり、必然的に彼らは低賃金で働く出稼ぎ鉱山労働者となっていく。まさしく、のちのアパルトヘイトの根源ともいえる施策であり、注目に値する。というのも、アパルトヘイトは「含有量の低い金鉱脈の採掘において採算性を最大化するため、必要とされる低賃金労働者を大量に創出する南ア特有の社会システム」と定義できるからである。

　ローズの失脚後に南アの植民地政策を担ったのは保守党ソールズベリー内閣の植民相ジョセフ゠チェンバレンと、南部アフリカ高等弁務官のアルフレッド゠ミルナーであった。この頃までに両共和国にはアフリカーナー人口を上回る大量の出稼ぎ労働者が流入しており、その大半はイギリス系であった。イギリスは両共和国が外国人参政権を認めないことを執拗に非難し、また日増しに親ドイツの姿勢を露わにする彼らに強い外交圧力をかけた。誇り高きアフリカーナーは最早これまでと覚悟を決め、1899年に両共和国は軍事同盟を締結、イギリスに宣戦を布告した。第2次ブール戦争（南ア戦争）の開戦である。緒戦はドイツの支援を受けたアフリカーナー側が地の利を活かして善戦し、高を括っていたイギリス軍に大損害を与えて

驚かせた。しばらくして両共和国の主要都市が占領されると、今度はゲリラ戦を展開して補給路を断ち、イギリス軍を混乱に陥れた。イギリスは反撃のため、海外植民地からの動員も含め、延べ45万人ともいわれる途方もない兵力を投入した。彼らはアフリカーナーの集落を片っ端から焼き払う焦土戦術を行い、捕らえた人々を強制収容所に押し込んだ。この過程で多くの女性や子どもが命を落とし、アフリカーナーのあいだにのちのちまでイギリスへの激烈な恨みを残すことになる。1902年、継戦能力を失ったアフリカーナーはついに降伏し、イギリスに征服された。

## 2　アパルトヘイトの成立へ

### 安い鉱業労働力を求めるイギリス帝国主義

　1910年、帝国内自治領（ドミニオン）としての南アフリカ連邦が成立した。ブール戦争でアフリカーナーの凄まじいナショナリズムと結束力に直面したイギリスは恐れをなし、敗者に対して大幅な譲歩をした。アフリカーナーとイギリス系住民の人口比は時代を通じて概ね6：4で一定しており、円滑な植民地経営のためには両者の融和が必要不可欠であった。イギリスは当初から彼らに完全な参政権を与え、植民地支配体制に取り込もうとした。その証として南ア連邦の首相はことごとくアフリカーナー出身であり、国王の名代である南ア総督さえも1943年以降は全員アフリカーナーである。

　とはいえ、ブール人つまり「農民」とも呼ばれるアフリカーナーの実態は牧畜民であり、戦争で大切な家畜を失った彼らの大半は、文字通り壊滅的打撃を受けた。困窮し生活が立ち行かなくなった者は続々と都市に流入した。いわゆるプワー＝ホワイト問題が浮上してくるのである。彼らは拡大顕著な金・ダイヤモンド採掘業を支える単純労働・半熟練労働の担い手となった。

1913年には「原住民土地法」が制定され、白人が国土の約9割を占有し、それ以外の人々は原則として残りのわずかな土地に押し込められることになった。人種隔離政策（Segregation Policy）の始まりである。利潤の最大化を目論むイギリス系の鉱業資本にとって、これほど好都合な制度はない。先祖伝来の耕作地をむしり取られた原住民は、必然的に鉱山へ出稼ぎに行くしかなくなる。つまり、安い労働力を容易に手に入れることを可能にする社会システムを作り出したのである。まさに悪魔の所業というほかないが、一方で対処の難しい新たな問題も派生させた。鉱業労働の現場におけるアフリカーナーと原住民の競合である。

## アフリカーナー民族主義の興隆

　1922年、経営合理化をはかる鉱業資本は白人労働者の給与を引き下げるだけでなく、半熟練労働部門を原住民に開放しアフリカーナーとの置き換えを目論んだ。この動きに激しく反発したアフリカーナー労働者は、かつてブール戦争でイギリスに虐げられた記憶を呼び起こし、政府が狼狽するような大規模ストライキに打って出た。これが「ラントの反乱」として知られる事件である。ストは熾烈な武装闘争に発展し、政府は航空機や大砲を含む軍事力を動員して徹底的に鎮圧した。結果として、この事件は労働者側の敗北に終わったものの、アフリカーナー世論に少なからぬ影響を与え、1924年には民族主義を前面に押し出すヘルツォーク国民党政権が成立する。

　ヘルツォークは鉱業依存の経済体質を改善するため工業育成に力を入れ、アフリカーナーの就業機会を増やすとともに、話者の減ったオランダ語に替えてアフリカーンス語を公用語化した。さらに、ケープ地方の原住民がもっていた選挙権の剥奪、原住民による土地所有条件の厳格化、原住民の居留区外における土地不法占拠の取締りなど、人種政策の強化にも辣腕を振るった。1920〜30年代にかけ

て、鉱業のみならず農業・工業の各分野でも、安い労働力の確保が喫緊の課題となっており、アフリカーナーと原住民の競争が激化していた。そこに歴史的憎悪を背景とするイギリス資本と新興アフリカーナー勢力の対立が絡み合い、情勢は複雑な様相を呈した。国民党（Die Nasionale Party）は、こうした状況下におけるアフリカーナーの地位を改善するため、社会的矛盾を有色人種にしわ寄せする差別システムの構築を着々と進めていった。のちにアパルトヘイトと呼ばれる体制の大枠ができたのは、ほぼこの時期といってよい。

　1930年に到来した大恐慌の波は、南アにも深刻な経済危機をもたらし、大量の失業者が生じた。未曽有の国難を前にしてアフリカーナー支配層とイギリス資本は一致団結を迫られ、それは1934年、国民党（反英）と南ア党（親英）の合同による連合党の成立というかたちで政治的に実を結んだ。しかし、この動きを認めない保守系のエネルギッシュなアフリカーナーは、連合党を偽善者と見なして離れ、聖職者出身の政治家マランを中心に「浄化された民族主義」を掲げ

グレート＝トレック100周年を祝うため、プレトリア郊外の丘陵に集結したアフリカーナーの市民（1938年）

る純正国民党を立ち上げた。その背景にはアフリカーナー兄弟同盟（Afrikaner Broederbond）と呼ばれる知識人・公務員・軍人・聖職者などで構成された秘密結社の地下活動があり、草の根の啓蒙運動を通じてアフリカーナーの地位向上に努めていた。いまだイギリス系住民とアフリカーナーの所得格差は非常に大きいままで、その是正は兄弟同盟をはじめとするナショナリスト圧力団体の悲願であった。折しもヨーロッパではヒトラーのドイツ国民社会主義運動が破竹の勢いで躍進しており、彼らはその影響を少なからず受けていた。

### 工業化、国民党の勝利、アパルトヘイトの確立

1939年、第二次世界大戦が勃発すると、スマッツ連合党政権は親ドイツ的なアフリカーナー世論を押し切ってドイツに宣戦を布告した。大戦特需が到来し、工業も鉱業もフル稼働状態となり、多くの白人男性が戦地に赴く中で人手不足が深刻化した。有色人種の労働力活用は大戦中に著しく進み、原住民の都市進出も目覚ましかった。

保守系アフリカーナーの立場からすれば、これは新たな脅威の出現にほかならない。民族ごとの分離発展を旨とする"Apartheid"の標語が公式に使われたのは1943年のことである。大戦終結後、マランは党名を国民党に変え、1948年の総選挙で大戦内閣を率いたスマッツの与党を僅差で破った。アフリカーナーの人種的な危機意識に一部のイギリス系住民が同調した結果であった。政権を握った国民党は1953年までに「人口登録法」「集団地域法」「背徳法」「雑婚禁止法」「パス法」「分離施設保留法」といった法整備を怒涛の勢いで推し進め、名実ともに人種間の社会的分離を確立したのである。


## おわりに

日本で目にする南ア関連の文献は「アフリカーナー悪玉論」の傾

向をもつことが多いように見受けられる。単語の由来からもわかる
ように、アパルトヘイトはアフリカーナー民族主義の産物といえる
が、その制度によって陰で漁夫の利を得ていたのは鉱産資源に群が
るイギリス資本であることを忘れてはならない。インドやパレスチ
ナと並ぶイギリス植民地支配の負の遺産であるということこそ、ア
パルトヘイトの本質といえるだろう。また「かつて虐げられた者が、
あとで虐げる側にまわる」という皮肉な側面ももっている。

　この世界史上でも特異な事象を、限られた歴史総合の単位数で詳
しく伝えることは難しいかもしれないが、多様性の尊さが叫ばれる
今、この問題をまったく扱わずに現代史を終えるわけにはいかない
のではないか。「歴史は繰り返す」というが、人類史に深い傷とし
て残るこのような悲劇を二度と繰り返させない使命を歴史教育は担
っているし、担わなければならないと確信する。

〔参考文献〕
伊高浩昭『南アフリカの内側——崩れゆくアパルトヘイト』サイマル出
　版会　1985
市川承八郎『イギリス帝国主義と南アフリカ』晃陽書房　1982
伊藤正孝『南ア共和国の内幕——アパルトヘイトの終焉まで　増補改訂
　版』中公新書　1992
林光一『イギリス帝国主義とアフリカーナー・ナショナリズム——1867
　〜1948』創成社出版　1995
松野妙子「アパルトヘイトの成立」(柴田三千雄ほか編『シリーズ世界史
　への問い9　世界の構造化』岩波書店　1991)
峯陽一『南アフリカ「虹の国」への歩み』岩波新書　1996
レナード・トンプソン著、宮本正興／吉國恒雄／峯陽一訳『南アフリカ
　の歴史　新版』明石書房　1998

（小林　裕樹）

# *15*　人の移動／移民への問い

## はじめに

　今、人の移動が注目されている。このことは「歴史総合」において
も例外ではない。従来の世界史科目でも、ゲルマン人の移動や十
字軍の遠征、「大航海時代」の一連の展開などを通して人の移動は
論じられてきた。「歴史総合」では、これらの点を踏まえながら、
19世紀に大西洋を越えてヨーロッパからアメリカ大陸へ渡る人々や
日本から海外へと渡航する人の移動、あるいはグローバル化に伴う
トランスナショナルな人の移動が取り上げられている。すなわち、
近代化やグローバル化を多角的に理解するために、人の移動がもつ
歴史的な意義を考察することが改めて求められているのである。
　歴史的事象として人の移動に焦点を当てることは、等しく、その
行為主体である人が、どのような動機をもって移動し、移動先であ
る新たな土地（地域、国家）にどのように帰属していくのか、またそ
の移動によっていかなる社会的変容が促されたかという点に着目す
ることを意味する。このような一連の過程は「人はなぜ移動したの
か」、そして「人の移動がどのように社会に影響を与え、どのよう
な変化をもたらしたのか」といった問いへとたどり着く。そして、
これらの問いは、人の移動の背景にある「移動の論理」を考察する
ことでもある❶。
　近年の移民研究の興隆により、歴史における人の移動の多様性が
明らかになった。それらの人の移動が現代において重要な意味をも

つことは言うまでもない。ここでは紙面の都合上、人の移動に関する基礎的な視点を提示したい。最初に、人の移動を通して移民とは誰か、といった点を考察する。歴史における人の移動から、多様な移民過程を見い出すことができる。ここでは移民という言葉で示される人は誰なのかといった点を論じる。次に移民過程に関する理論的な視点を提示する。移民過程は一面的に捉えられやすい一方で、その過程は複雑な要素が絡み合う。そうした移民の実態を深く考察するための視座としての移民理論を明示する。最後に移民の具体的な事例として、横浜市鶴見区を取り上げる。そこでは歴史的事象としての移民が、現在の私たちの日常世界と乖離してはいないということを示す。

# 1 「移民」とは誰か

　人の移動は人類の発生と同時にあったとされる。人の移動を問うことは、そのまま人類の歴史を論ずることに等しい。それは様々な意味や事象が人の移動に込められているということでもある。それゆえ一般に国境を越えた人の移動を表すと考えられる「移民」という言葉も、細かく勘案すれば多様な意味をもつことになる。

　例えば、国境を越える・越えないという問題がある。歴史上、すべての移民が国境を越えたわけではない。国境が十分に画定していない国民国家成立以前の移動や、帝国内での移動も移民ということができるだろう。あるいは国内での移動も移民の１つの形態といえるだろう❷。次に移動する人の自発性と強制性の問題がある。自身の生まれ育った地域や国から離れ移動する人の意識は自発的なものか強制的なものかといった点である。この点に関連して「難民」という問題も浮上する。「難民」の定義は国連の難民条約で規定されているが、その内容は移民と同等の定義ではない。最後に、一定期

間の滞在か永住意図をもつかといった点も問われる。かつて移民は受入国側に永住することを前提とする人と考えられていた。しかし、現代では必ずしもそうではない。現代では1つの国に永住せず、いくつかの国を越境、移動する人もいる。つまり、永住の意思がなくとも移民と考えるのである。移民とは、時代や場所によってその内容は大きく異なってくる❸。

　とはいえ「移民」を考察する際に、その指針となる考え方は示しておく必要があろう。特にここで対象とする移民は、交通革命により移動の自由が飛躍的に向上した近代以降の移民である。その意味で移民とは生まれた国や地域から一時的なものも含め、他の国や地域に移り住む人と捉えることができる。そして移民が向かう地域や受入国は、その移民の送出国とは異なる統治形態であり、異文化や異民族に接するところである。移動の目的は生活の向上という点が強調されるが、それだけに包括されない多様性をもつ。このことはまた、移民を労働力として捉える考え方からも距離を置くことになる❹。これらの点に加えて、移民を個人的な事柄としてではなく、「集合行動であり、社会変動を生じさせ、移民の送出国と受入国双方の社会全体に影響を及ぼすもの」と捉える❺。地球全体の人口の約4％にすぎない移民が着目されるのは、移民が社会変容の重要な要因と考えられるからである。


## 2　4つの移民理論

　ここではカースルズとミラーの議論に依拠しつつ、「移動の論理」の一端である移民の発生とその影響といった移民過程の議論を整理していきたい❻。カースルズとミラーは移民現象を「プッシュ・プル理論」「歴史―構造的アプローチ」「移民システム理論／移民ネットワーク理論」「トランスナショナル理論」の4つの理論に分類し

た。

　プッシュ・プル理論は経済学の中の新古典派理論に依拠して提起された。これは人々を出身国から離れさせる「プッシュ要因」と、移民を引き寄せる「プル要因」とを組み合わせた考え方である。「プッシュ要因」には人口増加、低い生活水準、就労機会の不足などが挙げられ、一方「プル要因」には労働需要やよりよい経済的機会、政治的自由などが挙げられる。このようなプッシュ・プルモデルによれば、低所得地域から就労機会のある高所得地域への移動や、人口過密な地域から人口希薄な地域への移動といった現象を的確に把握できる。加えて、この理論は経済学だけでなく、社会学・地理学・人口学の領域でも活用されている。

　しかし、移民をめぐる実証的な研究を通して、プッシュ・プル理論は移民の実態を単純化してしまうという点で批判もされる。移民の意思決定のプロセスは送出国・受入国の多様な要因に基づいている。プッシュ・プル理論では移民過程における複雑な要件を捨象してしまうのである。

　歴史―構造的アプローチは、プッシュ・プル理論より移民が発生する外在的な要因としての歴史的経緯や国家の役割に着目したものである。このアプローチは従属理論や世界システム論を背景に、経済や政治権力の不均衡な布置によって移民が発生するという考え方である。これは第三世界の資源搾取や非対称的な貿易活動によって世界経済が中心と周縁に再編され、その状況下での人の移動を理論化したものである。

　プッシュ・プル理論、歴史―構造的アプローチのいずれも共通する点は、移民の発生を外在的な要因に求めることにある。そのため、移民の主体的な意識を十分汲み取れないという批判が起こる。すなわち、主体的な意識をもつ移民といった側面を捨象してしまうのである。この点を踏まえれば、グローバル化が深化した20世紀後半か

ら今世紀にかけての移民現象を十分理論化できていないということになる。そこで提起されるのが移民システム理論／移民ネットワーク理論、およびトランスナショナル理論である。

移民システム理論は、制度といったマクロ構造と、移民が内包する個人的な事柄であるミクロ構造との相互作用によって移民現象を把握しようとする試みである。具体的には、歴史—構造的アプローチで見い出される世界の政治経済、国家間関係、また送出国と受入国とによって制定された法や制度、習慣などがマクロ構造にあたる。他方、移民自身がもつネットワークや文化資本、習慣、信条、主体的な意思などをミクロ構造と捉える。そして移民ネットワーク理論は、移民自身がもつネットワークに着目する。移民現象は、こうしたマクロ構造とミクロ構造との循環的な相互関連性によって起きるという考え方である。この視点に立つ時、人が居住地から離れる動機から、移動過程、そして定住へといった一連の移民過程を包括的に捉えることができる。

そして、グローバル化が深化する現在の移民現象に迫るように提起されたのが、トランスナショナル理論である。これは移民システム論を基盤としながら、より移民の主体的な行為に焦点を当てた議論である。すなわち、その当事者が、経済的・社会的・文化的につながりをもつ2つ、あるいはそれ以上の国や地域に繰り返し移住することを理論化したものである。ここでは特に移民の主体的な意識といった側面を強調することになる。

以上、ここまでカースルズとミラーの議論に依拠しながら移民理論をまとめてきた。移民の実態を考察すれば、単一の視座で移民過程のすべてを包括的に説明することはできない。そこには様々な条件が重なり合うのである。それゆえ、移民過程を説明する視点は多様にならざるを得ない。次に、こうした点を確認するために横浜市鶴見区に焦点を当て、そこに集住している沖縄系や南米系の移民の

歴史的背景を確認したい。

## 3　沖縄・南米・鶴見

### 鶴見への視座

　横浜市鶴見区は沖縄系移民、およびブラジル系移民、ボリビア系移民、アルゼンチン系移民が混在する地域である。その中には日系人と呼ばれる人々も存在する。鶴見のこうした地域特性を理解するにはダイナミックな人の移動の歴史に触れなければならない。移民という現象を抜きにして現在の鶴見は語り得ないのである。そして、なぜ鶴見がこのような状況になったのかを考察するには、第1に移民の送出地域である沖縄の歴史的状況を踏まえることが重要となり、第2に沖縄系日本人や、南米系移民が鶴見に集住した歴史的過程を確認する必要性がある。ここでは、上記の2点を踏まえながら現代の鶴見の特性を形成している歴史的事象を確認しておきたい。

### 「移民県」としての沖縄

　明治時代以降、第二次世界大戦を挟み戦前から戦後にかけて一貫して沖縄は移民の送出県という性格をもっていた。沖縄は戦前から戦後にかけて本土の10倍以上の海外移民を輩出していた。それは沖縄が置かれた歴史とも深い関係をもっていた。藤浪海は、戦前の沖縄は中央政府の帝国主義的拡大という歴史的条件の下で「国内植民地」といった状況に置かれ、様々な困難を被ったと指摘する❼。言うまでもなく、そうした困難は沖縄の人々に経済的な貧困や食糧の不足などを強いることになった。それゆえ戦前の沖縄からは、南米のみならず日本本土や南洋諸島などにも移民を輩出することになった。そればかりではなく、沖縄民権運動の副産物としての「思想移民」という性格を有する人々もいた❽。

アジア・太平洋戦争で、筆舌に尽くし難い地上戦を経験した沖縄は、敗戦直後、アメリカ軍による直接統治が行われた。沖縄の社会基盤も産業基盤も壊滅的な状況からの出発でもあった。当初は徴兵や戦死による労働力不足、人口不足の状態にあった沖縄も、しだいに戦地からの引揚げや復員で急激な人口増となり人口過剰状態となった。この時期にアルゼンチン、ペルー、ブラジルなどの南米では沖縄救済策としての移民受け入れも開始された❾。

　ここで改めて、沖縄を含む日本から南米への移民の歴史を概観しておきたい。メキシコへは1897年、ペルーへは1899年にそれぞれ日本から移民が送出されている。そしてブラジルには、1908年の「笠戸丸」による移民が、組織的、集団的なブラジル移民の最初である。ブラジルへの移民は、途中、戦争などで中断されながらも、1981年まで行われた。こうした移民政策が展開される中で、沖縄出身者の移民が多いのは先にも触れたように、沖縄が置かれていた歴史的、社会的状況によるものだといえる❿。

### 磁場としての鶴見

　沖縄出身の人々が鶴見に集住し始めたのは1920年代頃である。1915年に開業した富士瓦斯紡績川崎工業が沖縄から紡績女工を集めたのが、その最初といわれる。この当時の鶴見は埋め立てが進み、景勝の避暑地から工業地域へと変貌していく時期でもあった。その後、沖縄県から鶴見への移住は継続的に行われた。

　戦争直後は、親族などを頼って、戦地から鶴見へと引き揚げてくる沖縄出身者がいたが、戦後、アメリカ統治下の沖縄からも鶴見への移住は続いた。1952年に沖縄鶴見県人会が発足し、1957年には沖縄から本土への集団就職が開始された。このように沖縄出身者の鶴見への集住が促されたのである。

　こうした鶴見に、南米に移住した沖縄系の人々が移ってきたのは

1980年代以降である。この動きは1980年代の世界的な経済・社会状況と無縁ではない。1970年代に起きた石油危機への対応として、当時の先進諸国はフォーディズムから脱却し、フレキシブルな生産体制の構築を進めた。この流れは1980年代により加速し、国境を越えたヒト、モノ、カネの移動が増加した。この当時の南米はインフレーションによる不景気であり、他方、日本はバブル景気といわれる好景気が起きていた。当時の日本は、プラザ合意以降の円高と、それに伴う内需拡大に向けた金融緩和が実施されていた。好景気の中で、日本は建設業や機械工業の分野で人手不足となっていった。

　人手不足は鶴見も例外ではなかった。この状況を改善するために鶴見の沖縄系住民は、南米にいる沖縄系住民を呼び寄せたのである。この時、中心的な役割を見せたのは鶴見にあった沖縄系電設会社であった。このような契機から沖縄系移民のトランスナショナルなネットワークを頼って、鶴見に南米からの沖縄系移民が集住することになったのである❶。

### 鶴見と沖縄を結ぶもの

　現在の鶴見区の地域特性は沖縄系移民を抜きには考えられない。そこには沖縄出身者の移動の歴史が横たわる。沖縄県がなぜ「移民県」と呼ばれるのか、その歴史的経緯はすでに述べた。また、そうした海外へと移動した沖縄系の人々が鶴見に集住した経緯も明らかにした。

　しかし、こうした経緯から理解できるのは、先に示したカースルズとミラーが提起した移民理論の類型に明確に区分されるものではないといった点である。経済的な貧困から労働力として就業機会を求めるために海外に移住するといった側面があることも事実である。ただし、そればかりでなく、沖縄社会に内包される社会関係資本としてのネットワークが、沖縄系移民の移民過程に大きな意味をもっ

ていることが確認できる。鶴見を通して見える沖縄系移民の実態は多様な位相の要因が複雑に絡み合っているのである。


## おわりに

　繰り返すように、現代において移民は地球の全人口のわずか４％前後に過ぎない。しかし、移民による地域、国民国家への影響は少なくない。国家の制度といったマクロな視点から、個人的なアイデンティティといったミクロな事柄に至るまで、移民という現象は様々な問題を投げかける。人口規模として絶対数が多いとはいえない移民が着目される理由がここにある。そして、その背後には人の移動を促す多様な要因が存在する。この点も常に意識しておくべき点であろう。

　これまで見てきたように、私たちの身近な地域も移民という歴史的事象を抜きにしては語れない。近代化は人の移動の自由を促進させた。そしてグローバル化はよりそれを拡大し、地球規模の複雑な人の移動を生み出した。このことによって、顕在化する新たな問題群に私たちは向き合わなければならなくなってきた。それは人々の権利や義務の再定式化であり、自己の存在のための安全性や保障をめぐる問題と対峙することにほかならない。こうした問題群は現代的な視点をもちつつも、歴史的想像力を欠いて思考することはできない。それゆえ、人の移動は私たちにとって多様な問いを投げ続けるのである。


〔参考文献・注〕
❶　ここでいう「移動の論理」とは、北村暁夫／田中ひかる編『近代ヨーロッパと人の移動——植民地・労働・家族・強制』(山川出版社 2020)の「序論」(p.3)に拠っている。

❷　例えば、「移民」に相当する英語は "migration" である。しかし、この語に国境を越えるという意味は含まれていない。その意味で「移民」とは、必ずしも国境を越える人を指すとは限らないのである。

❸　我が国の「移民」の意味の変遷については、小嶋茂「海外移住と移民・邦人・日系人——戦後における意味の変容から考える」(駒井洋監修、陳天璽／小林知子編著『叢書グローバル・ディアスポラ1　東アジアのディアスポラ』明石書店　2011、p. 161-162)を参照されたい。

❹　ここでの定義は、木村健二『近代日本の移民と国家・地域社会』(御茶の水書房　2021)、および永吉希久子『移民と日本社会——データで読み解く実態と将来像』(中公新書　2020)の議論を参照している。また、1894年に制定された日本の移民保護規則には、「移民」を「労働を目的として外国に渡航する者」と定義しているが、本稿では、移民を単純に「労働力の移動」として捉える考え方からは距離を置く。

❺　S. カースルズ／ M. J. ミラー著、関根政美／関根薫監訳『国際移民の時代(第4版)』名古屋大学出版会　2011、p. 25

❻　ここでは S. カースルズ／ M. J. ミラー　前掲書、p. 25-65に多く拠っている。

❼　藤浪海『沖縄ディアスポラ・ネットワーク——グローバル化のなかで邂逅を果たすウチナーンチュ』明石書房　2020、p. 68

❽　山下靖子「「沖縄系移民」研究の展開と視座」(伊豫谷登志翁編『移動から場所を問う——現代移民研究の課題』有信堂高文社　2007)、p. 86

❾　蘭信三「戦後日本をめぐる人の移動の特質——沖縄と本土の比較から」(安田常雄編集『シリーズ戦後日本社会の歴史4　社会の境界を生きる人びと——戦後日本の縁』岩波書店　2013)、p. 59

❿　日本から南米への移民の歴史についての詳細は、石川友紀「中南米への移民」(日本移民学会編『日本人と海外移住——移民の歴史・現状・展望』明石書店　2018)、三田千代子「ブラジルの移民政策と日本移民」(日本移民学会編『日本人と海外移住——移民の歴史・現状・展望』明石書店　2018)を参照されたい。

⓫　藤浪海　前掲書、p. 161


（高橋　一得）

# 16 総合的に歴史を捉える題材としての「国際公共財」

## はじめに

「国際公共財」とは、国際的な場面において、または世界規模の場面において、ある財の消費から特定の個人を排除することが不可能な「排除不可能性」と、供給した財を他者が消費した場合でも、供給側の財に影響がない「非競合性」の2つの特徴をもつ財を指す❶。具体的には、国際的な安全保障体制、国際的な基軸通貨、世界中に張りめぐらされた鉄道や電信、航路のネットワーク、国際法体系などが挙げられる。

歴史総合の教科書では、「国際公共財」という言葉自体は取り上げられてはいないが、グローバル社会を特徴づける事例などで、電信網の発達など国際公共財の事例となるものが取り上げられている。

歴史総合の科目の大きな特徴かつ、多くの授業者を悩ませている課題が日本史と世界史の接続、または、大きな視点かつ多角的な視点で歴史を捉えるということであると推測される。こうした課題を解決するテーマとして国際公共財が有効ではないかと考える。

本稿では、国際公共財の事例を挙げ、また、教材化の視点から国際公共財を取り扱うことで、どのような効果があるのかを検討する。

## 1 「国際公共財」とは

「はじめに」でも述べたように、「国際公共財」とは「排除不可能

性」と「非競合性」の特徴をもつ。ただ、この特徴は「公共財」の定義でもあるため、国際公共財の定義を明確にしておく。純粋な国際公共財は、次の特性をもつ。

①国際的非排除性
　：いかなる国に居住する経済主体であろうとその財の受容から排除することはできない。
②国際的非競合性
　：ある国に居住する経済主体が受容すると他のすべての国に居住する経済主体も同量を受容可能となる。
③国際的経済財
　：いかなる国に居住する経済主体によるものであろうとその供給は有償である。受容は無償である❷。

　生徒にわかりやすく伝えるのであれば、「誰でも、ただで、使用・活用することができ、提供した側も損をすることはない」ということになろうか。

　ここで、重要になってくるのは、「財」に含まれる内容として、実態のあるモノやサービスだけではなく、国際的な協定、条約、国際体制、言語なども含まれるということである。


## 2　19世紀イギリスの国際公共財

　国際公共財の実例を挙げていく。国際公共財は、主に覇権国家において、提供されることが多い。代表的な例としては、19世紀のイギリス、いわゆる「パクス゠ブリタニカ」の時代のものが挙げられる。

　19世紀のイギリスは世界中に獲得した植民地を拠点に自由貿易体制を推進し、経済・軍事・文化の面で圧倒的な影響力を世界に及ぼした覇権国家であった。そのイギリスにより提供された国際公共財

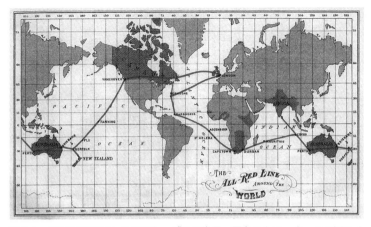

**資料1　1902年に完成した電信ケーブルの世界一周ネットワーク**　この図はイギリスの植民地間に電信ケーブルが結ばれ、世界一周ネットワークが完成したことを示している。

としては、自由貿易体制、ポンドを基軸通貨とする国際金本位体制、鉄道・蒸気船のネットワークや海底電信網による運輸通信網、国際郵便制度、グリニッジ時間を基準とする世界標準時、国際取引法などの国際法体系、海軍力に支えられた安全保障体制、世界言語としての英語などが挙げられる❸。

　イギリスにより提供された国際公共財の事例を見ると、いずれの財もイギリスまたはイギリス人の利益を追求または守るために、提供されている。しかし、こうした財がイギリス以外の国の人々にも享受され、利益を追求する活動につながっていることが、「国際公共財」の大きな特徴となる。例えば、19世紀後半に開通した大西洋横断ケーブルは、世界各地をつなげ、のちに香港・上海経由で日本にも接続した（資料1）。これにより、世界中の経済情報がイギリスに集約されるとともに貿易決済や海外送金が容易になった。海底電信ネットワークにより利益を享受するのはイギリスだけではなかっ

た。東南アジアに在住する中国系商人が本国へ送金する場合や、日本人商人が海外市場の情報を得る点でも有効な財であった❹。

　国際公共財は、１つの国ではなく、地域全体の経済を活性化させることもある。19世紀末から20世紀初頭にかけてのアジアでは、綿紡績を中心とするアジア間貿易によりアジア経済が発展した。世紀転換期以降のアジア間貿易の発展は、英領インドの綿花生産―日本とインドの近代綿糸紡績業―中国の手織り綿布生産―太糸・粗製厚地布（＝太い綿糸で縫われた厚手の綿布）の消費という連鎖を中心とした、綿業により支えられていた。英領インドではインド系商人による紡績業が発展し、工業化が進んだ日本でも紡績業が発展した。インド・日本で生産された綿糸は中国へ輸出され、その綿糸により中国で生産された手織り綿布が広大な中国国内市場で消費された。こうした、アジア間貿易を支えたのは、インドでは現地インド人の企業・資本家、日本でも日本人企業・資本家であり、彼らは、イギリスによって提供された「自由貿易体制」・蒸気船交通網・鉄道・港湾設備・電信・金融・保険制度といった、「国際公共財」を活用していた。これにより、この時期のアジア経済は、イギリス主導による従属的な経済発展ではなく、インドや日本が主体的に活動したことによる経済発展を成し遂げており、従来展開されてきた、イギリスの植民地主義による負の面や経済的搾取とは異なった側面も見ることができる❺。

　国際公共財を享受する側の視点に立つと、国際公共財を利用することで、経済活動がより早く、広く行うことが可能となり、その結果、多くのヒト・モノ・カネ・情報が行き交うこととなる。つまり、グローバル化の土台として国際公共財を位置づけることができると考えられる。

## 3 第二次世界大戦後のアメリカ合衆国の国際公共財

　第二次世界大戦の終結後、アメリカ合衆国が提供した国際公共財の例としてブレトン＝ウッズ体制という国際通貨体制が挙げられる。第二次世界大戦後、世界経済が荒廃している中で、全世界の金の70％近くを保有していたアメリカが、自らの通貨を基軸とし、各国の為替相場を固定したブレトン＝ウッズ体制を形成した。体制下に組み込まれた国々は自国の通貨が安定するとともに、アメリカ合衆国主導による自由貿易体制に組み込まれることとなった。

　19世紀イギリスの国際公共財との大きな違いは、巨大な金融力・資金力によって、アメリカが第二次世界大戦後の世界に「介入」するかたちで提供された、という事である。ヨーロッパへのマーシャル＝プランや日本へのドッジ＝ラインはその例である。

　こうしたアメリカが提供した国際公共財により、国際貿易の促進と世界経済の復興が進んだものの、アメリカ一国の経済力と財政に依ることが大きかったため、各国の経済復興とアメリカの財政の限界により、ブレトン＝ウッズ体制は1973年に崩壊した。

## 4 負の国際公共財

　国際公共財の「非排除性」と「非競合性」が負の面で現れるものを、「負の国際公共財」という。定義としては、次の通りである❻。
　①軍事力のように、自国にとっては国内公共財であり、同盟国にとっては国際公共財ではあるが、敵対国にとっては負の国際公共財となるもの。
　②自国の経済活動が外国に対して外部不経済をもたらすもの。
　わかりやすい事例としては、温室効果ガス排出による地球温暖化問題などが、負の国際公共財として挙げられる。温室効果ガスは、

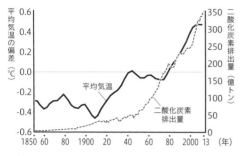

資料2　1850年以降の平均気温と二酸化炭素排出量（杉山伸也『グローバル経済史入門』より作成）

資料3　京都議定書（1997年）の主な内容

| 先進国の温室効果ガス排出量について、法的拘束力のある数値約束を各国ごとに設定 | | |
|---|---|---|
| 対象ガス | ▶ | 二酸化炭素・メタン・一酸化二窒素・代替フロンなど3ガス（HFC・PFC・SF6）の合計6種類 |
| 吸収源 | ▶ | 森林などの吸収源による二酸化炭素吸収量を算入 |
| 基準年 | ▶ | 1990年（HFC、PFC、SF6は1995年としてもよい） |
| 目標期間 | ▶ | 2008〜2012年の5年間 |
| 数値目標 | ▶ | 各国の目標→日本マイナス6％、アメリカマイナス7％、EUマイナス8％など先進国全体で少なくとも5％削減を目指す |

（環境省「京都議定書の概要」より作成）

ある国の経済活動を活発化させることにより排出されるものであり、その国にとっては経済発展という面では利があるものの、その結果、地球規模の課題に否が応でも直面せざるを得なくなるという点が負の国際公共財の特徴に当てはまる（資料2）。こうした、負の国際公共財を解決するため、現代では国際的な枠組みでの対策が必要となり、これらは国際公共財となる（資料3）。

## 5　「国際公共財」の教材化

　これまで見てきたように、国際公共財は、広い地域・国々に影響を与える財となり、ヒト・モノ・カネ・情報が活発に移動し、また、イギリスの自由貿易体制といった国際体制を生み出すことがある。

この点に着目すると、歴史総合の授業において、ある時代や時期の国際公共財の事例を取り上げることで、生徒が、その財にどれだけの国が影響を受けたのかを考えるとともに、その財が日本の社会や人々にどのような影響を与えたのかを考えることができよう。例えば、先述した19世紀イギリスによる海底電信ネットワークを教材として取り上げるならば、イギリスがなぜ

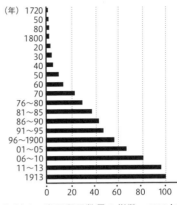

資料4　世界貿易数量の指数　1913年＝100。(『近代国際経済要覧』より作成)

海底電信ネットワークを世界中に張りめぐらせたのかを生徒に考えさせた上で、この海底電信ネットワークが日本の社会や貿易、経済にどのように影響を与えたのかを考えさせることで、歴史総合の特徴である世界史と日本史の接続、世界とその中における日本を広く相互的な視野から捉えることが達成できると考える。また、イギリスによる自由貿易体制により、世界中で貿易が活発となったことで(資料4)、日本のみならず、ほかの国や地域でどのような影響があったのかを生徒に探究させることができる。

　さらに、授業において、これまでどのような国により、どのような国際公共財が提供されてきたのかを分析すると大きな効果があると考える。先述したように国際公共財を提供するのは覇権国家であることが多い。19世紀のイギリス、第二次世界大戦後のアメリカがその事例として代表的である。

　第二次世界大戦後のアメリカが提供した国際公共財の例としては、先述したように、アメリカのドルを基軸とする国際通貨体制、アメリカ軍を中心とした国際安全保障体制、インターネットシステムな

どが挙げられよう。戦後、アメリカが提供した国際公共財によって、日本や世界がどのように変化したのかを考えることで、広い視点から歴史を見ることができる。

　言い換えれば、国際公共財を提供できる国が覇権国家となり、その事例は多種多様にわたる。こうした観点から、今後の世界において国際公共財を提供し、新たに覇権国家となる国は出てくるのか、そして、その国が提供する国際公共財とはどのようなものが考えられるのか。もしかしたら、国ではなく、地域、人々かもしれない。こうした観点から生徒に歴史から現代の社会を捉えさせ、これからの世界・日本について考えさせることができる。

　負の国際公共財についても、現代の諸課題との関連で教材化することができる。負の国際公共財の大きな特徴としては、ある国の利益を獲得する活動が、他国への不利益を生み出すという点にある。先述したように、温室効果ガスがその代表的な例となるが、それ以外でもオゾン層の破壊や熱帯雨林の減少などの環境問題（資料５）、そして軍事同盟が挙げられる。また、「すべての国の経済主体の社会的厚生水準を低下させるもの」も負の国際公共財に挙げられることもあることから、地震・津波・干ばつ・台風などといった自然災害も負の国際公共財に含まれる❼。現代の諸課題において負の国際公共財という視点を入れる効果としては、「利益を得ようとする活動」という観点から、諸課題の要因や原因を探り、課題を構造的に論理的に分析できると考える。また、課題の解決方法を考える際にも、「利益を得ようとする」という観点を入れることで、より現実的な解決方法を考えることができる。負の国際公共財を解決するための国際的な枠組みは、国際公共財となるが、こうした観点も活用できよう。

　以上のように、教材という視点から国際公共財を見ていくと、歴史総合の授業において特徴とされる「世界とその中における日本を

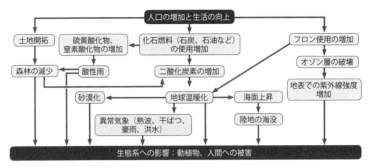

**資料5　地球環境問題とその影響**（宮崎勇・田谷禎三『世界経済図説 第三版』より作成）

広く相互的な視野から捉えること」「現代的な諸課題の形成に関わる歴史を考察、構想すること」を満たす授業を、様々な視点や側面から展開できると考える。

〔参考文献・注〕

❶　林正義「国際公共財のモデル分析——公共財自発的供給モデルの国際関係への含意」（『国際政治』102号　1993）

❷　飯田幸裕／大野裕之／寺崎克志『国際公共経済学　国際公共財の理論と実際』創成社　2006

❸　秋田茂『イギリス帝国の歴史——アジアから考える』中公新書　2012

❹　秋田茂　前掲書

❺　秋田茂　前掲書

❻　飯田幸裕／大野裕之／寺崎克志　前掲書

❼　飯田幸裕／大野裕之／寺崎克志　前掲書

（佐藤　靖彦）

# あとがき

　私の母はペルーのリマで生まれた。祖父母はペルーに渡り５年ほど働き、山梨に農園を購入した。明治以降の日本が多くの移民を生み出した一例である。江戸時代の日本は、民衆はそれほど貧困でなかった(江戸時代の貧困史観は否定されつつある)。「鎖国」体制下で漁民が多く海外渡航したことを網野善彦氏は指摘しているが、移民が発生していないことを考えると、日本の大衆は、明治以降に貧困化が進んだと考えられよう。また、私の義父も中国の大連生まれであった。さらに私の子は、スペイン人と結婚して日本に住んでいる。身近な若者も、カナダやオーストラリアに移住している。1953(昭和28)年に生まれた私の世代は、外国とも外国人とも接触することは少なかった。私の世代のあり方は、江戸時代の「鎖国」体制下以来の珍しい世代であったようだ。

　こうした日本における歴史学習は、「日本列島だけを学ぶ日本史」では対応できず、これに対応するための試みが、高等学校の世界史必修であり、新科目の歴史総合の誕生であろう。こうした変化に対応する新しい歴史研究も数多く発表された。

　高校の歴史の教員は、歴史が好きだからということが、その職についた理由の１つであろうが、今日の多忙を極める学校現場では、そういった好きな歴史を学ぶ時間も、手に入れた新しい知識を語る場も制限されていると推察する。神奈川では、最近優秀な若手が増えてきて、忙しい校務の合間を縫って勉強をしており、仲間内では情報を共有しているが、県外に向けてはなかなか発表の場がない。そういった教員の実践を伝える機会を今回設けることができた。

　この本の最初の構想段階でお世話になったが、完成を見ずに昨年１月に亡くなった岡田健先生には、執筆者を代表して感謝を申し上

げたい。監修の最後の段階に私が大病した時、支えてくれた妻石橋恵子に個人的に感謝をささげたい。

　2024年 2 月

石橋　功

写真所蔵・提供（敬称略）

アフロ　　p. 98（記事中写真），102

アーレン = パーサ（@arlenparsa）　　p. 121

伊吾田善行　　p. 192

国立国会図書館デジタルコレクション　　p. 33

小坂文乃　　p. 151

時事通信フォト　　p. 145（culture-images），226（PA Images）

東京大学史料編纂所　　p. 17

東京電力ホールディングス　　p. 224右上

南部町祐生出会いの館　　p. 60

広島平和記念資料館　　p. 224左

毎日新聞社　　p. 98

山口県文書館　　p. 26

ユニフォトプレス　　カバー，p. 32, 111, 112上・下, 125, 129, 149, 259

Getty Images　　p. 212

Library of Congress　　p. 119, 126

New York Public Library　　p. 112中

NHK　　p. 211

The Genealogical Society of SA（GSSA）　　p. 244

United States Holocaust Memorial Museum　　p. 184

U.S. Department of Energy　　p. 224右下

**監修者**(五十音順)

石橋　功　　　（いしばし　いさお）

西浜　吉晴　　（にしはま　よしはる）


**執筆者**(五十音順)

井上　渚沙　　（いのうえ　なぎさ）

上野　信治　　（うえの　しんじ）

大賀　佐和子　（おおが　さわこ）

大山　紘平　　（おおやま　こうへい）

片山　健介　　（かたやま　けんすけ）

加藤　将　　　（かとう　しょう）

川越　順　　　（かわごえ　じゅん）

神田　基成　　（かんだ　もとしげ）

小林　裕樹　　（こばやし　ひろき）

小松　晃典　　（こまつ　あきのり）

佐藤　靖彦　　（さとう　やすひこ）

柴　　泰登　　（しば　やすと）

鈴木　健司　　（すずき　けんじ）

高橋　一得　　（たかはし　かずとく）

角田　義彦　　（つのだ　よしひこ）

德原　拓哉　　（とくはら　たくや）

中山　拓憲　　（なかやま　たくのり）

西脇　志文　　（にしわき　しもん）

福本　淳　　　（ふくもと　じゅん）

本田　六朗　　（ほんだ　ろくろう）

松木　美加　　（まつき　みか）

松澤　友秋　　（まつざわ　ともあき）

歴史総合をどう考えるか　歴史的な見方・考え方を育てる視点

2024年4月10日　第1版第1刷印刷　　2024年4月20日　第1版第1刷発行

編　者　　NPO法人神奈川歴史教育研究会

発行者　　野澤　武史

発行所　　株式会社　山川出版社
　　　　　〒101-0047　東京都千代田区内神田1-13-13
　　　　　電話　03(3293)8131(営業)　03(3293)8135(編集)
　　　　　https://www.yamakawa.co.jp/

印刷所　　株式会社　太平印刷社

製本所　　株式会社　ブロケード

装　幀　　長田年伸

ISBN978-4-634-59232-2